普通高等教育"十二五"规划教材

金融学精品系列

商业银行管理学

买建国 编著

立信会计出版社
LIXIN ACCOUNTING PUBLISHING HOUSE

图书在版编目(CIP)数据

商业银行管理学 / 买建国编著. — 上海 ：立信会计出版社，2010.1（2012.1 重印）

普通高等教育"十二五"规划教材. 金融学精品系列

ISBN 978-7-5429-2419-3

Ⅰ. ①商… Ⅱ. ①买… Ⅲ. ①商业银行-经济管理-高等学校-教材 Ⅳ. ①F830.33

中国版本图书馆 CIP 数据核字(2012)第 006068 号

责任编辑　　徐小霞
封面设计　　周崇文

商业银行管理学

出版发行	立信会计出版社		
地　　址	上海市中山西路 2230 号	邮政编码	200235
电　　话	(021)64411389	传　　真	(021)64411325
网　　址	www.lixinaph.com	电子邮箱	lxaph@sh163.net
网上书店	www.shlx.net	电　　话	(021)64411071
经　　销	各地新华书店		

印　　刷	上海申松立信印刷有限责任公司		
开　　本	787 毫米×960 毫米	1/16	
印　　张	18.25	插　页	1
字　　数	334 千字		
版　　次	2010 年 1 月第 1 版		
印　　次	2012 年 1 月第 2 次		
印　　数	3 101-6 200		
书　　号	ISBN 978-7-5429-2419-3/F		
定　　价	27.00 元		

如有印订差错,请与本社联系调换

前言
PREFACE

　　与其他金融机构相比,商业银行具有特殊的重要性,是现代金融体系中的主体与核心。金融自由化、全球化和证券化使商业银行的外部环境发生了极其深刻的变化,商业银行面临着严峻的挑战。在加入世界贸易组织(WTO)过渡期结束后,如何面对国外银行业的竞争,已成为我国银行业亟待解决的课题。因此,唯有学习国外商业银行管理理论和成功经验,调整我国商业银行经营方式和管理理念,采用先进管理方法不断开拓业务领域和创新适合客户需求的金融产品,才能提升我国商业银行的竞争力,充分发挥商业银行对我国经济资源配置的核心作用,推动我国经济持续、快速地发展,实现我国市场经济发展的目标。

　　本书编写的目的在于向读者介绍现代商业银行管理理论与管理方法,以及对如何管理好商业银行展开全面的探讨。本书侧重商业银行业务管理内容和风险管理方法的阐述,由商业银行导论、商业银行管理理论、商业银行财务报表与绩效评估、商业银行流动性管理、商业银行资本管理、商业银行负债管理、商业银行贷款管理、商业银行证券投资管理、商业银行其他业务管理和商业银行表外业务管理等10章内容组成。第一章对商业银行的起源与发展、特征与功能以及商业银行经营模式和发展趋势作概要性的介绍;第二章主要介绍现代商业银行管理原则和管理理论;第三章主要探讨商业银行财务报表和商业银行绩效评估方法以及商业银行收益与风险之间的匹配;第四章介绍了商业银行现金头寸构成、预测和调度,重点阐述商业银行流动性风险敞口的成因、衡量流动性风险敞口的方法以及流动性需求与供给管理等方面的内容;第五章主要从商业银行资本的构成与作用、衡量商业银行资本充足度的方法以及增加商业银行资本的途径等方面探讨商业银行资本管理;第六章主要从存款与借款类型以及它们的管理方法等方面探讨商业银行的负债管理;第七章主要从贷款类型与政策、贷款信用分析、贷款定价以及违约风险计量和不良贷款管理等方面探讨商业银行贷款管理;第八章探讨商业银行证券投资的目的、证券投资的对象、证券投资的收益与风险、证券组合理论与管理以及证券投资分析等方面的内容;第九章主要介绍商业银行业务国际化的成因以及商业银行国际业务类型和管理方法,同时从支付结算、代理、咨询等方面介绍中间业务的内容和商业银行开展中间业务的意义,以及私人银行的定义、发展、特征和我国私人银行业务开展的现状和发展我国私人银行业务对商业银行管理的意义;第十章介绍《巴塞尔协议》定义的商业银行表外业务类型、特征和发展的原因,以及表外业务类型及风险管理的方法。

本书既汲取了国内外一系列相关著作和教材的优点,又融入了作者多年从事商业银行管理教学和研究的心得体会。本书力求遵循教材编写的科学性、系统性、新颖性和可操作性的原则,理论与实践相结合,配有实际案例和思考题。本书可作为大学本科金融学专业教材和研究生参考教材,也可作为银行管理人员的学习参考资料。

本书作者在编写过程中,参阅了国内外一系列相关著作和教材,其目录已列于参考文献中,在此,对有关作者表示感谢!

限于作者的水平,书中有些理论、业务和风险管理的阐述可能不能跟上当代商业银行管理的新发展,错误和遗漏在所难免,其责任完全由作者本人承担,并恳切希望读者和同仁批评指正。

作 者
2010 年 1 月

目　录
CONTENTS

----------投 资 银 行 业 务 与 功 能----------

第 一 章

商业银行导论

在金融体系中,商业银行是历史最为久远、数量最多、业务范围分布最广的一种金融企业,它是现代金融体系的核心,其经营活动反映了现代金融服务业的基本特征,对一国经济活动产生十分重要的影响。本章概要性地阐述了商业银行的起源与发展、特征和功能、经营模式以及当代商业银行的发展趋势。

第一节　商业银行的起源、特征与功能

一、商业银行的起源与发展

从历史上看,"银行"一词来源于意大利语 banco,意思是早期经营货币兑换的商人办理业务活动的板凳。近代银行起源于 12 世纪的意大利威尼斯,即建于 1171 年的威尼斯银行。随后其他国家也出现了银行,如 1407 年在西班牙设立的热那亚银行和 1619 年在德国汉堡成立的汉堡银行。英国在 17 世纪也出现了许多从事金银生意的金匠业,做金银兑换和存贷业务。这些早期的商业银行具有高利贷性质。

在商业银行发展的历史中,1694 年英国成立的股份制英格兰银行,标志着现代商业银行的开始。自此以后,各国纷纷仿效,相继成立了股份制商业银行。这些股份制商业银行资本额雄厚,业务全面,利率较低,建立了规范的信用制度,极大地促进了资本主义商品经济的发展,同时也使银行业成为金融体系中的主体。

现代商业银行主要是通过两种途径产生的:一种是旧的高利贷性质的银行为了适应商品经济的发展,满足企业资本扩张的需要,通过合伙经营和私人经营而逐

步演变为现代商业银行；另一种是以股份公司制的形式而建立的股份制银行，主要通过商人或政府参股的方式建立新型的股份制商业银行，以英国的英格兰银行为代表。

英国的银行业在产生之初，主要发放基于商业行为的自偿性贷款，从而获得了商业银行的称谓，并成为后来西方各国效仿的典型。然而，随着商品经济的发展，以及 20 世纪 80 年代以来西方各国放松了银行业管制，商业银行业务范围已经突破了传统的存贷款业务，成为金融百货公司，业务范围已渗透到所有的金融业务。因此，商业银行这一名称仅仅是一种约定俗成的习惯说法，一直沿用至今，它只是一个抽象化的概念。商业银行实际上包含了业务范围日益广泛、产品不断创新的金融综合体，因此要准确地给商业银行下定义将是十分困难的。一般来说，依法吸收活期存款的金融机构即为商业银行。

我国最早的商业银行是 1897 年 5 月 27 日在上海黄浦路成立的中国人自己创办的中国通商银行，它开创了中国金融历史的新纪元。到 1948 年，我国有商业银行 267 家，其中 86 家具有一定规模的银行总行设在上海，加上当时上海的 42 家外资银行，使得当时的上海成为全国和远东地区国际金融中心。目前，我国的银行体系主要是在 1978 年改革开放以后形成的。

各国对商业银行有不同的表述。例如，英国的商业银行有两种：一种是存款银行或清算银行（如巴克莱银行、米特兰银行等），另一种是商人银行和贴现所。美国的商业银行有两种：一种是根据 1863 年《国民银行法》向联邦政府注册的国民银行（如花旗银行、美国银行等），另一种是向州政府注册的州立银行。法国的商业银行一般称为存款银行（如巴黎国民银行、里昂信贷银行和兴业银行）。日本的商业银行称为普通银行，分为城市银行（如第一劝业银行）和地方银行。我国主要有 21 家国有股份制商业银行（中国工商银行、中国农业银行、中国银行、中国建设银行、交通银行、上海浦东发展银行等），以及上百家的城市商业银行和村镇商业银行。因此，在划分商业银行与非商业银行时，主要依据是它的业务性质和范围，而不是它的名称。

二、商业银行的特征

商业银行是以营利为目的、以经营商品货币为对象的金融企业，它与一般型企业相比，具有自己明显的特征。

（一）高负债率

从商业银行资产负债表来看，商业银行具有特殊的资产负债结构，其资本金所占的比例很小,绝大部分资金来源是客户的存款和借款,所占比例在 90% 以上。原因是:商业银行作为信用媒介,其经营方式主要是借贷,通过发行债务工具从客户手中吸收大量的低成本的存款和借款资金,运用其资金的使用权向借款人提供高风险的贷款,从中套取风险利差。只要商业银行与客户有足够的履行合约的能力,就能保证商业银行资产与负债的流动性,在流动中实现自己的安全性,在流动中实现自身价值的增值。因此,高负债率是商业银行最基本的特征,也是其他特征的基础。这一特征决定了商业银行在经营过程中尽量采用高杠杆率以提高股东的回报。

(二)高风险

商业银行在经营过程中通常采用他人的资金来支持其资产的发展。客户与银行交易的目的之一,就是把自身的风险想方设法转嫁给商业银行,如果银行在经营管理中稍有不慎,就可能面临巨大风险,严重时会导致银行倒闭,给国家经济带来严重的后果。因此,商业银行是经营高风险的行业。商业银行在经营管理中所面临的风险如下。

1. 信用风险

贷款是商业银行最主要的资金运用方式,也是其主要的盈利性资产。银行通过借贷经营从中套取风险利差,而利差仅仅是 1% 或 2%,一旦贷款出现了损失,就是百分之百的损失,对于高负债率的银行来说是难以承受的。信用风险是商业银行所面临的主要风险。

2. 市场风险

市场风险是指利率和汇率的变动给商业银行带来的潜在的损失。商业银行作为信用媒介,其资产与负债都是货币商品,对利率和汇率的变动十分敏感。在当今金融市场风险复杂性和多变性以及银行业务趋向综合性和多功能性的情况下,市场利率和汇率的变化就会导致银行资产与负债的风险增大,就会影响到银行的安全。市场风险是当前西方商业银行所面临的主要风险,商业银行一般很难对其实施主动管理,往往采用防御性的金融交易技术对其进行控制。

3. 操作风险

目前业界对操作风险没有统一的定义。一般来说,除了信用风险和市场风险以外的所有风险都视为操作风险,但这一定义对操作风险的管理与计量带来不便。《巴塞尔新资本协议》对操作风险的定义是:由于银行内部程序、人员、系统的不完善或失误,或外部事件造成损失的风险。但这一定义是从监管者角度出发的,不能完全满足银行操作风险管理的实际需要,银行还要根据自身的实际情况来确定本行操作风险的内涵。

操作风险与信用风险和市场风险相比,具有其特有的特点:一是操作风险是银行与生俱来的,它是由银行内部因素造成的,属于内生性风险;而信用风险和市场风险是外生性风险,是由客户履约的变化或市场价格变化引发的风险。二是操作风险存在着收益与风险非对称性。三是操作风险具有广泛性。因此,对操作风险管理要有别于信用风险和市场风险管理,除了不断地更新银行设备,还要根据市场环境的变化强化其内部控制制度的建设;一旦在这方面出现疏漏,就可能给银行带来灾难性的后果。例如,1995 年的英国巴林银行倒闭事件以及 2008 年次贷危机中大量银行倒闭或被政府接管,都是由银行人员在业务中操作不慎造成的。

高风险也是商业银行的基本特征。商业银行要在风险管理中不断地识别、利用相关的风险管理技术来规避或转移经营中出现的风险。

(三) 资产收益率较低

与其他金融机构相比,商业银行资产收益率一般为 1‰左右。例如,2008 年,中国工商银行资产收益率为 1.13‰。原因在于:一是商业银行作为金融中介机构基本上是"薄利多销",其利润来源主要是存贷利差,而此利差在激烈竞争中有逐步下降的趋势,近年来,国际性大银行主要是通过表外业务来增加其收益。二是商业银行为了在竞争环境中取得生存,投入了大量资金进行产品创新和服务环境的改善,这在一定程度上增加了银行的经营成本,压缩了银行的利润空间。三是商业银行对经济环境反应比较敏感,经济周期波动直接影响银行的经营行为。例如,银行贷款流动与经济环境不协调将威胁到银行贷款的流动性,甚至可能出现坏账和无法按期归还贷款的本息,银行不得不从利润中提取贷款损失准备金,导致银行利润下降,影响了银行的盈利性。

(四) 监管严格

当前,各国对商业银行的监管非常严格。无论从银行立法还是从监管手段来看,都是非常严格的。事实上,银行立法和监管的目的是为了防止金融系统性风险,改善银行经营环境,增加银行绩效。对商业银行采取严格的监管,原因在于:商业银行是一国金融体系的核心和主体,它的经营行为直接影响到社会公众的利益和国家的经济安全。首先,银行是公众储蓄存款的主要机构,银行信用危机会给社会和家庭带来灾难性后果。其次,银行有能力通过资产运作即可创造货币存款。创造货币存款数量的变化关系到一国的就业水平和物价的稳定,影响到一国经济可持续发展。最后,银行出于营利的目的,盲目发放商业贷款和消费贷款,并且在贷款过程中采取歧视政策,影响了社会和个人福利的提高。

三、商业银行的功能

（一）信用中介

信用中介是商业银行最基本的、最能反映其经营行为的功能。商业银行通过信用中介功能将公众储蓄存款转化为社会资本，使得社会闲散资金得到充分利用，提高了社会资金的使用效率。同时，信用中介具有续短为长的作用，有利于满足社会经济实体对长期资金的需求。信用中介功能在资金转化过程中，并不改变资金的所有权，而是仅仅改变资金的使用权。商业银行通过向存款人发行低风险债务工具，然后向借款人提供高风险的贷款，从中进行风险套利。商业银行在风险套利中，不仅给自己带来利润，而且有效地发挥了优化社会资源配置的作用，促进了国民经济的发展。

（二）支付中介

支付中介功能是建立在信用中介功能基础上的，是商业银行代替客户对商品和劳务进行支付，如代理客户支付货款和费用、签发和清算汇票和支票、兑付资金以及分配货币等。支付中介功能决定了商业银行成为一国支付清算体系的中心，它是商业银行最传统的业务活动。

支付中介的作用在于：一方面使商业银行持续拥有比较稳定的廉价资金来源；另一方面可以节约现金流通费用，增加社会生产资金投入。

（三）信用创造

商业银行的信用创造功能是在信用中介和支付中介这两个功能基础上派生出来的功能。信用创造是指商业银行在吸收活期存款的基础上，通过贷款和投资等业务而派生出来的存款货币，从而扩大了社会货币供给量。但这种派生的存款货币并不是现金货币，而是以支票表示的存款货币。商业银行信用创造功能的发挥取决于非现金结算制度的发达程度。派生存款货币在数量上取决于银行存款准备金制度、银行体系外的现金漏损率、超额准备金率以及社会公众对各种信用工具的偏好程度。如果只考虑法定存款准备金率，那么，新创造的存款货币数量为：

$$P = \frac{R}{r} \tag{1.1}$$

式中：P 表示新创造的存款货币数量；r 表示法定存款准备金率；R 表示新储备的数量。

商业银行信用创造功能的作用是:通过创造信用流通和支付工具,进一步促进了社会闲置资金的充分利用,节约了现金使用,满足社会经济发展对信用工具的需要。同时,中央银行采取存款准备金政策来控制银行体系的派生存款货币,进而推动了国民经济的发展。

(四) 金融服务

金融服务是指商业银行利用自己在金融服务业中的特殊地位,并运用先进的技术和服务手段为客户提供金融服务。这些金融服务包括财务咨询、代理融资、结算和代理、担保、信托和租赁以及为客户提供金融信息情报等。商业银行从事金融服务业务不仅扩大了其业务经营范围,开拓了收入来源渠道,而且还促进了社会经济主体的金融活动,加深了社会分工的程度,有利于社会经济活动的顺利开展。

近年来,商业银行借助先进的电子计算机和信息技术,促进了其金融服务功能的发挥,并使商业银行逐步摆脱了现场柜台交易,其业务向着"电子银行"和"网上银行"的方向发展。总之,商业银行金融服务功能的发挥,使得商业银行具有综合型、全能型的职能,发挥了国民经济发展的推进器和稳定器的作用。

(五) 代理监督和调节经济

由于存款人与借款人之间存在着严重的信息不对称,存款人无法了解借款人的资信状况和资金使用的好坏,于是他们认为商业银行在收集和分析金融信息上具有优势,相信商业银行的信用,将存款委托给商业银行管理和监控,这样商业银行就充当了存款人的代理人,负责监控借款人的财务状况,使其存款人免遭损失。商业银行的代理监督功能不仅增加了其资金来源的渠道,而且在大量的资产运作中,通过有效的资产组合,分散和化解风险,可以增强存款人资金的安全性。

商业银行是政府调节经济增长和追求社会福利目标的政策传导渠道。商业银行在货币政策的引导下,合理安排信贷资金,使社会资源得到合理利用,有利于国民经济稳步增长。商业银行在处理调节投资与消费比例的关系中,刺激了社会需求,发挥了引导消费对生产投资的作用,进而促进了社会生产和福利的提高。同时,商业银行通过国际借贷,起到调节国际收支的作用。

第二节　商业银行经营模式

商业银行经营模式主要有两种:分业经营模式和混业经营模式。

一、分业经营模式

（一）分业经营模式的产生

分业经营是指银行业、证券业和保险业的业务严格分开，禁止业务交叉，彼此的资金不允许相互融通的经营方式。例如，严禁商业银行的资金进入证券市场，不得从事与证券和保险有关的业务经营；保险公司的资金只能存入商业银行和购买政府债券，严禁参与股票买卖；证券公司不得从商业银行取得资金用于股票买卖。

分业经营是 20 世纪 30 年代经济大危机的产物，是应对经济危机和防止经济危机再次出现而产生的。20 世纪 30 年代以前，西方各国法律没有对商业银行的业务实行严格限制，商业银行的资金可以进入证券市场，为客户提供保证金。那些依赖保证金买入股票的投资者，以其股票作担保，大量向银行申请贷款。然而，在 20 世纪 30 年代的经济大危机中，股票价格大幅度下跌，从而使依靠保证金买入股票的投资者无力偿还银行贷款；同时又因银行自身也大量持有证券资产，导致银行陷入流动性危机，甚至破产倒闭。1933 年年初，以大规模银行破产为契机，西方各国通过立法，限制商业银行的资金进入证券市场，将银行业务与证券业务严格分开。最著名的是美国 1933 年颁布的《格拉斯-斯蒂格尔法案》（Glass-Steagall Act），规定商业银行只能经营联邦政府债券和地方政府债券，不得从事公司股票和债券，投资银行则专营公司股票和债券。这种银行分业经营制度从法律上得以确立。第二次世界大战后，银行分业经营制度得到了各国认同，英国、日本、加拿大和韩国等国家相继通过立法，实行了银行分业经营制度。

分业经营的理论依据是真实票据论。该理论认为，商业银行的负债主要来源于活期存款，流动性要求高，银行在发放贷款时，应首先考虑应付存款人难以预料的提款，所以资产应集中于短期的商业自偿性贷款，并且贷款以商品交易为基础，以真实的商业票据作抵押，目的是保持商业银行资金的流动性，保证贷款资金的安全性。对于长期性企业融资，应以商业银行的资本金为基础。根据该理论，商业银行不得以吸收存款来发放长期贷款、消费贷款，更不能将存款用于公司股票投资。

（二）分业经营的优势

（1）便于政府和中央银行对金融机构实行监管和防范金融风险，保护银行业的安全和稳健经营，恢复社会公众对银行的信心。监管当局根据金融机构的具体情况，分别监控其金融活动，有利于国家金融体系的安全。

（2）有效切断银行存款流入股票市场，防止由此引发的各种社会经济问题。例如，在银行缺乏有效的自我约束和风险防范的情况下，允许商业银行投资股票，或向投资者提供保证金购买股票，将使银行面临巨大的市场风险。一旦股票市场出现持续的大幅度下跌，投资者的流动性危机就会演变成银行流动性危机。20世纪30年代之所以出现大量的银行破产倒闭，就是由于当时股票市场上的流动性危机演变成了银行流动性危机，从而引发了挤兑风潮，导致了银行破产。

（3）防止银行业垄断，化解利益冲突。分业经营在一定程度上限制了银行规模的扩张和业务的交叉发展，对各金融机构的自由竞争提供了空间和条件，维护了各金融机构之间的利益平衡，保持了经济、金融的稳定和自由竞争的局面。

（三）分业经营的局限性

（1）分业经营限制了商业银行规模的扩张，规模经济难以实现。银行不能开展交叉业务，使得银行产品单一，利润下降，削弱了银行的国际竞争力。

（2）分业经营导致商业银行的资产经营缺乏灵活性，不利于通过资产组合来分散和化解金融风险，进而因银行资产的单一性而出现了风险的集中性。

（3）分业经营使得银行业务创新受到很大的限制，尤其是资产业务的创新。因为分业经营使得银行的资产投向和结构安排受到牵制，效率和公平原则无法体现，创新的产品具有同质性。同时由于分业经营的安排，造成了银行创新产品的低层次，行业与行业之间、市场与市场之间通过不正当渠道进行联系，风险和危机由此潜滋暗长。

二、混业经营模式

混业经营是指银行业务经营可以不受任何限制，即银行业、证券业和保险业的相互渗透与一体化经营的一种经营模式。混业经营是对分业经营的否定。20世纪90年代，由于银行所处的经营环境发生了巨大变化，分业经营模式使得西方的商业银行难以生存与发展，它们开始尝试仿效德国商业银行的经营模式，即混业经营。1999年，美国总统克林顿签署了《现代金融服务法案》，至此分业经营退出了历史舞台，各国银行业开始实施混业经营制度。

（一）混业经营的原因

（1）由于新技术革命，加快了金融产品创新，银行、证券和保险三者的产品日益趋同,银行与非银行金融机构之间的界限变得日益模糊,难以分清哪些产品是银行专营的,哪些产品是非银行金融机构专营的,这样就失去了分业经营的前提。

（2）非银行金融机构对银行的渗透。证券市场的发展以及企业融资证券化,商业银行传统的存贷业务面临着巨大的挑战,间接融资的地位下降,直接影响到商业银行的生存与发展。商业银行面对新的经营环境,不得不拓展新业务,开发新产品,以实现产品多元化经营。

（3）进入 21 世纪,随着国际竞争加剧和国际金融市场全球化的发展,推动了银行业务综合化和全能化,分业经营模式束缚了银行业务的开展和国际竞争力的提高。

（4）在金融创新日新月异、国际金融全球化和一体化的今天,分业经营模式难以防范金融风险。银行混业经营固然会产生风险,但银行产品的多样化和金融创新空间的拓展,银行在防范金融风险的同时可以激励其金融产品的创新,开发出新的金融工具以规避风险。

（二）混业经营的优势

（1）混业经营为商业银行业务发展提供了广阔的空间,有利于银行业的健康发展。按照分业经营模式,商业银行的资金只能用于发放工商企业贷款、消费贷款以及购买政府债券,这样,如果经济环境发生了变化,如市场不景气,银行就难以找到效益好的贷款项目,出现大量存差,造成商业银行经营的困境,从而使银行面临很大的风险。同时银行资金不能流入证券市场,不仅减少了证券市场的资金供给,而且不利于证券市场多元化的发展,使得银行混业经营失去了市场基础。在混业经营模式下,商业银行可以开辟多渠道的收入来源,增强银行的竞争力,促进银行业健康发展。

（2）混业经营使得商业银行具有整体的稳定性。在混业经营模式下,商业银行可以实现其资产多元化经营,从而进一步分散资产和降低非系统性风险。商业银行充分利用证券市场的流动性,进行投资组合,既降低了商业银行经营风险,又提高了商业银行资产的流动性。因为商业银行资产可以通过证券市场变现来满足其流动性需求。

（3）在混业经营模式下,商业银行可以拓展金融服务的范围。商业银行为企业提供全方位的金融服务,不仅增加了商业银行盈利能力,而且促进了企业的发展和密切了银企关系。商业银行为个人提供全方位的金融服务,有利于提高储蓄存款的效率,增强存款人对银行业的信心,维护了银行体系的安全。

第三节　现代商业银行发展趋势

一、影响现代商业银行发展的因素

从商业银行发展的历史来看,其业务服务范围越来越广,产品的科技含量越来越高以及业务流程越来越复杂,这主要是由商业银行所处的外部经营环境的变化所导致的。具体归纳起来有以下几个方面的因素。

(一) 客户需求和偏好的变化

对商业银行来讲,客户就是上帝。随着经济的发展和客户金融意识的增强,客户更加富裕,更善于理财,对风险的认识和反应更为敏感。他们通过资产组合来降低自己所面临的风险,对商业银行要求更高,选择的余地更大。而商业银行要不断地开发新业务,开拓新市场,以满足客户的需求和偏好的变化。因此,商业银行只有紧紧跟随客户的需要,才能谋求自身的发展。

(二) 技术革命

现代商业银行为了降低经营成本,提高管理效率,纷纷采用先进的电子计算设备来处理业务流程,运用新技术加快业务产品的电子化和产品的更新换代,以满足客户的需要。例如,在存款、清算和贷款的支付方面都采取了电子化手段来处理。大量的银行交易数据通过高效的计算机能够及时准确地得到处理,既节约了管理费用,又为银行管理者提供了准确的数据,以便进行科学决策。现代商业银行已经由一个劳动密集型的可变成本行业转变为一个资本与技术密集型的固定成本行业。

(三) 金融监管放松和监管方法的变幻莫测

政府放松金融监管,导致银行业竞争日趋激烈。银行为了自身的发展,加速拓宽自己的业务领域,这也使得银行经营成本大幅度上升,加大了银行的经营风险。政府为了防范银行风险,采取相应的监管方法和措施,使得商业银行有些业务难以开展。

(四) 竞争加剧和融资成本提高

银行在拓展业务过程中,通常采用竞相压价的方式为客户提供服务。银行业日益竞争既促进它们未来为客户提供更多的优质金融服务,又大大地提高了其资金运用的成本,增加了银行经营风险。银行为了取得新的资金满足其流动性,加快了银行资产证券化,通过贷款出售与证券化创造新的流动性来满足其对资金的需求。这样银行不仅获得了廉价和可靠的资金,而且也获得了更多的表外收入。

(五) 敏感性的资产负债结构

银行是经营货币商品的特殊企业,市场利率和汇率的变动直接关系到银行资产的收益和负债的成本。利率与汇率的变幻莫测加大了银行管理者评估和控制风险的难度。银行管理者稍有不慎,就有可能导致银行风险急剧上升,甚至可能出现破产倒闭。因此,银行管理者要随时关注市场利率与汇率的变动,通过调整资产负债结构和套期保值手段,防止利率和汇率变动给银行带来的意外损失。同时,随着客户对利率和汇率敏感性认识的提高,更加珍惜持有财富的机会成本,因此银行必须向存款客户保证其资金的安全性,并支付有竞争力的回报率,通过产品创新和服务方式的改善来适应客户偏好与需求的变化,稳定银行存款的资金来源。对于贷款客户,银行要满足其必要的、合理的贷款要求,稳定银企关系。

二、现代商业银行的发展趋向

(一) 业务经营综合化

商业银行业务范围由传统的存贷业务向多功能业务转变,综合经营逐渐成为其业务发展的总体趋势。具体来说,现代商业银行不仅在传统业务上不断改进,而且通过业务创新,使其业务多样化,从而为客户提供全方位的、更为周到满意的服务。商业银行业务经营综合化表现在以下几个方面:

(1) 提供中介服务。商业银行为客户提供证券投资和咨询服务,如投资理财、投资顾问、市场分析、经济情报和行情分析等。

(2) 提供保险业务。商业银行通过建立自己的保险服务机构,开展各种保险业务和年金业务。

(3) 提供退休金计划和信托服务。商业银行通过自己的附属公司办理各种退休金、养老金和与此有关的咨询业务以及信托业务。例如,为客户设计退休金计划以及加入该计划的相关手续,为客户管理资产以及与其相关的信息,保证客户资产的安全和增值。

(4) 进行企业收购兼并策划。企业收购兼并策划是投资银行专营的业务,但由于商业银行经营模式变化,使其也开始从事这方面的业务。其内容包括设计收购兼并计划和方案、确定收购兼并条件、提供融资安排等。

（5）涉足基金业务、资产托管、财富管理等私人银行以及外汇买卖、保管箱、信用卡等业务。

（6）随着混业经营的不断深入，银行与非银行之间界限变得十分模糊，它们相互融合，通过银证合作、银保合作、银企合作，共同面对复杂多变的金融市场，从中套取高额收益。

现代商业银行为客户提供的服务正发生着前所未有的变化。在竞争日益激烈、客户日益成熟和需求偏好不断改变以及科技不断进步的压力下，商业银行只有不断地开拓新业务，与其他金融机构合作经营，才能给金融市场带来新的活力和新的收入。

（二）收入来源以表外服务收入为主

20世纪90年代以来，因市场环境的变化，银行业的竞争更加激烈，导致利差收入进一步缩小，严重影响了以存贷利差为主要收入来源的商业银行的生存与发展。商业银行为了吸引客户，保持稳定的盈利，将注意力转向金融服务业务，如表外业务，这样，商业银行收入的多样化趋势更加明显。目前，国际性大银行的服务费、表外业务收入已成为其收入的主要来源。例如，2007年，美国花旗银行的表外资产达1.37万亿美元，占表内资产70%以上，所带来的收入占其总收入的72%。

（三）银行资产证券化

资产证券化是将缺乏流动性但具有某种可预测未来现金流入的资产或资产组合，通过创立以资产为担保的证券，在证券市场上出售变现的一种融资工具。资产证券化作为一种金融创新，最初出现在20世纪70年代的美国，主要用于不动产抵押贷款市场，但现在人们已将其作为沟通传统的直接融资和间接融资的一个有效渠道，其应用范围扩大了。资产证券化的实施将极大地改善商业银行的流动性。商业银行以未来收益权的转移为代价，将未来的不确定性转移到银行体系之外，从而达到转移风险的目的，改善银行资产的质量。商业银行通过资产证券化增强与证券市场的有机结合，改变银行贷款业务与客户之间固定的债权、债务关系，减轻银行对传统资金来源的依赖，按照银行资产业务的需求创造流动性资金来源，也为银行资产与负债结构的调整和优化提供了条件。在激烈的竞争环境中，商业银行资产证券化不仅突破了存款资金对其资金来源的约束，而且拓展了业务范围和收入来源，使得银证合作达到了前所未有的水平，提升了商业银行的国际竞争力，加快了金融市场一体化的进程。

(四) 银行业务电子化和网络化

科学技术的飞速发展,给银行的经营方式带来了革命性的变化,即由过去的低效率手工作业向运用先进技术设备的高效服务方向转变。银行业务的自动化、综合管理信息化、服务全面化,提高了银行运作效率,增强了银行的竞争力。

(1) 业务处理自动化。计算机的运用减少了大量的银行业务人员,电子和网上银行减少了银行的分支机构和柜台交易,ATM 机、POS 机、电话银行、自助银行、网络银行能及时准确地处理业务。银行业务处理自动化使银行传统业务发生了巨大变化,降低了经营成本,增加了利润,为业务创新提供了便利条件。

(2) 综合管理信息化。银行管理人员利用电脑对交易数据进行准确采集、存取和分析,然后在此基础上运用数学模型等手段,对信息进行分析、研究、预测,作出正确决策。综合管理信息化也有利于对下级银行进行考核、评估和监控,减少了银行经营风险,提高了管理水平。

(3) 全面服务化。银行业务的经营与发展离不开客户。银行只有提高服务质量,为客户提供全方位服务,才能建立和稳定自己的客户群,在业务发展中扩大客户群。银行电子化和网络化的重要内容就是为客户提供全面的服务,主要表现在:客户可以随时获得并查询银行发布和储存的信息,如外汇行情、利率、存款账户余额以及交易的明细账等;通过网上和电话银行进行转账、存取、汇兑以及证券投资等业务;为客户提供各种代理业务,如水、电、煤等支付业务。

银行电子化和网络化突破了银行业务受地理位置和银行营业网点的限制,加速了银行业务的全球化发展。因此,银行电子化和网络化是提高客户服务的关键,是现代商业银行发展的标志。

(五) 金融创新多元化

面对激烈的市场竞争和市场风险的增加,商业银行应重新定位业务范围,以防范利率和汇率风险,开拓新业务和避险工具,降低经营成本和风险,追求新的获利机会。商业银行金融创新主要体现在表外业务的创新。表外业务创新在为客户提供多样化金融服务的同时,通过套期保值锁定市场风险,增加了银行资产流动性和投资机会,提高了银行盈利能力。为套期保值而设计的产品有浮动利率贷款、利率上下限保险、远期利率与汇率协议、金融期货、金融期权、利率与货币互换等。为提高银行资产流动性而设计的产品有贷款权互换交易、股权贷款、资产转让合约等。为扩大投资而设计的产品有可转换公司股票和债券等。

金融创新对商业银行来讲,既是机遇又是挑战。首先,金融创新使国内外金融市场紧密地联系在一起,为商业银行的业务全球化提供了条件。其次,大量避险工具的创新,有利于商业银行根据自己的需要进行风险管理,降低了经营风险。最后,金融创新为商业银行提供了许多新的业务领域和盈利渠道。目前西方商业银行大力发展表外业务,金融衍生产品交易量大幅度上升,日交易量是银行传统存贷业务的几百倍。例如 2008 年,美国银行次级贷款仅有 2 万亿美元,而创造出的信用违约互换(CDS)达 60 万亿美元。但是,金融衍生产品像一把"双刃剑",既是风险管理工具,又可以将其作为投机冒险的工具,通过它赚取巨额投机利润,如果投机成功,就会给银行带来巨额利润;但一旦投机失败,将直接导致银行倒闭破产。这方面最典型的例子莫过于 1995 年英国巴林银行的倒闭事件。因此,商业银行要认识到金融衍生产品本身存在着巨大的风险,要在对其有所了解、研究和掌握的基础上,让其成为商业银行经营管理和发展的工具。

(六) 兼并和地域扩张

商业银行要取得规模经济和范围经济并有效地利用先进技术和自动化设备,必须要有大规模的业务作为基础。于是商业银行通过收购兼并和地域扩张进入新市场以增加客户群和业务量。同时商业银行为了逃避国内法规的限制以及利用国际法规的差异,向海外扩张,设立分支机构。商业银行的兼并和地域扩张,大大推动了经济全球化的进程,也使商业银行的规模越来越大。商业银行所从事的业务几乎已无所不包,银行机构成为金融集团公司,难以分清银行和非银行金融机构。

本章基本概念

商业银行　分业经营　混业经营　金融监管　信用中介

本 章 思 考 题

1. 简述商业银行的特征与功能。
2. 比较分业经营和混业经营这两种经营模式的优劣。
3. 简述现代商业银行的发展趋势。
4. 试分析我国银行实施混业经营的条件。

第 二 章

商业银行管理理论

商业银行管理理论是银行家在长期经营活动过程中,探索和总结出来的一套关于如何使商业银行保持其流动性、安全性和盈利性的"三性"最佳状态的主张、观点和方法的结晶。

第一节　商业银行管理原则

商业银行是经营金融商品的特殊企业。金融商品具有不同于其他实物商品的特殊运动规律。它的特性是在不断地流动,在流动中保全自己,在流动中实现自身价值的增值。商业银行唯有遵循金融商品的特有运动规律才有可能获得经营上的成功。因此,商业银行的管理必须遵循金融商品客观存在的"三性"原则,即流动性、安全性和盈利性。这"三性"的平衡和最佳组合是商业银行管理的基本原则和基本目标。

一、流动性原则

(一)流动性的含义

流动性是指商业银行以合理价格获取可用资金的能力。可用资金是指商业银行在某一时点或时期能独立处置、自主运用的货币资金。商业银行在经营活动中,必须随时应付客户提存,因汇兑引起的占用同行资金及时结算,偿还到期中央银行借款并满足合理的贷款需求。因此,商业银行必须保持高度的货币资金清偿力。

商业银行的流动性体现在资产和负债两个方面:资产的流动性是指商业银行持有的资产能随时得以偿付或在不贬值条件下变现,也是存量方面的流动性;负债的流动性是指商业银行能够以较低成本随时获得所需要的资金来源。商业银行的流动性也体现在流量上,也是流量方面的流动性。

(二) 流动性的影响因素

1. 客户的平均存款规模

在存款总规模一定的条件下,存款客户越多,每个客户平均存款规模就越小,个别客户存款余额的变动对商业银行可用资金的影响就越小,银行的流动性就越高;反之,存款客户越少,每个存款客户平均存款规模就越大,个别客户存款余额的变动对商业银行可用资金的影响就越大,银行的流动性就越低。一般来说,存款客户多并且在负债总额中所占的比重越大,贷款行业越分散的商业银行的流动性就越高。

2. 资金自给水平

资金自给率反映了商业银行在资产运用方面对借款资金依赖的程度。资金自给率高的商业银行借入同业资金和向中央银行借款的平均余额占存款的比重较低;反之,这一比重较高。资金自给率较高的商业银行对金融市场上的资金供求状况和中央银行货币政策的变动反应较弱,可用资金调度的难度较小;反之,可用资金调度的难度较大。总之,商业银行的资金自给率越高,其流动性就越高;反之,商业银行的流动性就越低。

3. 信贷资产质量

商业银行在贷款选择上应该有充分的自主权和决定权。但是,商业银行在同业竞争中,要满足老客户对贷款的合理需求,支持政府财政项目或政府指定的项目贷款。商业银行对政府财政项目或政府指定的项目贷款规模越大,越是强调贷款客户的稳定性,银行流动性就越低;反之,银行流动性就越高。而贷款质量下降,不良贷款上升,就会削弱商业银行的流动性。

4. 资金管理制度

资金管理制度对商业银行的流动性影响比较大。资金管理制度不同,商业银行的流动性就会存在很大的差异,如存贷款账户的管理、同业拆借资金的权限等。

二、安全性原则

(一) 安全性的含义

安全性是指商业银行在经营过程中,能够按时收回信贷资金的能力。其相反的含义是信贷资金承受的风险性。商业银行是高风险行业,客户在与银行打交道时,总是想方设法把经营风险转嫁给商业银行。因此,商业银行在保证自身流动性的前提下,必须始终把信贷资金的安全性放在首位。因为商业银行作为信用中介,自有资本少,基本上是负债经营。商业银行的经营活动与社会各经济实体发生直接或间接的联系,市场风云变幻莫测,经济实体的兴衰成败,最终都会影响信贷资金的安全。因此,商业银行在经营活动中不仅要保证自身的资金安全,而且要保证存款客户的资金安全。

(二)安全性的影响因素

影响商业银行安全性的因素很多,我们仅从银行资产方面来讨论。

(1)客户的平均贷款规模。在贷款过程中,要求商业银行管理者能够完整无损地收回到期贷款的本息是不现实的。原因是:贷款风险不仅来自商业银行内部的疏忽管理,而且多数来自借款客户本身和其生存的环境。在商业银行贷款总规模一定的情况下,借款客户越多,每个客户的平均贷款规模就越小,单个客户经营损失对贷款安全性的影响就越小;反之,贷款客户相对集中,客户平均贷款规模越大,单个客户经营损失对贷款安全性的影响就越大。可见,在其他因素不变的情况下,客户平均贷款规模越大,商业银行的贷款风险和风险性贷款期望值就越高;反之,商业银行的贷款风险和风险性贷款期望值就越低。

(2)客户的经营环境。客户的经营环境对贷款风险的影响是至关重要的。就单笔贷款而言,贷款企业的经营状况和贷款项目的经济效益决定着贷款风险的大小;就整个贷款而言,贷款风险的大小取决于整个社会宏观和微观经济形势的变化。在经营环境不变的情况下,贷款期限、贷款方式和贷款企业的行业与地区分布对信贷资金的安全性有着不同程度的影响。一般来讲,贷款企业的行业越集中且中长期贷款比重越高,信贷风险就越高。消费贷款、住房抵押贷款、存单贷款比企业贷款的安全性高。贷款企业所处的行业和地区分布越广,贷款风险就越低。

(3)信贷管理体制。健全的信贷管理体制必须做到贷款的审查、贷款的发放和贷款的收回三个环节的相互独立。在贷款中渗入个人"私利":审贷不分以及利用信贷资金从事政府不允许的贷款项目和股票投资,都必然影响信贷资金的安全性。可见,信贷管理体制的健全与否对信贷资金的整体安全性是至关重要的。

三、盈利性原则

(一)盈利性的含义

盈利性是指商业银行在经营过程中所取得的、并作为其自身活动内在动力的利润的程度。在经营过程中,追求利润最大化是商业银行开拓、经营、改进和提高服务质量的内在动力。盈利性是商业银行经营活动的最终目标,也是其经营成果的综合衡量指标。

(二) 盈利性的影响因素

1. 客户存贷款规模

众所周知,传统的商业银行的利润主要来源于存贷款利差。在存贷款利率不变的情况下,通过降低处理每笔存贷款业务费用来扩大存贷款利差。商业银行在处理规模比较小的存贷款业务和处理规模比较大的存贷款业务所花的费用(人力和物力)没有很大的差距。随着存贷款规模的扩大,所花费的人力与物力费用率具有递减规律。在其他因素不变的情况下,客户平均存贷款规模越大,商业银行的资金费用率越低,其整体盈利水平就越高;反之,商业银行资金费用率越高,其整体盈利水平就越低。这可以解释为规模较大的银行对中小企业的贷款不感兴趣。

2. 资产结构的组合

不同资产的盈利能力是不同的,商业银行进行资产组合时,应降低无息资产的比重,利用资金来源的期限不同,合理安排资产的结构,使利率水平的差距扩大,提高资产整体盈利水平。在其他因素不变的情况下,通过资产负债结构的合理配置,既提高了银行的流动性,又能在风险控制的水平上,提高商业银行整体盈利水平。

3. 资本充足率

资本充足率直接约束着商业银行的盈利水平。商业银行的安全直接影响一国的金融安全和金融市场的稳定。强化商业银行风险管理是各国金融监管当局共同的认识。商业银行必须以核心资本作为其资产扩张的基础。资本充足率不足的银行,即便有大量流动性来源,也无法开展金融服务。这样,提高商业银行的盈利水平就成了一句空话。

4. 财务管理和经营思想

商业银行财务管理越科学,就越能降低商业银行内部的损耗。商业银行管理者具有开拓性,通过金融创新拓宽利润来源渠道,提高盈利水平。

四、"三性"原则的辩证关系

"三性"既是金融商品运动的客观要求,又是商业银行的管理原则。坚持这些原则,才能保证金融商品的正常运动,发挥货币对国民经济的调节作用,同时商业银行才能不断地求得生存和发展。不坚持盈利性原则,商业银行在经营过程中将有入不敷出的可能,影响生存和发展;不坚持流动性原则,商业银行的短期资金被长期占用,就可能出现支付上的困难,影响商业银行的信誉;不坚持安全性原则,商业银行的信贷资金风险就会增加,就有破产倒闭的可能。

就"三性"的关系来说,商业银行要在保证流动性和安全性的前提下,追求利润的最大化。流动性是实现安全性的必要手段,安全性是实现盈利性的基础,追求盈利性是保证流动性与安全性的最终目标。它们之间的辩证关系既是矛盾的,又是统一的。就矛盾来说,如果商业银行过度追求盈利性,就必须以降低流动性和安全性为代价。盈利性主要得益于贷款利率的提高和经营规模的扩大。贷款利率的提高就隐含着贷款企业因成本的上升而难以按时还本付息的可能,就意味着商业银行降低无息资产、追求高息资产的可能。随着贷款规模的扩大,不安全贷款项目和问题贷款都会增加,提存的要求也会增加,银行资产的流动性、安全性呈现下降的趋势,银行就会出现支付不足的可能。如果商业银行过分追求流动性和安全性,就会对盈利性产生不利的影响,影响商业银行利润最大化的目标,引起股东的不满。就统一性来说,流动性和安全性的变化是同方向的,银行资产流动性得到满足就是其安全性有了保证。流动性、安全性与盈利性变化是反方向的,但它们三者具有统一性,在某个均衡点或均衡区域内,三者均可达到某种可被接受的或令人满意的程度。在一定条件下,三者也可能出现同方向变化的状态。因此,商业银行管理者在经营过程中必须处理好这三者之间的关系,使得商业银行的流动性、安全性和盈利性处于最佳状态,三者之间的矛盾在管理中达到统一,把三者协调在损失较小或盈利较大这一均衡点上或一定的均衡区域内。

第二节　资产负债管理理论

商业银行在经营活动中,既要获得尽可能高的盈利,又要避免经营风险,保证其流动性和安全性。然而,这三者之间常常存在着矛盾,为协调三者之间的关系,实现它们的最佳平衡,银行家在长期的经营实践中,创造、总结出了一整套资产负债的管理思想和方法,并据此解决三者之间的矛盾,使三者之间达到最佳组合。

商业银行资产负债管理理论是对商业银行经营活动的理论概括,是指导商业银行资产负债管理实践的哲学。它是随着商业银行所处的经营环境的变化而不断创新和发展的。因此,在不同的历史时期,由于商业银行所处的经营环境不同,其所形成的资产负债管理理论也是不同的,它体现了不同时期、不同条件下商业银行处理货币商品的流动性、安全性和盈利性三者的关系。综观商业银行的历史发展过程,其资产负债管理理论经历了资产管理、负债管理和资产负债综合管理三个阶段。

一、资产管理理论

资产管理理论是商业银行最早奉行的资产负债管理理论。这一理论产生于商业银行发展的初期,盛行于 20 世纪 50 年代以前。这是因为这一时期,银行家对商业银行能够主动实施的管理主要是资产业务,而不是负债业务。负债主要取决于客户是否来存款的意愿,商业银行对此是被动的。因此,资产管理理论将资产业务作为商业银行重点管理的对象。商业银行只有恰当地选择资产类型,关注资产结构,尽量在资产业务中协调流动性、安全性和盈利性之间的关系,处理好三者之间的矛盾,实现股东利益最大化。

资产管理理论的形成是基于负债是资产既定的前提,资产的规模受负债规模的制约,商业银行管理者所能做的只是在既有的负债规模基础上,努力实现资产结构的优化,使资产期限结构与负债期限结构相匹配,通过资产的流动性来保证银行的流动性。同时,在保持资产流动性的基础上,关注银行的资本充足率。

20 世纪 50 年代以前,各国商业银行大都奉行资产管理思想来管理"三性"平衡。这是基于当时商业银行所处的经济环境、非银行金融机构尚未形成气候、金融市场正在发育、银行资金来源渠道比较固定和狭窄以及通货膨胀还没有成为社会关注的焦点的背景之下。对此,商业银行把经营管理的重点放在资产方面是明智的。在奉行资产管理理论期间,银行家们相继提出了"真实票据理论"、"资产转移理论"和"预期收入理论",这些理论为商业银行资产经营领域的拓展奠定了基础。

(一) 真实票据理论

真实票据理论(the real bill theory)又称商业贷款理论(the commercial loan theory)。它是源自亚当·斯密 1776 年发表的《国民财富性质与原因的研究》一书,也是在早期英国商业银行管理经验基础上发展起来的。该理论的基本思想是:商业银行的资金来源主要是同商业流通有关的闲置资金,都是客户的临时存款,为保证客户随时提现,银行资产必须保持高度的流动性。因此银行在资金运用方面,只能发放短期的、与商品周转一致的商业性贷款。这种贷款具有自偿性。随着商品周转,企业产供销完成,贷款自动偿还。商业银行为了保证贷款能够按时偿还,必须以真实的商业票据为抵押,一旦贷款不能按时偿还,银行则可根据所抵押的票据处理有关商品。所以该理论在英国被称为"真实票据理论",在美国被称为"商业性贷款理论"。

真实票据理论体现了商业银行保持流动性的重要性,对当时自由竞争条件下的商业银行稳健经营有着十分重要的意义。但随着资本主义经济的发展,它的缺陷越来越明显。首先,该理论没有考虑到活期存款的相对稳定性以及定期存款增加的发展趋势,忽视了银行信用创造的能力。其次,该理论适用于单个银行,对整个银行体系未必适用。因为在市场萧条时期,可能导致贷款企业无法出售其商品,贷款就可能无法偿还;即便企业的商品得以出售,也可能是另一个买主通过向银行贷款来实现的。这样,单个银行的流动性增加了,而整个银行体系的流动性并没有增加。最后,该理论无法引导商业银行发放消费贷款和长期贷款。自偿性贷款随着经济周期自动伸缩贷款额,在一定程度上会加大国民经济的波动,不利于中央银行对宏观经济的调节。

(二)资产转换理论

资产转换理论(the shift ability theory)是由美国学者莫尔顿 1918 年在《政治经济学》杂志上发表的《商业银行及资本形成》一文中提出。该理论的基本思想是:商业银行流动性的强弱取决于其资产迅速变现的能力,因此保持银行的流动性就在于持有可转换的资产。由于第一次世界大战后,西方各国为了迅速恢复经济,政府开始大量发行政府债券,借款的需要量急剧增加,于是,促进了债券市场的逐步发展,这为商业银行满足流动性需求提供了一个崭新的途径。银行管理者对银行资产管理有了新的认识,只要债券的流动性有保证,就会保持银行的流动性,银行将逐步增加债券资产的持有。该理论认为,商业银行的流动性取决于其资产的变现力,只要银行掌握可变现的资产,如政府债券、商业票据等,通过证券市场出售或向中央银行贴现就可以获得流动性资金且不必承担价值损失,同时又能保持银行的流动性。

资产转换理论为银行的证券投资、不动产贷款和长期贷款提供了理论依据,在这一理论的影响下,银行的资产经营领域扩大了,业务经营更加灵活多样化。但这一理论的主要缺陷是:片面强调了银行的流动性依赖其资产的出售,忽视了资产的真实价值,为社会信用膨胀提供了条件。如果经济危机和金融市场恶化,证券价格大幅度下跌,不仅会严重影响银行流动性,而且可能给银行带来巨大损失。1929年,世界经济大危机与该理论有着直接的关系。

(三)预期收入理论

预期收入理论(the anticipated income theory)产生于 20 世纪 40 年代,由美国学者普罗科诺于 1949 年在《定期放款与银行流动性理论》一书中提出。该理论的基本思想是:商业银行的流动性强弱从根本上讲在于贷款的按期还本付息,这与借款人未来预期收入和银行贷款的合理安排有着密切的关系。如果借款人的未来预期收入是有保证的,即使贷款期限很长,也可以通过分期付款的方式按期偿还银行的贷款,不会影响到银行的流动性;反之,如果借款人未来预期收入是无保障的,即使是短期贷款,也存在一定的风险。

在这一理论的影响下,第二次世界大战后商业银行分期付款的长期贷款、住房抵押贷款和消费贷款等业务得到了迅速发展,成为战后西方经济迅速发展的重要因素。但是,该理论将银行资产经营安全建立在银行管理者主观预期的基础上,仅考虑借款人的未来预期收入,增加了银行经营风险。因为在当今市场风险急剧增大的情况下,借款人的未来预期收入是不确定的,他们的偿还能力随时有可能发生变化。20世纪80年代,西方商业银行不良贷款的大幅度上升,与银行从事大量的住宅贷款和消费贷款不无关系。

二、负债管理理论

随着银行经营环境的变迁,资产管理理论在银行界的统治地位开始动摇了。第二次世界大战后,伴随着世界经济长期稳定的增长,金融体系得到不断的完善,货币市场和资本市场迅速发展,资金受到市场各种力量的争夺,商业银行的资金来源遇到越来越大的竞争压力,尤其是进入20世纪60年代,通货膨胀开始困扰各国经济,市场利率普遍上涨,市场融资出现了"脱媒"(disintermediation)现象,但各国政府仍然对商业银行的存贷款利率进行限制,如美国制定的"Q"字条例(regulation Q)。在此背景下,商业银行为了获得稳定的低成本的资金来源,主动地转变经营管理思想,转向金融市场以寻求资金来源来支持资产业务,通过加强负债管理来增加资产业务从而获得收益。1962年,美国的花旗银行率先发行了可转让大额定期存单(CD),并取得显著的效果,使其负债业务迅速增加,由此诱发了新的管理思想的产生,于是,负债管理理论(the liability management theory)应运而生。负债管理理论认为,负债和资产同为商业银行的业务,商业银行的流动性不仅可以通过加强资产管理来实现,而且可以由负债管理来保证。只要商业银行主动开展负债业务,负债来源的渠道就比较广,市场就具有更大的弹性,商业银行就会拥有更多的负债来满足资产业务并获得收益,商业银行的流动性也就有了保证。

负债管理理论改变了商业银行资产只能被动地适应负债的局面,银行可以根据资产业务的需要,主动组织和调整负债结构。一旦有流动性需要,银行可以通过扩大负债业务的方法,支持和发展资产业务,增强商业银行的经营活力。因此,负债管理理论是银行家们在实践经营中创新的结果。

负债管理理论主要有存款理论、购买理论和销售理论等。

（一）存款理论

存款理论强调，银行应根据客户的意愿组织存款，按照安全性原则管理存款，根据存款分布状况安排贷款，参照贷款的收益支付存款利息，不能盲目发展存款和贷款。

存款理论过分强调银行的稳健经营，反映了银行管理策略的重点被置于资产管理方面，只注重存款资金的安全性。然而，银行的流动性是通过调整资产结构而不是通过调整负债结构来实现的，这在一定程度上限制了银行经营活动的范围。因此，存款理论属于银行的被动负债管理理论。直到 20 世纪 60 年代，购买理论的兴起，银行管理理论才真正由资产管理理论转向负债管理理论。

（二）购买理论

购买理论认为，银行对于负债业务并非是消极被动的、无能为力的，银行完全可以采取主动积极的态度，主动地购买资金，变被动的存款观念为主动的借款观念。购买理论强调通过发行债务工具来扩大银行资金的来源，它是银行负债管理思想的创新。最典型的案例就是 1962 年美国的花旗银行率先发行了可转让大额定期存单。

购买理论给银行业带来了革命，使银行更具有进取精神，培育了新一代银行家，他们敢于创新，主动出击，通过向金融市场借款，扩张资产规模，增强银行的竞争力。当前，资金购买仍然是商业银行主要的管理方式之一。但是，购买理论的影响有其两面性：一方面使得商业银行更加积极主动地借入资金，推动了社会信用扩张和经济增长；另一方面又导致了银行负债成本的上升，加重了债务危机和通货膨胀。

（三）销售理论

销售理论是在 20 世纪 80 年代西方金融改革和金融创新风起云涌、金融竞争和金融危机加深的背景下形成的一种银行负债管理理论。其主题是推销金融产品。销售理论的含义主要包括：

（1）客户至上和客户需要的多样化。客户的利益和需要是银行服务的出发点和归宿。银行要千方百计扩大和加深与客户的联系，设计开发新的金融产品，满足客户多方面的要求，竭诚为某些客户提供特殊需要的金融服务，这是销售理论的核心。

（2）对银行来讲，金融产品的实质是资金的运筹，要善于通过服务渠道来达到吸收资金的目的，这是销售理论的精华所在。

（3）销售观念不只限于银行负债，也涉及银行资产，对于金融产品的开发要从这两方面考虑。从负债管理角度来看，应通过贷款和投资等手段的配合来达到吸收资金的目的。

可见，销售理论注重一种市场概念，它要求银行关注客户需要和偏好，以及告诉客户银行所提供的产品和服务。

销售理论的兴起和盛行，反映了 20 世纪 80 年后银行和非银行金融机构之间的业务相互渗透和彼此之间的竞争，标志着银行由分业经营模式向混业经营模式的转变，银行业务逐渐走向综合化和智能化。

在负债管理理论盛行时期，随着利率市场化，商业银行资金来源渠道的拓宽和经营规模的扩大，以及伴随着金融市场上的激烈竞争，导致了商业银行负债成本急剧上升，经营风险加大，使得以负债管理来保证银行的流动性也受到影响，商业银行不得不通过资产负债综合管理来满足"三性"平衡。

三、资产负债综合管理理论

在金融全球化和自由化浪潮的冲击下，负债管理理论的局限性在实践中越来越明显。为了适应新形势的要求，20 世纪 80 年代末产生了资产负债综合管理理论（the assets and liabilities management theory）。资产负债综合管理理论既综合了上述两种理论的优点，又克服了其缺陷，强调根据经济情况的变化，通过资产结构和负债结构的共同调整，使资产与负债两方面统一协调，才能实现银行流动性、安全性和盈利性三者之间的协调与均衡。

（一）资产负债综合管理的内容

（1）流动性问题。它是该理论首要解决的问题。作为综合管理，需要从资产与负债两方面来预测流动性需求，同时又从这两方面去寻找满足流动性需求的途径。

（2）期限对称和利率敏感性问题。调整资产与负债结构，达到期限和利率的对称。在调整中注重利率敏感性，注重敏感性资产与负债的主动性和被动性，注重盲动性的反应强度和时效，注重利率结构、利率变化预测和适度利差控制等问题。

（3）风险控制问题。对资产与负债进行有效管理，抑制各种经营风险，以谋求收益的稳定增长。在控制风险方面，此理论明确规定了资本充足率，根据不同的经营环境制定各类资产的风险度标准和控制风险的方法，对收益性的评估标准注重考察资产收益率等。

总之，资产负债管理理论认为，商业银行应以最低的成本来筹集资金，以最大的盈利来安排剩余资金。

（二）资产负债比例管理的监控指标

1. 反映资产与负债关系的指标

$$核心资本充足率 = \frac{核心资本期末总额}{风险加权资产期末总额} \geqslant 4\%$$

$$财务杠杆 = \frac{资产期末总额}{资本期末总额} \leqslant 20 倍$$

$$存贷比率 = \frac{贷款期末余额}{存款期末余额} \leqslant 75\%$$

$$流动比率 = \frac{流动性资产余额}{流动性负债余额} \geqslant 25\%$$

$$中长期贷款比率 = \frac{中长期贷款期末余额}{定期存款期末余额} \leqslant 120\%$$

2. 反映资产结构的指标

$$贷款与资产的比率 = \frac{贷款期末余额}{资产期末总额}$$

$$流动性资产与总资产比率 = \frac{流动性资产期末余额}{资产期末总额}$$

3. 反映资产质量的指标

$$不良贷款率 = \frac{不良贷款余额}{客户贷款及垫款总额} \leqslant 15\%$$

$$拨备覆盖率 = \frac{贷款减值准备余额}{不良贷款余额} \geqslant 60\%$$

$$贷款总额准备金率 = \frac{贷款减值准备金余额}{客户贷款及垫款总额}$$

$$单个客户贷款比率 = \frac{对同一贷款客户的贷款余额}{银行核心资本总额} \leqslant 10\%$$

$$十大客户贷款比率 = \frac{对十大客户的贷款余额}{银行核心资本总额} \leqslant 50\%$$

4. 反映负债结构的指标

$$资金自给率 = \frac{各项存款期末余额}{负债期末总额}$$

$$拆入资金率 = \frac{拆入资金余额}{负债期末总额} \leqslant 4\%$$

$$债务杠杆率 = \frac{负债期末总额}{核心资本期末总额}$$

四、资产负债表外管理理论

进入 20 世纪 90 年代，由于各国放松了金融管制，鼓励金融创新，金融机构的竞争空前激烈。这种竞争不仅存在于银行和非银行金融机构之间,而且也蔓延到工商企业,使它们也介入金融业的激烈竞争,抑制了银行贷款的利率提高和银行经营规模的扩张,银行存贷利差日益缩小。与此同时,大量的金融衍生工具不断创新,并迅速变异组合,不仅为银行风险管理提供了许多新的途径和手段,也为银行开辟了新的利润来源。但是,这些规避风险的衍生工具本身也存在潜在的、更复杂的风险。同时,1997 年对《巴塞尔协议》的修正,要求商业银行关注表外业务的风险管理。资产负债表外管理理论在此背景下形成了。

资产负债表外管理理论是建立在资产负债综合管理理论基础上的,是资产负债综合管理理论的延伸,使资产负债综合管理由表内扩张到表外,从而极大地丰富了银行管理理论的内容,同时也使得银行风险管理日益复杂化。商业银行为了有效地进行风险管理,必须发展多样化的金融服务,如资产管理、基金托管、期货期权等衍生工具交易。

目前这种资产负债表外管理思想,还在不断发展和完善中,银行家们要在实际工作中研究、开发、制定新的银行管理措施和方法,完善管理理论体系,从而对银行进行有效的管理。

五、模式经营理论

在 20 世纪 90 年代中期,美国商业银行管理出现了一种新的倾向,即利用金融模式来指导经营上的决策。从理论上可视为一种选择理论,特别是使用计量的模式。所谓模式,是指商业银行的各种资产与各种负债之间、资产项目与负债项目之间用数值列举的关系。选择的目的使其利润最大化。模式一旦形成,利用统计分析把它从抽象的范围中取出,用于具体的业务,也可以利用这种模式并设计程序输入计算机,然后比较各种选择的结果。银行所需要的这种模式,其目的是银行管理者对资产与负债表中的多种而同时相互影响的项目能有处理和决策的方法。下面我们举例说明银行的经营模式。

假设一家银行明天有一笔 x 数量的贷款到期偿还,那么如何运用收回的该笔资金? 现有几种选择:

(1) 在金融市场上购买某种政府债券,税后收益率为 y。

(2) 贷款给客户,税后收益率为 z。如果不贷给客户,他可能提取存款,如果这种贷款损失是可能的,客户贷款的百分数为 a,因此,不对客户贷款的存款损失为 $a \times x$。

(3) 如果将收回的贷款资金对客户贷款,则收益为 $z \times x$。

(4) 如果购买政府债券,则收益为 $y \times (x - ax)$。

现在需选择：$z \times x$ 是大于、等于或小于 $y \times (x - a \times x)$，设 $x = 100$ 万美元，$y = 0.08$，$z = 0.04$，$a = 0.05$，运用回归分析可知：

$$z \times x = 0.04 \times 100 = 4(万美元)$$
$$y \times (x - a \times x) = 0.08 \times (100 - 0.05 \times 100) = 7.6(万美元)$$

从两种结果来看，应选择购买政府债券。

可见，银行经营模式的主要特点是：银行现金流量的估计、准确的成本和市场情报的需要、资产与负债项目之间的相互依存度以及银行追求利润的最大化。如果考虑到流动性和偿还能力的约束以及法规的限制，那么银行经营模式将更加复杂。

第三节　利率期限结构理论

利率期限结构反映了银行管理者对未来即期利率的预期，以便更好地确定不同证券的价格和贷款之间的关系，从而进行投资与贷款组合，防范银行经营风险。利率期限结构理论有利率预期理论和流动性溢价理论。

一、利率预期理论

利率预期理论是指投资者根据其对未来利率变化走向的预期来确定证券期限结构，以便进行投资组合。该理论是由艾尔文·费雪(Irving Fisher)提出的。他认为，不管投资者的投资期限策略多么不同，既定期限的投资收益总是相等的，即投资期限策略与投资收益无关。例如，假设某投资者有一笔投资期限为 2 年的投资，购买 1 年期政府债券，并 1 年后又续期成另外 1 年期政府债券的投资获得的收益与只投资 2 年期政府债券到期的收益是相等的。

他认为，投资期限策略与投资收益是无关的，这是因为市场中存在着套利行为。套利行为纠正了市场上的不合理价格，使两个预期收益相同的任意两个投资策略的价格趋于一致。下面我们用实例来证明费雪的期限策略与投资收益无关的这一结论，并得出远期利率的表达式。

假设投资者有一笔投资期限为 2 年的投资资金，那么他有两种选择：一种是他在当年购买了 1 年期的政府债券，并准备 1 年后购买另一种 1 年期的政府债券；另一种选择是他直接投资 2 年期的政府债券。他在当年的投资收益率为 r_1（1 年期即期利率），并预期下一年的投资收益率为 $f_{1,1}$，他认为这种投资策略所获得的收

益至少等于投资 2 年期政府债券到期的收益,2 年中每年收益率为 r_2,因此,就有如下的等式:

$$(1+r_1) \times (1+f_{1,1}) \geqslant (1+r_2)^2 \qquad (2.1)$$

由公式(2.1)计算出 1 年期远期利率为:

$$f_{1,1} \geqslant \frac{(1+r_2)^2}{1+r_1} - 1 \qquad (2.2)$$

对于不关心投资期限策略的投资者来说,公式(2.2)两边是相等的。如果不相等的话,债券间的价格就会出现不一致,套利行为将会发生,投资者就会购买价格被低估的债券,出售价格被高估的债券,最终远期利率与相关的即期利率就会重新相等。

我们把上述投资期限结构假设为由 n 年期的远期利率构成,则就有如下的等式:

$$(1+r_n)^n = (1+r_{n-1})^{n-1} \times (1+f_{1,n-1}) \qquad (2.3)$$

从公式(2.3)可以得出 $n-1$ 期后的 1 年期远期利率:

$$f_{1,n-1} = \frac{(1+r_n)^n}{(1+r_{n-1})^{n-1}} - 1 \qquad (2.4)$$

由于债券市场高度的流动性和充足的供应量,使得远期利率与预期的未来即期利率之间不可能存在很大的偏差。投资者可以用未来某一天的远期利率来预测未来同一天的即期利率。例如,美国债券市场有相当充足的市场供应和交易的持续性,债券价格充分反映了所有重要的估价信息,并即时根据市场新的信息而自行调整。如果远期利率与预期的未来即期利率出现了大的偏差,则套利者的投机行为使两者差距为零。事实上,通过远期利率准确预期未来的即期利率,是金融市场有效性的前提条件,即远期利率无偏差假说。所谓金融市场有效性,是指金融市场上的价格充分反映了可利用的信息,市场参与者不能凭借可利用的信息获得超额收益或经风险调整后的收益。在金融市场有效的情况下,当前的远期价格变动可以准确地预测未来某一天的即期价格变动,或未来某一天的即期价格等于当前的远期价格。

利率预期理论充分说明了金融市场的有效性。有效的金融市场对银行管理有极高的参考价值。如果银行认定市场有效时,管理者不会出于预测利率的目的而投资于信息的收集,因市场的价格已反映了这些信息。银行按照当前的远期利率通过抵补交易的方式就可以套期保值,锁定风险并不会给银行增加机会成本。如果银行认定市场无效时,则可通过积极的风险管理以及信息的收集进行利率的预测,有选择地持有证券从而获得更多的收益。因此,利率预期理论对银行管理决策有十分重要的影响。

二、流动性溢价理论

流动性溢价理论认为,远期利率除了反映预期外,还反映了投资者为购买长期债券而要求给予一定的风险收益补偿。债券的期限越长,流动性就越差,该债券的市场风险就越大。由于这种风险的存在,投资者倾向于持有短期债券,而贷款客户倾向于借入长期资金并推迟贷款的偿还。因此,随着债券期限的增加,远期流动性溢价也要相应地增加。用公式表示为:

$$I_{1,t} < I_{1,t+1} < \cdots < I_{1,n-1} \tag{2.5}$$

式中:$I_{1,n-1}$ 表示与 n 期债券最后一期现金流相对应的 1 年期远期利率流动性溢价。

在这里,流动性溢价是远期利率和未来的即期利率之间的差额。远期利率不再只是对未来即期利率的无偏差估计,它包含了远期流动性溢价。流动性溢价理论认为,证券收益率曲线向上倾斜是基于体现在远期利率中的与时间相关的流动性升水。

流动性溢价理论对于银行的资产负债管理是相当重要的。如果流动性溢价存在上升的趋势,银行管理者应借入短期资金,投资于长期债券或贷款,这样使资产负债表的结构产生资产敏感性,通过延长证券组合的期限获得更高的收益。

总之,从利率期限结构理论来看,期限结构的形成主要是由于对未来利率变化方向的预期决定的,流动性溢价可以起一定作用,但期限在 1 年以上的证券的流动性溢价大致是相同的,使得期限 1 年以上的证券虽然价格风险不同,但预期收益率却大致相同。有时,市场的不完善和资本流向市场的形式也会起到一定作用,促使期限结构的形状暂时偏离按照对未来利率变化方向进行估计所形成的形状。

第四节　资产负债管理技术——缺口管理

一、利率敏感性缺口管理

(一)利率敏感性缺口

利率敏感性资产(interest rate sensitive asset,简称 IRSA)和利率敏感性负债

(interest rate sensitive liability,简称 IRSL)是指资产收益和负债成本对市场利率变动的敏感程度,或者是指在一定期限内需要重新根据市场利率确定利率的资产与负债。利率敏感性缺口(gap)就是利率敏感性资产与利率敏感性负债之间的差额,它反映了银行资金的利率风险暴露情况。利率敏感性缺口的表示方法很多,最常见的一种称为资金缺口。其公式表达式为:

$$gap = IRSA - IRSL \tag{2.6}$$

这一公式仅反映了银行的资金缺口绝对金额。一般来说,不论是正缺口还是负缺口,银行的资金缺口越大,银行所承担的市场利率风险就越大。如果市场利率有利于银行的资金缺口,那么资金缺口越大,银行的收益也就越大;否则,银行的损失就越大。

利率敏感性缺口另一个相关的概念是利率敏感性比率,它是利率敏感性资产与利率敏感性负债的金额之比,即:

$$q = \frac{IRSA}{IRSL} \tag{2.7}$$

这一公式反映了银行资产与负债利率敏感性不匹配的相对情况,可用于不同规模银行之间的比较。按利率敏感性比率的取值来看,可将银行资金状况分为正缺口($q>1$)、负缺口($q<1$)和零缺口($q=1$)。正缺口表示资产敏感性,负缺口表示负债敏感性,零缺口表示资产与负债匹配。

在银行经营活动中,根据预期市场利率的变动将资产与负债在考察期内是否可能重新定价,把资产与负债分为利率敏感性资产和利率敏感性负债、非利率敏感性资产和非利率敏感性负债,强调利率敏感性资产与利率敏感性负债匹配。如何划分利率敏感性资产与负债和非利率敏感性资产与负债,这与资产与负债的考察期的选择有着密切关系。例如,就一笔期限为 2 个月的固定利率贷款来说,如果考察期为 1 年,则它属于利率敏感性资产,而将考察期定为 1 个月,则就划为非利率敏感性资产。银行利率敏感性资产包括浮动利率贷款、即将到期的短期贷款和证券投资等,非利率敏感性资产包括库存现金和法定准备金、固定利率贷款和证券等;银行利率敏感性负债包括货币市场上的借款、浮动利率存款等,非利率敏感性负债包括固定利率的存款和借款以及银行资本金等。

(二) 利率敏感性缺口与净利息收入变动的关系

当市场利率变动时,净利息收入的变动情况取决于利率敏感性缺口的大小,用公式表示为:

$$\Delta NII = gap \times \Delta i_{exp} \tag{2.8}$$

式中：ΔNII 表示净利息收入预期变动值；Δi 表示利率变动值；exp 表示短期利率水平的预期变动值。

公式(2.8)表明，当资金缺口为正值，如果预期利率上升，则银行净利息收入将增加；如果预期利率下降，则银行净利息收入将下降。当资金缺口为负值，如果预期利率上升，则银行净利息收入将下降；如果预期利率下降，则银行净利息收入将增加。据此，利率敏感性缺口、预期利率变动和银行净利息收入三者之间关系如表2-1所示。

表 2-1 利率敏感性缺口与净利息收入变动的关系

缺口值	预期利率	利息收入	比 较	利息支出	净利息的变动
正	上升	增加	>	增加	增加
正	下降	减少	>	减少	减少
负	上升	增加	<	增加	减少
负	下降	减少	<	减少	增加
零	上升	增加	=	增加	不变
零	下降	减少	=	减少	不变

（三）利率敏感性缺口的计算方法

（1）基本缺口。它的计算方法是银行提出判断资产与负债利率敏感性的标准。如果银行资产或负债的到期期限大于考察期限，则该资产或负债属于非利率敏感性资产或负债；反之，则该资产或负债属于利率敏感性资产或负债。

这种方法的优点在于简单易行，但考察期限的选择是由银行主观决定的，难免失之偏颇。即便在考察期限内，利率敏感性资产与负债的到期日不同，其利率敏感性程度也不同，故不应同等对待。

（2）累积缺口和增量缺口。银行资产与负债按利率敏感性划分取决于考察期的选择。考察期不同则利率敏感性不同，从而计算出缺口值也不一样。增量缺口（incremental gap）是将考察期划分为若干连续的期间，分析单个期间利率敏感性资产与负债对比情况。累积缺口（cumulative gap）则是考察整个考察期间内资产与负债的匹配情况，将考察期间内各个子期间增量缺口值相加，得出累积缺口。其计算公式为：

$$累积缺口 = \sum_{i=1}^{n}(IRSA_i - IRSL_i) \tag{2.9}$$

式中:n 表示考察期间内各个子期间的数量;i 表示子期间。

例如,美国某家银行将资产与负债的考察期间划分为 1～90 天、91～180 天、181～270天、271～360 天和 1 年以上五个子期间。其中,90 天到期资产为 5 亿美元,负债为 3.2 亿美元;91～180 天到期资产为 2.4 亿美元,负债为 1.8 亿美元;181～270 天到期资产为 1 亿美元,负债为 1.5 亿美元;271～360 天到期资产为 2 亿美元,负债为 3.7 亿美元;1 年以上的到期资产为 4.2 亿美元,负债为 3.8 亿美元,则该银行的累积缺口为 0.6 亿美元(1.8+0.6−0.5−1.7+0.4)。

以累积缺口为监控指标,可以通过各子期间内增量缺口的相互抵消来减少累积缺口的金额,便于银行资金调度和操作,但它忽视了银行资产与负债重新定价的具体时间,无法测量银行利率风险的精确指标。如果两家银行的累积缺口相同,但由于各银行累积缺口在不同的子期间的分布不同,就有可能导致这两家银行所承担的利率风险不同。银行具体选择哪种缺口作为监控指标取决于缺口管理的成本与收益比较。

(3) 标准化缺口。标准化缺口是简单地以利率敏感性资产与负债的金额差作为衡量银行利率风险的标准。其内含的假定条件是:利率敏感性资产与负债对市场利率变动的反应程度是一样的。如果市场利率上升 5%,则敏感性资产与负债的利息收入或利息成本也上升 5%,但实际情况远比这要复杂。因此,计算标准化缺口,首先要选定一个基础利率,如国库券利率或伦敦同业拆借利率;其次要以基础利率为参照,将相应的敏感性资产与负债的变动率进行重新定价;最后要与基础利率的变动率进行比较,确定出各自的相对变动率,计算出利率敏感性资产与负债的缺口金额。

假设某银行 90 天到期的短期贷款为 1 000 万美元、银行发行 90 天 CD 为 800 万美元,基础利率为 90 天国库券利率。当基础利率上升 5% 时,该银行的短期贷款上升 4%,其变动率为 80%;而 CD 的利率上升 6%,其相对变动率为 120%,则该银行的标准缺口金额为:

$$gap = 1\,000 \times 80\% - 800 \times 120\% = -160(万美元)$$

如果采用基本缺口计算方法,该银行 90 天到期的资产与负债缺口金额为:

$$gap = 1\,000 - 800 = 200(万美元)$$

可见,基本缺口计算的结果夸大了利率风险,而标准缺口比较符合实际情况,更准确地反映了银行资产与负债利率敏感性错配的程度,因此它成为银行利率风险管理的依据。

（四）利率敏感性缺口管理策略

由于利率敏感性缺口与银行净利息收入变动之间存在着密切关系,银行通过缺口管理来规避利率风险以及利用利率的变动来扩大银行收益。利率敏感性缺口管理策略主要有两种:

（1）进取性策略。它是指银行主动预期市场利率的变动来确定利率敏感性资产与负债的缺口,使缺口值的变动朝着对银行有利的方向变动,从而扩大银行的利息收入。如果预期市场利率上升,银行应扩大正缺口值,如出售长期证券并购入短期证券,扩大浮动利率贷款,减少浮动利率借款,增加活期存款,从而增加利率敏感性资产,减少利率敏感性负债。

进取性策略成功的关键在于:银行管理者要准确预期市场利率变动的方向,如果市场利率走势与管理者预期走势相反,则可能给银行带来巨大的损失。另外,即使利率预期准确,但因利率变动幅度较小,采取此策略有可能得不偿失,因为资产与负债的重新定价是有成本的。但进取性策略刺激了银行家对利率主动管理的意识和市场投机的思想,比较适合大型银行。大型银行聚集了专门的利率预测和管理人才,有条件对市场利率进行跟踪研究,建立数学模型对利率走势及变动幅度进行预测,以此进行资产与负债组合,扩大净利息收入。

（2）防御性策略。它是指保持利率敏感性资产与负债之间的平衡,使其缺口值为零或很小。对于一些稳健经营或缺乏市场利率预期能力或缺乏调整资产与负债组合的手段的银行,往往采用此方法。防御性策略并不表明银行对市场利率的变动无动于衷,而是采取一些补偿性操作,如缩短资产期限,减少长期贷款和投资,减少利率敏感性资产与负债,尽量保持资产与负债持续期匹配,使其具有免疫性。

在实践中,银行选择哪种缺口管理策略应根据时势的不同而有异:当市场利率走势明朗且持续时间较长时,应采用进取性策略;反之,则采用防御性策略。

（五）利率敏感性缺口管理的评价

利率敏感性缺口管理的最大好处在于其模型设计比较简单,具有较强的可操作性。但它的缺陷是比较明显的,主要表现为以下几个方面:

（1）采用利率敏感性缺口管理的前提条件是对市场利率的预测。众所周知,准确预测市场利率变动的幅度是十分困难的,这也是一个理论上的难题。在一个竞争性市场中,银行对市场利率的影响是微不足道的,无法左右市场利率的水平,银行只能被动适应市场利率的变化。

（2）即便银行能准确预期市场利率的变动,也因银行并不能完全控制和调整它的资产与负债的结构,导致采用缺口管理利率风险不理想。

(3)就缺口值本身而言,它并不能准确反映银行的现金流量。因为当银行以账面价值计算缺口值时,往往将到期日之前所发生的利息和本金计入到期日的现金流。这样就会导致现金流入与流出的误差,从而影响到对净利息收入变动的预测,使其管理效果受到损害。

(4)无法解决银行资金回流问题。因为回流资金本身受利率变动的影响。具体来说,当利率上升时,借款人会延期支付抵押贷款利息或本金,从而使抵押贷款按期回流变得不现实;当利率下降时,借款人会提前偿还固定利率的抵押贷款,以便以更低利率重新融资。因此,回流资金对利率变动的敏感性是缺口管理深层次的缺陷。

(5)利率敏感性缺口管理忽视了资产负债表中利率变动对权益资本的影响,只注重利润表中利息收支的变化,即只重视利率变动对资产与负债的收入效应,忽视了市场价值效应。因此,它是一种片面的衡量银行利率风险敞口的方法。

二、持续期缺口管理

(一)持续期的概念

由于利率敏感性缺口管理只重视利率变动对资产与负债的收入效应,忽视了其市场价值效应,容易引起银行股东的不满。为了满足股东的最大利益,银行采用持续期来分析银行股东权益对利率变动的敏感性。

所谓持续期或久期,是指债券的平均有效期限,它反映了现金流量的时间价值。持续期与债券的到期日或期限概念不同。债券的到期日或期限是指债券最后一笔现金流量的付款日,它不考虑债券到期日之前所有现金流的金额与日期;而持续期则要考虑债券到期日之前所有现金流量的变化,如利息支付、本金提前偿还等。持续期用适当的贴现率将债券的所有利息和本金等现金流量转换为现值,表现了所有现金流量的金额和时间。因此,持续期是一种比到期期限更有效的计量银行利率敏感性资产与负债的方法,并用于分析利率变动对银行股东权益产生的影响,因为它考虑了银行所有现金流量的发生时间和资产与负债的到期期限。

(二)利率风险免疫管理的核心方法:持续期模型

持续期(duration)这一概念最早由美国学者麦考莱(Macaulay)为分析和管理债券组合利率风险特性于 1938 年提出的,又称麦考莱持续期。持续期是基于未来现金流量这一概念之上的,其数值可看作债券未来现金流量的加权现值之和与债

券当前现值之和比,用公式表示为:

$$D=\frac{\sum_{t=1}^{n}\frac{t\times CF_t}{(1+r)^t}}{P}$$ (2.10)

式中:D 表示债券的持续期;CF_t 表示 t 期现金流量;t 表示现金流量发生距离现在的时期;n 表示最后一笔现金流量的时期,即债券的偿还期;r 表示贴现率;P 表示该债券的当前市场价格,即 $P=\sum_{t=1}^{n}\frac{CF_t}{(1+r)^t}$。

持续期从形式上看是一个时间概念,但它反映了债券价格对利率变动的敏感性。这可以从两方面来理解:一方面,持续期作为时间概念,表示债券未来现金流量的平均期限,反映了该债券暴露在利率风险中的平均时间长短,持续期越长,利率风险越大;另一方面,通过求债券价格 P 对利率 r 的一阶偏导数来分析市场利率变动对债券价格的影响。

对 $P=\sum_{t=1}^{n}\frac{CF_t}{(1+r)^t}$ 两边求无限小的 r 的偏导数可得:

$$\partial P=\sum_{t=1}^{n}\frac{(-t)\times CF_t}{(1+r)^{t+1}}\times\partial r=-\frac{1}{(1+r)}\times\sum_{t=1}^{n}\frac{t\times CF_t}{(1+r)^t}\times\partial r$$ (2.11)

根据公式(2.10)和公式(2.11),债券价格对利率变动的敏感性为:

$$\frac{\partial P}{P}=-D\times\frac{\partial r}{1+r}=-D_m\times\partial r$$ (2.12)

其中,$D_m=\frac{D}{1+r}$ 称为修正后的持续期。

公式(2.12)直观地给出了债券价格变化与利率变动之间的线性关系,表明债券价格的变动率是修正后的持续期与利率变动的乘积,且债券价格的变动与利率方向相反。因此,持续期是衡量债券利率风险敞口的有效工具。

持续期的特征是:

(1) 只有一次性偿付类债券的持续期等于它的偿还期,而多次性偿付类债券的持续期随着偿还期的增加而增加,但却以递减的速度增加。持续期是一个能真正体现多次性偿付类债券的现金流量模式的利率风险指标。

$$\frac{\partial D}{\partial M}>0 \qquad \frac{\partial^2 D}{\partial M^2}<0$$ (2.13)

式中:D 表示债券的持续期;M 表示债券的到期期限。

(2) 持续期是债券到期收益率的减函数,即债券到期收益率越高,其持续期越短。由于较高的债券到期收益率使后来的现金流大打折扣,并且后来发生的现金流与早期发生的现金流相比,其相对权数下降,所以债券到期收益率越高,其持续期越短。

$$\frac{\partial D}{\partial R} < 0 \qquad\qquad (2.14)$$

式中:R 表示债券的收益率。

(3) 债券的息票利息越高,持续期越短。由于息票利息越高,投资者资金回收越快,在持续期计算中现金流的现值权数越大,所以持续期越短。

$$\frac{\partial D}{\partial C} < 0 \qquad\qquad (2.15)$$

式中:C 表示债券的息票利息。

(4) 持续期具有可加性,即 $D_p = \sum_{j=1}^{n} W_j \times D_j$。债券组合的持续期就是单个债券持续期的简单加权平均,权数 W_j 代表在 n 种债券投资中的比例。

鉴于上述持续期的基本特征,银行管理者可利用持续期估算市场利率的变动对商业银行所有头寸的未来现金流量现值的潜在影响,从而能够对利率变动的长期影响进行评估,更为准确地估算利率风险对商业银行的影响。利用持续期具有可加性的特征,对商业银行的资产与负债组合进行所谓利率风险免疫管理。利率风险免疫是指通过某种管理方法使得银行的资产组合和负债组合分别受到市场利率变动的影响能够相互抵消,从而达到利率风险免疫的目的。

(三) 持续期模型用于利率风险免疫管理的缺陷与修正

麦考莱持续期模型有两个前提假设:用于所有未来现金流量的贴现率是固定的;债券收益率曲线是平坦的。这限制了持续期作为衡量债券利率风险敞口的有效指标。运用持续期模型进行利率风险免疫管理时,必须对持续期模型进行修改,以便更准确地衡量银行资产与负债对利率变动的敏感性。

首先,用于所有未来现金流量的贴现率是固定的。这一假设使得持续期衡量债券利率风险敞口的效果不理想。解决方法就是根据利率期限结构来分段考虑贴现率。根据利率预期理论,未来某一点的即期利率是可以预测的,其等于收益率曲线隐含的远期利率,第 t 期远期利率为:

$$f_{t,t-1} = \frac{(1 + r \times t)^t}{(1 + r_{t-1})^{t-1}} - 1 \qquad\qquad (2.16)$$

根据公式(2.16)和零息票收益率 r_t 推出 n 期债券不同时间段的贴现率,就可以克服持续期的贴现率固定的不足。n 期债券的修正持续期为:

$$D_{mf} = \sum_{t=1}^{n-1} \frac{t \times CF_t}{P \times (1+f_{t,t-1})^t} + \frac{n \times (CF_n + P^*)}{P \times (1+f_{n,n-1})^n} \qquad (2.17)$$

式中：P^* 表示债券的面值；$P = \sum_{t=1}^{n-1} \frac{CF_t}{(1+f_{t,t-1})^t} + \frac{CF_n + P^*}{(1+f_{n,n-1})^n}$。

修正后的持续期公式是把债券价格分为 n 个不同的时间期限来考虑的，可以用其来衡量不同时间期限内的利率变动对债券价格的影响。

其次，债券收益率曲线是平坦的，这意味着持续期是利率风险敞口的线性，即债券价格的变动与利率冲击成比例。当利率变动较小时（通常小于 1%），这种线性关系是有效的。但是，如果利率变动较大时，持续期衡量债券利率风险敞口就会产生较大的误差，究其原因，在于利率与债券价格的关系是凸性的，而非线性的，如图 2-1 所示。

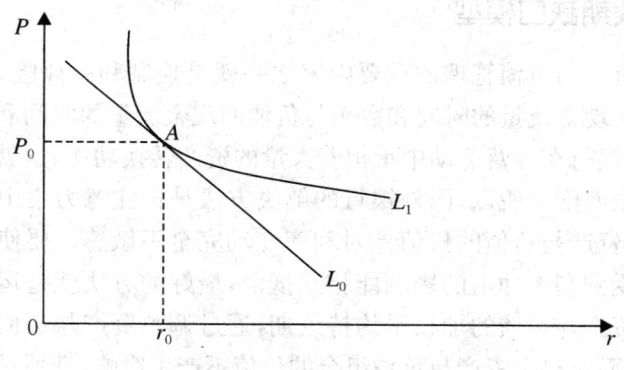

图 2-1　持续期凸性问题

在图 2-1 中，直线 L_0 表示债券价格变化与利率变动的线性关系，曲线 L_1 表示债券实际价格变化与利率变动的关系。债券价格收益率曲线上 A 点的切线的斜率，它会随着利率的变动而变动。麦考莱持续期分析在利率变化较大时存在高估或低估债券价格的下跌或上升幅度，债券的凸性越明显，这方面的效应越显著。要准确衡量债券价格对利率变动的敏感性，除了进行持续期分析外，还要考虑利率与债券价格关系曲线的凸性。凸性是债券价格对利率的二阶偏导数，即：

$$C = \frac{\partial^2 P}{P \times \partial r^2} = \frac{1}{P \times (1+r)^2} \times \sum_{t=1}^{n} \frac{(t^2+t) \times CF_t}{(1+r)^t} \qquad (2.18)$$

凸性弥补了持续期假设的债券价格变动与利率变动线性关系的不合理性，反映了持续期随利率变化而变化的事实，它与持续期的结合使用更能准确地反映债券的利率风险敞口。

最后，利用持续期衡量利率风险并没有考虑内含期权风险，如可赎回债券以及银行核心存款提前支取和贷款提前偿还而带来的利率风险。麦考莱持续期模型假设所有资产与负债的未来现金流量不受利率变动的影响，但内含期权性质的资产与负债的未来现金流量随着市场利率的变化而变化，其价格也会发生相应的变化。弥补这一缺陷的方法就是 Fabozzi 于 1996 年在修正的持续期基础上提出的有效持续期，即：

$$D_e = \frac{P_- - P_+}{2P \times \Delta r}$$ 　(2.19)

有效持续期充分考虑了内含期权对债券和贷款价格的影响，市场利率的上升或下降引起债券和贷款价格的下降 P_- 或上升 P_+，它能直接衡量出具有内含期权性质的金融产品的利率风险。

(四) 持续期缺口模型

商业银行资产与负债管理的重要内容之一就是控制利率风险，其核心思想是尽可能使资产的现金流量的时间和数额与负债的现金流量的时间和数额都相互匹配。但问题是：银行在经营活动中承担着大量的资产转换功能，这就决定了其现金流量不可能完全匹配。所以，国外银行的解决方法是把注意力集中在资产与负债的价值上，使得资产与负债的价值差对利率变动完全不敏感。要使银行资产与负债的价值分别受到利率冲击的影响能相互抵消，最好的方法就是运用持续期模型计算出银行的资产与负债的加权平均持续期，通过调整资产与负债结构使其持续期缺口为零，进而对整个资产与负债组合的价值不产生影响，即所谓利率风险免疫管理。

以 A、L 和 E 分别表示一家银行的资产、负债和权益的价值，则银行的权益价值变动可表示为：

$$\partial E = \partial A - \partial L$$

运用泰勒扩展式给出 A 和 L 分别与利率 r 之间的数学关系：

$$\partial A = \frac{\partial A}{\partial r} \times \partial r + \frac{\partial^2 A}{2 \partial r^2} \times (\partial r)^2$$

$$\partial L = \frac{\partial L}{\partial r} \times \partial r + \frac{\partial^2 L}{2 \partial r^2} \times (\partial r)^2$$

可得到银行资产、负债的修正持续期和凸性，即 $D_{mA} = -\frac{\partial A}{A \times \partial r}$，$D_{mL} = -\frac{\partial L}{L \times \partial r}$，

$C_A = \frac{\partial^2 A}{A \times \partial r^2}$，$C_L = \frac{\partial^2 L}{L \times \partial r^2}$，则银行的权益价值变动可表示为：

$$\partial E=-\left(D_{mA}-\frac{L}{A}D_{mL}\right)\times A\times\partial r+\frac{1}{2}\times\left(C_{A}-\frac{L}{A}C_{L}\right)\times A\times(\partial r)^{2} \tag{2.20}$$

式中：$D_{gap}=\left(D_{mA}-\frac{L}{A}\times D_{mL}\right)$定义为持续期缺口，它反映了银行资产与负债持续期错配的程度；$C_{gap}=\left(C_{A}-\frac{L}{A}\times C_{L}\right)$定义为凸性缺口，它反映了银行资产与负债凸性错配的程度。

可见，银行的权益价值受整个资产负债表的持续期缺口和凸性缺口、资产规模和利率变动的影响。在银行资产规模一定的情况下，持续期缺口绝对值越小，银行权益价值的利率弹性越小，银行面临的利率风险也越小。在持续期缺口为零的情形下，市场利率的任何变动会导致银行的资产价值与负债价值都以相同幅度变化，而银行的权益价值不发生变化，确保了银行市场价值的稳定。

从银行的实践角度来看，利率风险免疫管理的核心应根据对未来利率变动的预测和自身资产与负债头寸状况，通过重新构造资产与负债结构，尽可能使持续期缺口值为零，从而使银行的整个资产负债表免疫于市场利率的即时波动。

（五）持续期缺口与股东权益市场价值变动的关系

我们从上述公式可以得出股东权益市场价值变化的估计值，其表达式为：

$$\Delta E=-D_{gap}\times A\times\frac{\Delta r}{1+r} \tag{2.21}$$

银行的股东权益市场价值受整个资产负债表的持续期缺口、资产规模和市场利率波动幅度的影响。在银行资产规模一定的情况下，当市场利率发生变化时，如果D_{gap}为零，资产与负债的价值都以相同幅度随着利率变化而变化，因此对股东权益市场价值不发生变化。如果D_{gap}为负，则存在两种可能：当利率下降时，资产与负债的价值都会上升，但资产价值上升的幅度小于负债价值上升的幅度，股东股权市场价值减少；当利率上升时，资产与负债的价值都会下降，但资产价值下降的幅度小于负债价值下降的幅度，股东股权市场价值增加。如果D_{gap}为正，也存在两种可能：当利率下降时，资产与负债的价值都会上升，但资产价值的上升幅度大于负债价值的上升幅度，股权市场价值增加；当利率上升时，资产与负债的价值都会下降，但资产价值的下降幅度大于负债价值的下降幅度，股权市场价值减少。

上述银行的股东权益市场价值变化、持续期缺口和利率变动三者的关系用表 2-2 表示。

表 2-2　权益价值、持续期缺口与利率变动的关系

缺口值	利率变动	资产价值变动	比　较	负债价值变动	权益价值变动
正	下降	增加	>	增加	增加
正	上升	减少	>	减少	减少
负	下降	增加	<	增加	减少
负	上升	减少	<	减少	增加
零	下降	增加	=	增加	不变
零	上升	减少	=	减少	不变

除了持续期缺口外,银行还可用股东权益的持续期来估算利率变动对股东权益价值的影响。股东权益持续期反映了资产与负债持续期的杠杆作用。其杠杆系数分别为资产与负债同股东权益的比值,则股东权益的持续期 D_E 的计算公式为:

$$D_E = D_A \times \frac{A}{E} - D_L \times \frac{L}{E} \tag{2.22}$$

同样,我们也可得出股东权益市场价值的利率风险表达式:

$$\Delta E = -D_E \times \frac{\Delta r}{1+r} \times E \tag{2.23}$$

(六) 对持续期缺口管理的评价

1. 为银行管理利率风险敞口提供了一个有效的测量方法

持续期缺口越小,银行的股权价值对利率变动的敏感性就越低。银行通过调整资产与负债的持续期缺口值,对资产与负债进行合理匹配,使得银行整个资产负债表具有免疫性,即免疫于利率变动的风险。

2. 避免了利率敏感性缺口模型的一些缺陷

由于持续期缺口是在资产与负债的现金流量基础上计算出来的,它克服了利率敏感性缺口因考察期限划分不当而出现的问题,从而使持续期缺口成为衡量银行资产与负债的持续期不匹配的重要指标。

3. 持续期对称的成本可能很大使其实用价值下降

通过调整资产与负债的持续期以达到使银行免疫于利率风险的目的,但就银行来说,重新构造资产负债表既耗费时间,又要付出很高成本。持续期缺口计算中所需的资产与负债的未来现金流量的数值较难取得,且计算过程比较复杂,尤其对资产与负债重新定价的时间价值分析。因此,银行通常是采用避险工具而不是采

用直接的资产与负债的再调整或再平衡的方法,以达到免疫于利率风险的目的。如银行利用衍生产品交易来控制利率风险。

4. 免疫性是一个动态问题

免疫性是持续期模型不易理解的一个问题。由于银行很难预测市场利率的变动,无法主动调整资产与负债的结构,故只要通过资产与负债的组合,使资产组合的持续期恰好相当于负债组合的持续期,使银行的整个资产负债表具有免疫性。但频繁地调整资产与负债的组合,会涉及昂贵的交易成本,所以只能是每隔一段时间重新调整资产与负债的组合,争取近似动态地免疫于利率变动。

(七) 利率期货与持续期缺口模型的运用

将利率期货引入持续期缺口管理,需要计算相应的期货合约量。根据套期保值原理,有:

$$D_{gap} \times A + N_f \times D_f \times P = 0 \tag{2.24}$$

求解公式(2.24)得出:

$$N_f = -\frac{D_{gap} \times A}{D_f \times P} \tag{2.25}$$

式中:N_f 表示期货合约量,计算出正的表示买入期货合约,负的表示卖出期货合约;D_f 表示期货合约标的资产的持续期;P 表示期货合约的价格。

用利率期货对持续期缺口进行套期保值的基本思路是:选择合适数量的利率期货,将其与银行原有的资产与负债组合构成一个新的组合,从而使该组合的持续期为零。如果银行的持续期缺口为正,可用卖出适当数量的利率期货合约;如果银行的持续期缺口为负,可用买入适当数量的利率期货合约。

例如,假设某银行资产为 5 亿元人民币,持续期为 5 年,负债为 4.5 亿元人民币,持续期为 3 年。银行打算用 8 年持续期的国库券、10 万元人民币面值期货合约的价格为 9.7 万元人民币对银行资产与负债组合进行套期保值,则银行应该有多少期货合约以及如何操作?

$$N_f = -\frac{\left(5 - \frac{4.5}{5} \times 3\right) \times 50\,000}{8 \times 9.7} \approx -1\,500(份)$$

可见,银行应卖出 5 年以上的 1 500 份国库券利率期货合约对冲银行资产与负债组合的利率风险。套期保值后,该银行的持续期缺口接近于零,达到了免疫管理的目的。即:$2.3 \times 50\,000 - 8 \times 9.7 \times 1\,500 = 1\,400$ 万元。1 400 万元远小于

115 000 万元(2.3×50 000)。

第五节 案 例 分 析

【案例 2-1】 债券的期限、持续期以及利率变动对债券价值的影响

一、背景情况

有一张政府债券的面值为 1 000 美元,期限为 5 年,年利率为 6%,每年付息一次,到期还本,当前的市场利率为 6%。该债券的持续期 D 和经调整的持续期 D_m 应各为多少呢？利率变动对该债券的市场价格有什么影响？

二、分析

政府债券的现金流量具体情况如表 2-3 所示。

表 2-3 债券的现金流量

金额单位：美元

计算期	现金流	利率为 6%贴现值	现金流现值	加权现金流
1	60	943.4	56.60	56.60
2	60	890.0	53.40	106.80
3	60	839.6	50.38	151.13
4	60	792.1	47.53	190.10
5	1 060	747.3	792.09	3 960.45
合 计			1 000	4 465.08

债券的持续期 $D = \dfrac{4\,465.08}{1\,000}$ 4.456(年)

经调整的持续期 $D_m = \dfrac{4.456}{1.06} = 4.212$(年)

可见,该债券的持续期少于它的到期期限。当市场利率由 6%上升为 7%时,估算出该债券价值的变动幅度为：

$$\frac{\partial P}{P} = -\frac{D \times \partial r}{1+r} = \frac{-4.456 \times (0.07-0.06)}{1+0.06} = -4.212\%$$

当市场利率由 6％ 上升为 7％ 时,相应的 ∂P 的估计值为负的 42.12 美元,即债券价格将从 1 000 美元下跌到 957.88 美元。如果市场利率出现大幅度变化,债券价格曲线的弯曲度呈现为凸性。因此,持续期是一个估计利率敏感性的有效指标。

两种期限相同而息票利率不同的债券,它们的持续期是不同的。因为在持续期的计算中,低息票利率债券的现金流量分布模式将使到期赎回的权数相对于利息的权数得以放大。上例中,息票利率为 6％ 的 5 年期债券在市场利率为 6％ 的情况下持续期为 4.465 年,而息票利率为 8％ 的 5 年期债券的持续期为 4.246年。

持续期还有助于我们解决利息效应(coupon effect)问题。利息效应也是债券到期期限不能成为衡量利率敏感性的有效指标的原因。对于一个到期日既定的债券,票面利率越小,市场利率变动导致其价格的变动越大。利息效应之所以发生是由于债券到期时的赎回值占低息票利率债券现金流量的份额大于高息票利率的债券所引起的,即现金流量在期末更大。

【案例 2-2】 持续期缺口模型在银行管理中的实际应用

一、背景情况

我们以 2004 年半年度招商银行资产负债表说明持续期模型的运用。

二、分析

以 2004 年 10 月 29 日之前的银行间债券回购利率作为贴现率(2.11％),则招商银行资产负债表的市场价值如表 2-4 所示。

表 2-4 招商银行资产负债表

2004 年 6 月 30 日　　　　　　　　　　金额单位:亿元

资　产	市 场 价 值	负　债	市 场 价 值
现金资产	1 962	活期存款	3 108
1 年贷款	2 406	1 年存款	1 633
3 年贷款	855	3 年存款	615
2 年债券	351	权益资本	218
资产总计	5 574	负债与权益资本总计	5 574

资料来源:《上海证券报》2004 年 8 月 6 日。

招商银行的资产项目除现金资产外,1年期贷款利率为5.31%,3年期贷款利率为5.58%,2年期债券收益率为3.14%。负债项目除活期存款外,1年定期存款利率为1.98%,3年定期存款利率为2.52%。据此可计算出:3年期贷款的持续期为2.76年,2年期债券的持续期为1.96年,3年定期存款的持续期为2.95年。资产组合的加权平均持续期为0.979年,负债组合的加权平均持续期为0.644年。因此,招商银行的持续期缺口为:

$$D_{gap} = D_{mA} - \frac{L}{A} \times D_{mL} = 0.979 - \frac{5\,356}{5\,574} \times 0.644 = 0.3602 (年)$$

显然,持续期缺口为正,市场利率的任何变动都会对招商银行资产与负债的市场价值产生不同方向的影响,进而引起权益价值的变动。同年10月29日,中国人民银行公布商业银行存贷款利率上调0.27%,银行间债券回购利率受此影响也从原来的2.11%上升为2.44%,结果造成招商银行的权益价值损失为:

$$\partial E = -D_{gap} \times A \times \partial r = -0.3602 \times 5\,574 \times 0.0033 = -6.626(亿元)$$

可见,市场利率上升0.33%,招商银行的权益价值损失为3.04%,其权益价值约为211亿元。利率上升0.33%之后招商银行资产负债表如表2-5所示。

表2-5 利率变化后的招商银行资产负债表

金额单位:亿元

资　　产	市 场 价 值	负　　债	市 场 价 值
现金资产	1 962	活期存款	3 108
1 年贷款	2 399	1 年存款	1 629
3 年贷款	851	3 年存款	613
2 年债券	349	权益资本	211
资产总计	5 561	负债与权益资本总计	5 561

市场利率上升0.33%后,使招商银行的权益与资本的比率从3.9%下降到3.8%。为了消除这一后果,招商银行可以通过调整银行资产与负债结构缩减资产的加权平均持续期或增加负债的加权平均持续期,使持续期缺口为零,从而避免市场利率波动对银行权益价值的影响。假设招商银行出售2年期债券收回投资,增加3年期定期存款447亿元并减少活期存款447亿元,则持续期缺口为零($D_{gap}=0$)。

如果添加凸性缺口后,市场利率上升0.33%而产生额外的权益价值变化的估计值为:

$$\partial E = \frac{1}{2} \times \left(C_A - \frac{L}{A} C_L \right) \times A \times (\partial r)^2 = \frac{1}{2} \times \left(7.5 - \frac{5\,356}{5\,574} \times 4.2 \right) \times$$

$$5\,574 \times (0.0033)^2 = 0.105(亿元)$$

则招商银行权益价值总的估计值为：

$$\partial E = -6.626 + 0.105 = -6.521（亿元）$$

可见,利率变化较小时,凸性缺口的影响可以忽略不计。但凸性缺口弥补了收益率曲线的误差,因此持续期和凸性混合估计的方法更能准确地衡量市场利率的变动对银行权益价值的影响。

从银行的实践角度来看,利率风险免疫管理的核心应根据对未来利率变动的预测和自身资产与负债头寸状况,通过重新构造资产与负债结构,尽可能使持续期缺口值为零,从而使银行的整个资产负债表免疫于市场利率的即时波动。

本章基本概念

流动性 安全性 盈利性 资产管理 负债管理 资产负债综合管理 利率风险 利率预期 流动性溢价 利率敏感性资产 利率敏感性负债 持续期 凸性 内含期权 利率风险免疫管理 利率期货

本章思考题

1. 简述"三性"管理原则的内容。
2. 资产负债管理理论的内容有哪些?
4. 简述持续期缺口管理的内容。
5. 什么是利率风险免疫管理? 应如何操作?
6. 假设一种债券的持续期为 6.3 年,如果债券的市场利率昨天为 5%,但因中央银行利率上调使得今天的债券市场利率上升了 0.4%,那么该种债券的市场价值变动了多少?

第 三 章

商业银行财务报表与绩效评估

　　财务报表是商业银行用价值形态反映其筹集资金、使用和分配资金的过程和结果，也是对其绩效评估的基础。通过对银行财务报表的分析以及绩效评估，可以直观地向银行股东、客户和监管当局反映商业银行的经营成果。

第一节　商业银行财务报表

　　财务报表是根据会计核算资料汇集、加工、整理而成的一个完整的报告体系，是综合反映商业银行财务状况、业务活动和经营业绩的文件，是向股东、债权人和社会公众传递银行财务信息的主要途径，也是评判银行管理水平的基本依据。财务报表包括资产负债表、利润表和现金流量表。

一、资产负债表

　　资产负债表又称财务状况表。它是反映商业银行在某一特定日期财务状况的报表，是静态、存量的财务报表，是衡量商业银行财务状况和进行银行管理的基本依据。通过资产负债表的结构和比例分析，从中看出银行经营管理中的一些特点和问题。因此，了解和掌握商业银行的资产负债表对股东、债权人和银行管理者是十分重要的。

　　商业银行资产负债表的格式和原理与一般企业基本相同，即依据"资产＝负债＋股东权益"这一原则，按照会计报表编制准则对某一特定日期的银行资产、负债和股东权益予以适当排列编制而成。

　　下面我们以中国某家商业银行的资产负债表为例，如表 3-1 所示，说明银行资产负债表的基本内容和作用。

表 3-1　中国某商业银行 2008 年度资产负债表

金额单位：百万人民币元

项　　　目	金　　额	项　　　目	金　　额
资产		负债及股东权益	
现金和同业存款	345 183	存款	3 067 328
现金	92 752	活期存款	754 672
在中央银行存款	87 135	定期存款	2 015 193
在金融机构存款	165 296	财政存款	207 326
证券	1 507 612	其他存款	90 137
中央政府债券	528 164	借款	524 738
地方政府债券	292 147	同业借款	342 743
回购协议	687 301	回购协议	181 995
贷款	1 817 149	其他负债	81 298
企业贷款	623 113	资本金	304 672
不动产贷款	230 176	普通股和优先股	45 461
消费贷款	360 712	公积金	83 939
证券贷款	271 233	长期证券	32 478
国际贷款	204 516	资本准备金	25 462
租赁贷款	97 387	未分配利润	117 332
其他贷款	30 012		
减：贷款损失准备	（41 338）		
净贷款	1 775 811		
固定资产	94 692		
其他资产	254 738		
合　　　计	3 978 036	合　　　计	3 978 036

（一）资产负债表的基本内容

1. 资产项目

（1）现金和同业存款。它反映了商业银行库存现金情况，是商业银行资产中流动性最高的资产，充当一级准备金。现金和同业存款给商业银行带来的收益很少。在经营活动中，商业银行尽可能减少此类资产，它一般占总资产的 8% 左右。现金是商业银行为了满足客户提现而保留的现钞和硬币；在中央银行存款，是提取法定存款准备金的结果，同时也是通过中央银行进行清算往来款项的结果；在金融机构存款，其目的是便于同业之间的业务往来。

（2）证券。证券投资是商业银行资产业务的主要内容，也是其营业收入的主要来源之一，一般占总资产的 30% 左右。证券投资主要是短期证券投资和长期证券投资两部分。前者作为现金和同业存款的补充，充当二级准备金，保持商业银行流动性，如回购协议和短期债券投资；后者以保持资产盈利性为目的。

（3）贷款。它是商业银行的主要盈利资产，一般占总资产的 50% 以上，而规模比较小的商业银行，贷款占其总资产的比重高达 70%。贷款按用途划分，主要有工商企业贷款、消费贷款、不动产贷款、农业贷款和证券保证金贷款、国际贷款和租赁贷款等。因为贷款资产流动性较低，风险较高，商业银行按照国家有关规定对贷款损失提留准备金。商业银行按照贷款质量从税前利润提留贷款损失准备金。商业银行从贷款总额中扣除贷款损失准备金，就是商业银行净贷款额。

（4）固定资产。它是商业银行的房产、设备、办公用品等的账面价值扣除折旧之后的净值，一般占总资产的 1% 左右。

（5）其他资产。它是指商业银行的应收账款、预付费用、在途的款项、未托收的现金，对倒闭破产的债务人清理后的余额以及对其他公司的投资等。

2. 负债项目

（1）存款。它是商业银行主要的资金来源，一般占负债总额的 90% 左右。存款主要有活期存款、储蓄存款和定期存款。

（2）借款。它是商业银行存款资金来源的补充。商业银行主动从金融市场上筹集所需的流动性资金，以满足其流动性和业务发展对资金的需求。借款的渠道包括同业借入、向中央银行票据再贴现、回购协议以及在欧洲美元市场上借款等。

（3）其他负债。它包括应付股利、应付税费、承兑负债、应付贷款等各项负债。

3. 股东权益项目

股东权益是商业银行资产与负债账面价值的差额，是商业银行的净值，仅占银行总资产的 6% 左右。它主要包括普通股、公积金和未分配利润等。这些项目留待第五章详细讨论。

（二）资产负债表的作用

（1）反映了商业银行在某一特定日期实际拥有资产与负债总额及其结构状况，从而判断银行资产与负债结构的合理性。

（2）反映了商业银行在某一特定日期资金来源的途径及其结构状况。

（3）为报表使用者了解银行的财务信息，如资金实力、清偿能力和抵御风险的能力等，以及判断银行的财务前景和今后的发展趋向提供了预测的依据。

二、利润表

利润表是指商业银行在某一特定时期内经营成果实现情况的报表，是动态、流量的财务报表。它反映了商业银行在一定时期内的经营收入、支出和利润的情况。由于利润表的编制是通过加总各项收入然后减去各项成本支出计算出盈亏结果，因而此表既反映了银行净利润的形成过程，又体现了利润的计算过程，所以利润表又称利润计算书。

下面仍以上面提到的中国某家商业银行的利润表为例，如表 3-2 所示，说明利润表的主要内容和作用。

表 3-2　中国某家商业银行的利润表

金额单位：百万人民币元

项　　　目	金　　　额
营业收入	
贷款利息收入	11 024
同业存款利息收入	968
证券投资收入	7 504
回购协议收入	718
服务费收入	4 327
其他营业收入	398
合计	24 939
营业支出	
存款利息支出	15 617

（续表）

项 目	金 额
借款利息支出	692
回购协议支出	378
长期证券利息支出	596
职工工资与福利支出	1 417
管理费支出	1 827
固定资产支出	274
损失准备金	486
其他支出	245
合计	21 352
营业毛利	3 587
加：营业外收入	468
减：营业外支出	595
税前利润	3 460
所得税	1 484
税后利润	1 976

（一）利润表的主要内容

从表 3-2 可知，利润表是按照营业收入、营业支出、营业毛利、税前利润和税后利润的顺序排列的。营业收入是指商业银行经营活动中各项资产所获得的收入，如贷款利息收入、证券投资收入、回购协议收入、服务费收入和其他营业收入；营业支出是指商业银行各项负债的利息支出、管理费支出、职工工资与福利支出、损失准备金和其他费用支出，其中，利息、管理费和工资与福利支出最多；营业收入扣除营业支出后的余额便是营业毛利；营业毛利加上营业外收入（如对客户的罚款收入、关联企业投资收入等）减去营业外支出（社会摊派费用、捐赠等）之后便是税前利润；税前利润扣除所得税便是银行净利润。

（二）利润表的作用

（1）使用者通过资产负债表和利润表的相互关系，全面考察银行的经营绩效，从而把握银行经营活动的全貌。

（2）使用者可通过对利润表相关数据的分析与研究，预测银行未来经营的前景和获利能力。

（3）它是国家税务部门对商业银行依法纳税的主要根据。

三、现金流量表

现金流量表又称资金来源与运用表。它反映了商业银行为从事经营活动进行筹集和运用资金的全过程。也就是说，它是反映商业银行在一定时期内所使用的资金从哪里来以及这些资金是如何运用的问题。所谓现金流量，是指商业银行现金流动的金额数量，是对其现金流入量和流出量的总称。

银行现金流量表按照经济业务的性质可分为三类，即经营活动产生的现金流量、投资活动产生的现金流量和筹资活动产生的现金流量。我们仍以前面提到的中国某家商业银行的现金流量表为例，如表 3-3 所示，说明现金流量表的主要内容和作用。

表 3-3　中国某家商业银行的现金流量表

金额单位：百万人民币元

项　　　目	金　　　额
一、经营活动产生的现金流量	
主营业务收现	1 229 864
其他营业收现	165
投资收入收现	900 763
服务费收现	19 786
营业外收入收现	76
现金流入小计	2 150 654
主营业务付现	1 027 654
其他业务付现	134 678
营业外支出付现	86
管理费付现	87 900
现金流出小计	1 250 318
经营活动产生的现金流量净额	900 336
二、投资活动产生的现金流量	

（续表）

项　　　目	金　　　额
收回投资	87 900
现金流入小计	87 900
购买证券	786 900
购建固定资产	657
现金流出小计	787 557
投资活动产生的现金流量净额	（699 657）
三、筹资活动产生的现金流量	
股东投入现金	100 000
长期借款	200 000
现金流入小计	300 000
归还长期借款	150 000
现金流出小计	150 000
筹资活动产生的现金流量净额	150 000
四、现金流量净增加额	350 679

（一）现金流量表的主要内容

从表 3-3 可知,商业银行在某一特定时期内的现金流量净增加额是经营活动产生的现金流量净额、投资活动产生的现金流量净额与筹资活动产生的现金流量净额三项之和。从中也可以看出,商业银行在经营中如何筹集资金和运用资金的。

（二）现金流量表的作用

（1）以收付实现制为基础,真实反映了商业银行当期的经营理财过程和结果。

（2）可以通过分析当期的现金流量和利润表中的税后利润之间的相互关系以及差异,正确评价商业银行的经营绩效。

（3）为财务报表使用者分析商业银行的清偿能力和支付股利的能力提供了依据。

（4）帮助商业银行的潜在投资者分析其未来现金流量实现的能力,以便作出正确的投资决策。因为投资者进行投资的目的是为了获得未来的现金收益,他们在作出决策之前,首先要考察银行未来本金的偿付、利息取得和红利的获得情况,而所有这些都能从银行的现金流量表中得以反映。

四、财务报表的特征

（1）对他人提供的资金有强烈依赖性，如存款人的资金以及货币市场上的借款。

（2）商业银行是通过利用财务杠杆增加股东收益的，因此银行的盈利性资产并不依赖于权益资本的支撑，而是依靠他人所提供的资金来支撑的。

（3）商业银行在多数情况下很少利用经营杠杆增加股东收益。因为商业银行资产中占最大份额的是金融资产，固定资产所占的份额很小，一般为银行总资产的0.5%～2%。目前，我国商业银行的这一比例为1%左右。

第二节 商业银行绩效评估

一、商业银行绩效评估指标

商业银行绩效评估是通过一整套财务指标体系来进行的，目的是综合反映商业银行资产负债管理的效果和经营业绩。商业银行绩效评估指标包括以下几方面。

（一）盈利性指标

盈利性指标可从不同角度评价银行的盈利能力，目的是采取措施，增收节支，提高经营效率。盈利性指标主要是：

$$银行利润率(PM) = \frac{净利润}{总收入} \times 100\%$$

这一指标用于衡量银行单位收入所取得的利润。该指标越高，银行的获利能力越强。

$$资产收益率(ROA) = \frac{净利润}{总资产} \times 100\%$$

这一指标反映了银行单位资产获利的能力，它是全面衡量银行盈利能力最重要的指标。该指标越高，表明银行获利能力越强。在银行管理中，上级银行常采用此指标对下级银行进行考核与评价。

$$权益收益率(ROE) = \frac{净利润}{股东权益} \times 100\%$$

这一指标反映了银行权益资本运用效率的大小以及单位权益资本所实现的利润多少。该指标直接关系到银行股东的切身利益,它的大小对银行股票价格有着重要的影响。

$$净利息收益率(NIM)=\frac{净利息收入}{盈利性资产}\times100\%$$

这一指标反映了银行盈利性资产的获利能力。该指标越高,银行盈利性资产的获利能力就越强。目前,我国银行的净利息率一般在 3% 左右,该指标远高于国外银行。因为我国的高储蓄率导致了银行资金成本比较低,贷款市场目前还处于卖方市场的状态。

$$净非利息收益率(NNM)=\frac{净非利息收入}{总资产}\times100\%$$

这一指标反映了银行中间业务带来的净收入。该指标的高低反映了银行开展中间业务的状况。

$$每股收益(EPS)=\frac{净利润}{流通在外的普通股}\times100\%$$

这一指标反映了银行单位普通股的收益率。该指标可直接计量银行股票的收益率,也是评价银行市场价值的关键指标。银行股票市盈率就是它与银行股票价格之比。

$$银行毛利率=\frac{净收入}{总收入}\times100\%$$

这一指标反映了银行单位收入所获取的净收入。该指标综合反映了银行获利的能力。银行应通过增加营业收入、控制经营成本和以最廉价的融资来源保持和提高银行毛利水平。

$$特殊项目前净收益率(NRST)=\frac{特殊项目前净收入}{总资产}\times100\%$$

该指标是计量银行经常项目净收入与总资产之间的关系,如贷款、投资和其他金融服务收入等,剔除了非经常项目净收入,如出售房屋和设备的收入、出售证券的损益等,反映了银行主业经营成果的情况。

(二) 经营效率指标

经营效率指标直接反映了商业银行经营管理水平和金融服务水平。经营效率指标主要是:

$$效率比率 = \frac{非利息收入}{总收入} \times 100\%$$

这一指标反映了银行非利息收入占总收入的比重,比重越高,表明银行金融服务费收入越高。目前,国际性大银行该指标较高,一般在50%以上,而我国大银行还不到20%,说明存贷利差是我国银行的主要收入来源。

$$权益乘数(EM) = \frac{总资产}{权益资本}$$

权益乘数又称财务杠杆倍数。它表示单位权益资本可以推动多少资产。就银行而言,该数值很高,一般在20倍以上,而一般性企业该数值为2倍左右。

$$资产周转率(AU) = \frac{总收入}{总资产} \times 100\%$$

这一指标反映了银行资产的使用效率,即单位资产所实现的收入为多少。一般来说,银行的总收入远低于资产总额,而一般性企业的销售收入大于资产总额,故银行的资产周转率很低。

$$运营效率比率 = \frac{营业支出总额}{营业收入总额} \times 100\%$$

这一指标反映了银行单位营业收入所承担的成本为多少。该指标越高,银行运营效率越差。

$$成本收入 = \frac{营业业务及管理费}{营业收入} \times 100\%$$

这一指标直接反映了银行营业获取所耗费的成本额(不包括资产减值准备)。该指标直接反映了银行控制成本的能力和管理效率,该比率要求等于或小于45%。银行应尽可能通过控制成本支出来降低成本收入率,从而获取最大的收益。

(三) 成本费用指标

成本费用指标反映了商业银行整体成本水平和成本结构以及银行管理水平的情况。成本费用指标主要是:

$$非利息支出比率 = \frac{非利息支出}{总资产} \times 100\%$$

这一指标反映了银行经营单位资产业务所承担的非利息费用的多少。比率越高,表明经营单位资产所承担的非利息支出越多。

$$利息支出比率 = \frac{利息支出}{总资产} \times 100\%$$

这一指标反映了银行经营单位资产业务所承担的利息费用的多少。比率越高,表明经营单位资产所承担的利息支出越多。

$$总资金成本率 = \frac{利息支出}{总负债} \times 100\%$$

这一指标反映了银行单位资金所承担的利息费用的多少。比率越高,表明单位资金所承担的利息支出越多,可作为评价银行经营效率提高的依据。

$$工资对营业支出的比率 = \frac{总工资 + 福利}{营业支出额} \times 100\%$$

这一指标反映了银行在营业成本中,工资与福利支出的比重,可作为评价银行经营效率和分析银行成本结构的依据。

(四)流动风险指标

流动风险指标主要是评价银行的支付能力和清偿能力,目的在于考察银行的资信能力。流动风险指标主要是:

$$流动比率 = \frac{流动资产}{流动负债} \times 100\%$$

这一指标是评价银行清偿能力的重要指标。该比率越高,银行的清偿能力越强,银行有很高的流动性。有的国家为了加强银行清偿能力,对该指标有严格的监管规定。我国对这一指标有明确规定,银行的流动比率要大于或等于25%。

$$一级准备率 = \frac{现金 + 同业存款}{总资产} \times 100\%$$

这一指标主要是评价银行的流动性。该比率越高,银行流动性越强。但比率过高,会影响银行的盈利性。

$$二级准备率 = \frac{短期证券}{总资产} \times 100\%$$

这一指标是评价银行对一级准备金的补充程度。该比率越高,说明银行对一级准备金补充程度越高。因为短期证券有较强变现的能力,且价值不会丧失,所以它可以作为一个缓冲器,保障银行的流动性。

$$资金自给率 = \frac{存款余额}{资产总额} \times 100\%$$

这一指标是衡量银行存款资金的来源占总资产的比率,评价银行的资金实力。该比率越高,银行对货币政策和金融市场变化的反应越弱,也反映了银行资金来源的稳定性。

$$存贷比率 = \frac{各项贷款余额}{各项存款余额} \times 100\%$$

这一指标是衡量银行各项存款余额有多少用于贷款。该比率越高,银行的流动越差。我国对这一指标有明确规定,人民币的存贷比率小于或等于75%,外汇的存贷比率指标小于或等于85%。

$$借款资金依赖程度比率 = \frac{借款资金}{总负债} \times 100\%$$

这一指标主要在于考察银行从金融市场上获取资金的能力。该比率越高,说明银行敢于主动创造负债资金来源进行资产运作,银行更具有进取性。当然,该比率的高低取决于银行规模、银行家开拓性以及金融市场条件。

(五)资产质量指标

资产质量指标用来评价商业银行信用风险的程度。资产质量指标主要是:

$$贷款总额准备金率 = \frac{贷款和垫款减值准备金余额}{客户贷款及垫款总额} \times 100\%$$

这一指标是衡量银行贷款质量的最主要指标之一。该比率越高,说明银行贷款损失程度越大。

$$不良贷款率 = \frac{不良贷款余额}{客户贷款及垫款总额} \times 100\%$$

这一指标反映了银行贷款质量存在问题的严重程度,是判断银行贷款质量总体状况的主要指标之一。该比率要求等于或小于15%。按照贷款质量五级分类,次级贷款、可疑贷款和损失贷款属于不良贷款。如果要准确反映银行不良贷款的分布情况,还必须分析如下四个指标:

$$次级贷款率 = \frac{次级贷款余额}{客户贷款及垫款总额} \times 100\%$$

$$可疑贷款率 = \frac{可疑贷款余额}{客户贷款及垫款总额} \times 100\%$$

$$损失贷款率 = \frac{损失贷款余额}{客户贷款及垫款总额} \times 100\%$$

$$拨备覆盖率 = \frac{贷款及垫款减值准备余额}{不良贷款余额} \times 100\%$$

这些指标可综合反映银行贷款质量出现问题时,银行资产安全保护的程度。目前中国银行业监督管理委员会(简称银监会)对该指标监控比率为60%以上。

(六)利率敏感性指标

利率敏感性指标主要反映市场利率的变动给银行的收益和资产价值或权益价

值带来负面影响的可能性。利率敏感性指标主要是:

$$敏感性缺口比率 = \frac{利率敏感性资产 - 利率敏感性负债}{总资产} \times 100\%$$

这一指标最好为零,小于零或大于零,市场利率变化都会给银行带来一定的影响。

$$需要重新定价的资产比率 = \frac{考察期限内的利率敏感性资产}{总资产} \times 100\%$$

当市场利率发生变动时,需要重新定价资产所占总资产的比重。这种情况包括资产到期、浮动利率或合约到期前需支付的现金流。

$$需要重新定价的负债比率 = \frac{考察期限内的利率敏感性负债}{总资产} \times 100\%$$

当市场利率发生变动时,需要重新定价负债所占总资产的比重。这种情况包括浮动利率负债或合约到期前需支付的现金流。

$$利率敏感性比率 = \frac{利率敏感性资产}{利率敏感性负债} \times 100\%$$

这一指标最好为 1,小于零或大于 1,市场利率变化都会给银行带来一定的影响。

(七) 现金流量财务指标

偿债能力指标主要是:

$$流动负债现金比率 = \frac{经营活动的净现金流量}{流动负债} \times 100\%$$

这一指标反映银行经营活动的净现金流量占流动负债的比重。该指标可以更好地反映银行偿还短期债务的能力。

$$负债现金比率 = \frac{经营活动的净现金流量}{总负债} \times 100\%$$

这一指标反映银行用经营活动的净现金流量偿还全部负债的能力,体现了银行偿债风险的高低。该指标越高,说明银行承担债务的能力越强。

支付能力指标主要是:

$$普通股股利保障倍数 = \frac{经营活动的净现金流量}{普通股股数}$$

该指标又称普通股每股经营活动的净现金流量。此数值越大,说明每股支付现金股利的能力越大,也反映了银行最大分派股利的能力,它是银行股东特别关注的指标。

$$权益资本现金比率 = \frac{经营活动的净现金流量}{权益资本} \times 100\%$$

该指标反映银行投资者投入资本创造现金的能力。该指标越高,创现能力越强,未来所支付股利的潜力越大。

$$经营指数 = \frac{经营活动的净现金流量}{经营所得现金}$$

该指标反映银行经营活动的净现金流量与经营所得现金的比值,它是评价银行收益质量的重要指标。

二、商业银行绩效评估方法

(一) 杜邦模型

银行管理的首要目标是实现银行股东权益价值的最大化,而银行股东权益价值取决于权益收益率(return-on-equity,简称 ROE)的大小,这就是常被人们称道的杜邦模型,即 ROE 模型。杜邦模型是以权益收益率为核心,进行层层指标分解,目的是为了将盈利的几种来源分清楚,接着分析每个组成部分以确认银行在哪些方面需要改进和提高。其计算公式为:

$$
\begin{aligned}
权益收益率 &= \frac{净利润}{股东权益} = \frac{净利润}{资产总额} \times \frac{资产总额}{股东权益} = \\
&\frac{净利润}{销售收入} \times \frac{销售收入}{资产总额} \times \frac{资产总额}{股东权益} = \\
&销售净利率 \times 资产周转率 \times \frac{1}{1-资产负债率} = \\
&资产净利率 \times 权益乘数
\end{aligned}
$$

$$(3.1)$$

从公式(3.1)可以看出,权益收益率是银行盈利能力、营运能力和偿债能力的最终体现。它的高低受资产净利率和权益乘数的影响;而资产净利率的高低则取决于销售净利率和资产周转率两方面的因素。这样分解后,可以将权益收益率这一综合性指标发生上升、下降变化的原因具体化,有利于银行管理者进行有效的决策,从而提高权益收益率。

权益乘数主要受资产负债率的影响。负债率越大,权益乘数越高。银行在有关权益资本结构的管理决策方面,应通过多种融资渠道扩大资金的来源,使银行资产绝大部分建立在债务基础上,提高权益乘数,通过财务杠杆增加权益收益率,给银行股东带来高额回报;同时应制定科学的股利支出政策,稳定银行股票市场价格。

资产净利润率在一定程度上反映了银行经营管理水平,并受到管理者的控制与引导。银行通过成功控制成本,使收入最大限度地增加,以增加权益收益率和股东回报率。银行在有关管理决策方面,应多渠道筹集资金,在控制经营成本的基础上,谨慎地将银行资产投向收益较高的贷款和投资,对金融服务产品重新估价,拓宽服务领域,增加服务费收入,在不违反国家税收政策的前提下,努力使赋税最低,如购买免税的政府证券等,同时提高资产周转率,扩大银行经营规模。

可见,杜邦模型可以对银行业绩作出较为全面的分析评估。因为它以权益收益率作为目标,在分析过程中涉及银行管理的各个方面,直接反映了银行经营管理的情况和相互间的制约关系。

(二) RAROC 模型

风险调整后的资本收益(risk-adjusted return on capital,简称 RAROC)是唯一反映银行整体风险的业绩评估指标。它是由美国信孚银行(1999 年被德意志银行收购)于 20 世纪 70 年代提出的,目前被银行界广泛运用。原因是:随着商业银行混业经营模式的发展,银行业务逐步由表内向表外扩展,资产收益率指标已经不能全面反映银行收益与风险的情况。而作为对银行全部风险的缓冲,包括表内外风险,资本以及经济资本构成了银行风险承担的共同基础,风险调整后的资本收益率指标更能反映出银行真实的经营业绩。$RAROC$ 的计算公式为:

$$RAROC = \frac{风险调整后的净收益}{经济资本} \tag{3.2}$$

其中,风险调整后的净收益=预期收入(利息收入+其他收入)-资金成本-无息费用(直接或间接费用+分摊管理费)±其他分配的价格转移部分-预期(信用)损失+资本收益。

经济资本作为未来银行非预期损失的缓冲工具,用来抵御银行所有的风险,因此经济资本又称风险资本。它是一个管理会计概念,不同于账面资本和监管资本,在数量方面是以风险价值(VAR)为基础计量的保证银行远离挤兑临界线的风险资本。

RAROC 模型体现了银行所面临的整体风险,银行获得风险调整后的收益考虑了资本的机会成本。这与杜邦模型有很大的不同,代表着一个巨大的进步。

（三）EVA 模型

经济增加值（economic value added，简称 EVA）是 20 世纪 90 年代由美国 Stem Stewart 公司创造并推广的价值管理体系，并使之逐渐成为国际通用的企业绩效计量的标准之一。对银行来说，EVA 定义为银行税后净营业利润与全部资本成本的差额。其计算公式为：

$$EVA = NOPAT - CAP \times WACC$$

$$EVA\ 回报率 = \frac{EVA}{CAP} \tag{3.3}$$

其中，$NOPAT$ 表示税后净营业利润，$NOPAT$ ＝税后利润总额＋贷款损失准备的本年度变化数额＋其他资产减值准备的本年度变化数额＋（－）营业外支出（收入）－（＋）税率×营业外支出（收入）；CAP 表示资本总额，CAP ＝权益资本＋年末的贷款损失准备＋年末的其他资产减值准备＋次级债务资本＋（－）累计的营业外支出（收入）；$WACC$ 表示加权平均资本成本，$WACC$ ＝权益资本比例×权益资本成本率＋次级债务资本比例×次级债务资本成本率（1－所得税税率）。

$$权益资本成本率 = 无风险收益率 + \beta\ 系数 \times 市场风险溢价$$

从 EVA 的计算公式来看，它实际上是经济学家所称的"经济利润"。EVA 由收入出发，扣除与经营活动相关的所有成本得出银行在一定期间内所获得的剩余利润。EVA 考虑了银行所使用的资本成本以及对会计数据的更加合理的调整，使得 EVA 不但考虑了在会计账面上的显性成本，同时也考虑了没有在会计账面上反映的隐性成本，如将商誉、研发支出等予以资本化。显然，EVA 考虑了银行总资本的机会成本，弥补了会计数据信息的失真，克服了杜邦模型在计算银行资本成本方面的缺陷，实现了绩效计量从会计利润到经济利润的转变。在 EVA 方法下，银行税后净营业利润或资本收益率并不是其经营状况好坏和价值创造能力的评估标准，关键在于是否超过资本成本。银行需要获取足够的税后净营业利润以弥补全部资本成本之后的 EVA 才是银行股东的真正的利润，银行才为股东创造了财富。因此，EVA 更能真实反映银行创造财富的能力。

EVA 模型的优点在于 EVA 将银行总资本的机会成本纳入绩效衡量的统一框架中，对部分传统的财务指标进行了调整，从而消除了会计核算中可能产生的异常情况，并使其尽量与银行的真实业绩相吻合，对银行经济利润作出了较为准确的衡量。

EVA 模型作为一种价值管理理念和方法，它不仅适用于银行绩效分析，而且也适用于银行的激励制度和管理体系，对我国商业银行改革具有一定的借鉴作用。

用 EVA 检验银行经营行为和经营决策,可以提高经营效率,实现我国银行的可持续发展。

三、商业银行风险衡量方法

银行风险指标与收益指标是密切相关的,因为银行要想获得较高的收益就得承担较高的风险。银行所面临的风险比较多,就财务风险而言,主要有:

(1)信用风险。它是指银行证券投资和贷款的本息都无法按期履约的风险。如违约贷款增加,损失贷款上升等。

(2)利率风险。它是指市场利率的变动导致银行资产收益率或价值的波动。如利率下降导致资产收益下降。

(3)流动性风险。它是指银行贷款与投资超常增长导致客户提现时出现支付困难,影响银行信誉。

(4)财务杠杆风险。它是指银行权益乘数过大,导致银行经营风险增大。它反映了银行债权人承担风险之前银行资产价值可能下跌的程度。

很明显,银行只要承担上述四种风险中的一种或多种,其收益率就会提高。银行管理者要在既定风险水平下获取最大的收益或在既定的收益水平下承担最低的风险。

衡量和管理财务风险取决于银行的管理技巧和经营水平,下面用表 3-4 说明衡量和管理财务风险的指标以及控制这些财务风险的管理技巧。

表 3-4　衡量和管理财务风险

财务风险	传统指标	前瞻性指标	管理技巧
信用风险	贷款/资产 违约贷款/贷款 损失贷款/贷款 损失准备金/贷款	贷款集中度 贷款增长率 高收益贷款比例 损失准备金/违约贷款	信用分析 内部信用评分 信用控制 组合风险评估
流动性风险	贷款/存款 流动性资产/存款	购入的资金 借款成本 流动性资产 借入资金/存款	流动性估计 突发事件应急计划 成本/定价模型 拓宽资金来源
利率风险	利率敏感性资产 利率敏感性负债 敏感性缺口	持续期 持续期缺口 利率冲击度	动态缺口管理 持续期分析 模拟分析
杠杆风险	权益/存款 权益/资产	风险调整资产/权益 资产增长/权益增长	权益资本计划 可持续增长分析 股利政策 风险调整资本充足率

资料来源:乔治·H·汉普尔、多纳德·G·辛曼森:《银行管理教程与案例》,中国人民大学出版社 2002 年版,第 86 页。

四、收益与风险的匹配

银行管理的基本目标是尽力实现股东投资的收益最大化,这种最大化过程将涉及收益与风险两种匹配。银行收益指标不仅仅是权益收益率指标,而且还涉及实现收益的时间和未来收益预期。银行收益的质量和风险性是与其规模、实现收入的时间和未来收益预期相关的。银行只要承担更多的财务风险和操作风险,就能实现收益的增长。实现收益的时间和未来收益预期受到操作风险的影响,财务风险对其影响较小。经济环境风险通常不会增加收益,但它会影响收益与风险的决策。

对于股票交易活跃的银行来说,可以用银行股票价格作为制定收益-风险对价决策的指导。银行股票价格等于其收益乘以一定的倍数。该倍数主要是由银行为获取收益和预期收益而承担的风险来决定的。如果股票价格上涨,银行就得承担额外的风险,这是因为收益的增幅大于银行由于承担更多风险而使收益乘数减小的幅度。如果股票价格下跌,收益会比原来减少,但风险减少,相应的收益乘数会增大。

对于股票交易不活跃的银行来说,其最大化的价值可以由分配给股东净现金股利的现值来估计。用公式表示为:

$$W = \frac{B_1}{(1+r)} + \frac{B_2}{(1+r)^2} + \frac{B_3}{(1+r)^3} + \cdots + \frac{B_n}{(1+r)^n} \tag{3.4}$$

式中:W 表示股东的财富状况;B 表示每期股东得到的净现金收益;n 表示期数;r 表示与收到的净现金流相关的时间和风险的贴现率。

下面公式表示 B 和 r 的变量构成:

$$B = R - (C + O + T) \tag{3.5}$$

$$r = I + P \tag{3.6}$$

在公式(3.5)中,R 表示银行从资产中获得总收入;C 表示银行债务成本;O 表示与 R 和 C 相关的营运费用支出;T 表示银行支付的税收。在公式(3.6)中,I 表示货币时间价值的无风险利率;P 表示与银行资产与负债相关的适当的风险报酬率。将公式(3.5)和公式(3.6)代入公式(3.4),可得:

$$W = \frac{R_1 - (C_1 + O_1 + T_1)}{(1+I+P)} + \frac{R_2 - (C_2 + O_2 + T_2)}{(1+I+P)^2} + \cdots + \frac{R_n - (C_n + O_n + T_n)}{(1+I+P)^n} \tag{3.7}$$

公式(3.7)表明,银行在制定经营管理决策时,必须考虑到所有相关因素的共同影响效果。例如,银行考虑以 5% 利率借入资金并将其投资于 7% 收益率的资产时,它必须将 O、T、P 考虑在内,因为这些因素将会减少银行股东所持股票的总价值。

第三节 案 例 分 析

【案例 3-1】 中国上市银行绩效评价

一、背景情况

2008 年对我国银行业来说是不寻常的一年,美国次贷危机在全球范围扩散,给我国实体经济产生了严重的影响,而我国商业银行金融交易与我国实体经济关系极为密切,在此背景下这一危机必然对我国商业银行产生较大的影响。我们采用绩效评估指标对我国 9 家上市银行进行绩效评估,如表 3-5 所示。

表 3-5 2008 年中国 9 家上市银行绩效评估指标

单位:%,元,倍

评估指标	工商银行	建设银行	中国银行	浦发银行	招商银行	民生银行	北京银行	南京银行	兴业银行
权益收益率	18.36	19.87	13.57	30.03	26.51	14.63	16.00	12.89	23.22
净利润率	35.76	35.16	27.83	36.21	38.11	22.52	44.03	45.17	38.31
毛利率	46.34	43.51	37.74	44.36	47.75	29.73	55.57	53.83	47.01
净利息率	2.95	3.24	2.63	3.05	3.42	2.86	3.14	2.97	3.02
效益率	14.21	14.37	28.63	8.76	15.23	13.00	9.88	4.61	5.19
成本收入	29.54	30.71	33.55	36.69	36.78	42.55	23.40	25.39	34.90
权益乘数	16.17	16.21	14.85	31.40	19.77	19.57	12.34	8.30	20.83
资本充足率	13.06	12.16	13.43	9.06	11.34	9.22	19.66	24.12	11.24
核心资本充足率	10.75	10.17	10.81	5.03	6.56	6.60	16.42	20.68	8.94
流动率	33.30	35.17	32.61	55.24	43.14	45.50	63.00	50.24	41.04
存贷率	56.40	59.50	63.71	72.85	74.17	75.00	57.98	61.53	70.82
自给率	87.55	87.62	85.83	93.62	89.85	89.63	83.78	75.78	90.34
不良率	2.29	2.21	2.65	1.21	1.11	1.20	1.55	1.64	0.83
拨备率	130.15	131.58	121.72	192.49	223.29	150.04	180.23	170.05	226.58
每股收益	0.33	0.40	0.25	2.21	1.43	0.87	0.79	2.28
每股净值	1.81	1.99	1.84	7.63	5.41	2.86	5.43	6.15	9.80
每股经营现金流	1.11	0.77	1.67	18.64	3.58	2.83	0.02	3.37	0.67

注: 权益乘数为倍数;每股收益、每股净值和每股经营现金流为元;其他指标均为%。

资料来源:上海证券交易所网站,网址:www.sse.com.cn。

二、分析

从表 3-5 可知,9 家上市银行都达到了《巴塞尔协议》最低资本要求,其中北京银行和南京银行的核心资本充足率达到 16％以上,主要是 2008 年上市进行了大规模的资本补充。国有大银行资本充足率变化不大,核心资本充足率保持在 10％以上的较高水平,这是它们内部资本积累与风险资产增长相匹配的结果,也说明它们在经营管理中具有良好的自我约束能力。但民生银行、浦发银行和招商银行的核心资本充足率保持在较低的水平,它们的权益乘数也最高,说明它们的风险资产扩张远远超过内部资本积累,这直接制约了它们未来的发展,因此被迫每年进行外部融资以补充资本要求。

从成本与风险控制来看,工商银行、北京银行和南京银行的成本收入比例在 30％以下,它们通过业务管理费的控制,使得成本控制比较理想。民生银行的成本控制较差,几乎达到监管的上限,即 45％。银行的拨备保持在较高水平。尽管国有大银行比较低,这与它们资产规模和资产结构较为合理有关,130％左右的拨备足以保护高风险资产的预期损失。中小银行因其资产规模和结构决定了它们必须有较高的拨备,这也说明中小银行在业务发展中对风险控制的重视,它们通过提高拨备以防范贷款资产的预期损失。

从流动性来看,我国银行流动性指标都比较高,说明目前我国银行业流动性风险较小,银行有较高的债务清偿能力。尽管国有大银行这一指标比中小银行低,但它们的清偿能力最强。因为我国居民高储蓄率决定了我国银行资金自给率都很高,银行资产完全依赖存款资金支持,对金融市场的依赖度较低,这也是我国银行净利差和净利率远高于外国银行的原因。

从盈利能力来看,通过较高的存贷利差和杠杆率使银行获得了较高的权益收益率。我国银行经营效率很低,尽管中国银行在外汇买卖和外汇结算方面获得了大量的中间收入,但也没有超过 30％,这说明我国银行盈利模式主要是存贷利差。并且企业贷款是收入的主要来源,个人零售业务占比较低,这就决定了我国银行属于强周期、高风险行业,企业的经营风险直接影响着银行资产的质量,这也决定了目前我国银行风险管理的重点是信用风险。

总的来说,我国银行资金成本较为低廉,资产边际收益较高,流动性控制在合理的水平,通过强化信用风险管理,可以保持银行的"三性"平衡。不足之处在于:中小银行的资本充足度面临着较大的压力,资本补充的难度较大。资本不足直接制约着我国中小银行的可持续发展。我国银行未来发展的方向是逐步提高个人零售业务的比重,转变经营模式,即由存贷利差盈利模式逐步转向财富管理盈利模式。通过中间收入(如私人银行业务),增强银行的盈利能力,冲破资本对银行未来发展的束缚。

本章基本概念

资产负债表 利润表 现金流量表 权益收益率 资产收益率 *RAROC* *EVA* 杜邦模型 经营效率 绩效

本 章 思 考 题

1. 商业银行资产负债表中的主要项目有哪些?
2. 银行绩效评估的指标体系有哪些?
3. 银行绩效评估方法有哪些? 它们各有什么优劣?
4. 请任选一种绩效评估方法对某一家上市银行的绩效进行评估。
5. 请用绩效评估指标来分析某一家银行收益与风险之间的匹配关系。
6. 银行有哪些主要的财务风险及管理方式?

第 四 章

商业银行流动性管理

商业银行是高负债率的金融机构,流动性风险对商业银行来说至关重要,因此流动性管理历来被商业银行视为金融风险管理的重点。商业银行要在一定的流动性风险水平下,对资产结构和负债结构进行有效匹配,保持资产流动性和负债流动性的平衡,保持商业银行的流动性,尽可能地降低其流动性风险,实现商业银行"三性"的平衡。

第一节 商业银行现金头寸管理

一、现金头寸

(一)现金资产的构成

现金资产是指商业银行持有的库存现金以及与现金等值的、可随时用于支付的、变现的流动性资产。可随时用于支付的、变现的流动性资产必须具备三个条件:一是银行流动性资产必须要有良好的流动性市场,能够马上转变为现金。二是银行流动性资产要有稳定的价格,不论在何时出售或者出售规模有多大,市场上总能有足够的容量吸收而不会引起其价格的下跌。三是银行流动性资产必须能够反向操作,出售者按约定程序能够按时收回原有的投资本金,且遭受损失的风险最小。

商业银行现金资产通常包括下面四种资产项目。

1. 库存现金

库存现金是商业银行为了满足日常交易而保存在业务库中的现钞和硬币。库存现金主要用于应对客户提现和银行当日经营的需要,它也是银行正常营业的条件。当银行持有的库存现金过多时,银行可以把多余的现金存放在中央银行或代理行;当银行持有的库存现金不足时,银行就可以从中央银行或代理行提取现金以满足日常交易的需要。

2. 存放在中央银行的存款

存放在中央银行的存款包括超额存款准备金和法定存款准备金两个账户。法定存款准备金账户是银行按照监管当局的有关规定而缴存的存款准备金。该账户一般不能随便动用,具有强制性。目的是保持商业银行的清偿能力,维护银行体系的流动性;这也是中央银行调节社会信用的一种政策手段。

超额准备金有两种含义。广义的超额准备金是指银行吸收的存款中扣除法定存款准备金的余额,即商业银行可用资金。狭义的超额准备金是指银行在中央银行存款账户中超出法定存款准备金部分,主要用于满足银行间清算转账的需要。支票清算与电子转账的余额可在这个账户中进行增减,同时也用于调剂库存现金余缺。

3. 存放同业存款

存放同业存款是指在其他商业银行的存款。其用途是便利银行间的票据清算以及开展代理业务。

4. 结算在途现金

结算在途现金是指商业银行在办理结算业务中形成的资金占用。当个人、企业或政府部门将其收到的支票存入银行时,在银行没有确认之前是不能动用的,对银行而言,这是一笔在途资金。但在途资金收回的可能性很高,时间一般很短,因此可将其归为现金资产。

(二)现金头寸的构成

现金头寸是指可供银行直接、自主运用的资金。现金头寸分为基础头寸、可用头寸和可贷头寸三种。所谓头寸,是指商业银行能够独立运用的资金。银行现金头寸既是一个时点数,又是一个时期数。时点头寸是指银行在某一时刻尚有多少可用资金;时期头寸是指银行在某一时期内的可用资金。

1. 基础头寸

基础头寸是指商业银行独立核算的库存现金和在中央银行的超额存款准备金。用公式表示为:

基础头寸=库存现金+存放在中央银行的超额存款准备金

这两部分资金之所以被称为基础头寸,是因为它们是银行随时可以运用的资金,也是银行进行一切资金清算的最终支付手段。如果银行没有基础头寸,就无法正常营业,它是银行开展资金营运的必备条件。

2. 可用头寸

可用头寸是指银行扣除法定准备金存款以后的所有现金资产。它包括库存现金、存放在中央银行的超额存款准备金、同业存款和在途资金。用公式表示为:

$$可用头寸＝基础头寸＋同业存款＋在途资金$$

3. 可贷头寸

可贷头寸是指银行在某一时点或时期内可直接用于贷款发放和投资的资金。它是形成银行盈利性资产的基础。可贷头寸主要来源于银行的可用头寸以及银行存款、借款的增加、贷款与投资的按期收回等。除了用于资金清算和存款及其他负债流动性需求外,可用头寸也可作为银行的可贷头寸以增加银行的盈利性资产。

从现金头寸的构成看,可用头寸与可贷头寸不仅包括全部短期流动资产,而且还包括通过负债业务吸收的资金以及贷款与投资按期收回等资金。在这些流动性资产中,有的直接以货币形式存在,有的则以债权形式存在。只有货币性的流动性资产,才构成基础头寸,具有直接的清偿能力。对于那些以债权形式存在的流动性资产尽管在一定条件下可转化为货币,但不具备直接清偿能力,同时其可变现性也受到一定的限制。

二、现金头寸管理的目标

银行管理目标是股东投资价值最大化。由于现金头寸所包括的资产一般为低盈利性资产,因此银行现金头寸管理的目标应当是在不增加额外风险的前提下尽量减少这些资产的持有量,降低现金机会成本。为了实现这个目标:一是要加快现金收取。具体措施是加快支票结算、利用电子转账系统和向主要的托收城市通过紧急寄送支票等,但银行必须确保加快托收过程的边际收益大于边际成本。二是要比较资金以活期存款的形式保存在代理行而不用于准备金的成本与代理行所提供的服务的价值。代理行提供的服务主要是投资咨询、证券和外汇交易、同业拆借以及参与银团贷款等。这些服务的成本要低于其他代理行。将资金存放在代理行的成本就是不能将其投资于盈利性资产的机会成本,而这个机会成本应当低于这些服务所带来的收益。三是银行在现金头寸管理中,必须满足法定存款准备金的要求。贷款的突发需求与资金供给的波动可能会迫使银行以较高的利率水平购买资金,因为它需要迅速获得流动性资金。当银行有多余的准备金需要即刻用于投资时,它可能会在低于理想收益率的水平上运用资金,而法定存款准备金往往随着银行存款的波动而发生变化,一旦出现法定存款准备金不足时,银行将被迫购买资金来满足这一要求。银行管理者需要密切关注法定存款准备金余额的变动,并采取相应的措施来抵消其负面影响。四是银行要密切关注各种存款的流动性需求,特别是易变存款和大额存款客户的需求变动;一旦出现异常变化,银行应随时通过购买资金来满足流动性需求。

三、现金头寸预测与调度

(一) 现金头寸预测

现金头寸预测是指匡算未来某一时期的可用头寸数量,并为制定头寸调度计划方案提供依据,提高银行资金使用效率。银行要对未来资金的变化趋势作出正确判断,匡算出未来现金头寸的余缺,以便采取相应的策略进行现金头寸调度。

1. 库存现金的预测

银行库存现金的需求量是随着存款客户的提存和其他资金来源的偿还而不断变化的,因此银行是无法准确预测库存现金需求量的,只能预测库存现金需求量变化的大致趋势。

银行存款按其预期的提取可分为三类:第一类是游资负债,即对于利率敏感性或在近期将要提取的存款和其他借入的资金;第二类是易变存款,即在近期内有可能被大客户提取的存款;第三类是核心存款,即稳定资金,这部分存款通常是定期存款或活期存款沉淀的部分,对于这些稳定资金银行管理者采用流动性需求估计法,基本上能够掌握。

银行管理者根据存款变化趋势从上述三类资金来源中提取库存现金准备。如从游资负债中提取95%作为库存现金准备,从易变存款中提取30%作为库存现金准备,从核心存款中提取15%作为库存现金准备。此外,为了防止易变存款和非存款负债的流动性不足,银行要及时掌握这些资金的到期日,增加库存现金准备金的比例,规定客户提款制度。如我国规定20万元以上的提款必须提前1天通知银行。

2. 贷款与投资周转金的预测

贷款需求的变化不同于存款的变化,银行只有在可贷头寸供给有保证的情况下,才可能发放给符合银行信用评估要求的贷款企业。因为银行一旦签订贷款合同,贷款企业就可能随时动用贷款,这部分贷款便会流出。因此,贷款需求的变化,完全由银行自行控制。但银行为了维护与客户的关系,也必须保持足够的可贷头寸,以便及时满足客户的贷款需求。

3. 贷款与存款的综合预测

在一定时期,银行所需的资金头寸量是贷款增量与存款增量之差,即:

资金头寸量＝预计的贷款增量＋应缴存款准备金增量－预计的存款增量

如果计算的结果为正数,表明银行的贷款增长呈上升趋势,银行需要补充资金头寸,而在预计存款不能增加的情况下,则可采用购买资金的方法来满足贷款需求的增长;如果计算的结果为负数,表明银行的贷款增长呈下降趋势,银行有多余的资金头寸,可通过其他渠道将多余的资金转化为盈利性资产。

(二)现金头寸调度

现金头寸调度是在正确预测现金头寸变化趋势的基础上进行的。只有准确地进行现金头寸匡算和预测,才能灵活调度现金头寸,将超额存款准备金保持在一个合理的数量范围,避免积压资金和盲目调度资金,使流动性保持正常的缺口,提高资金使用效率。

当预期的存款不能增加、一时无法变现其资产,出现现金头寸不足时,银行可以借入资金满足现金头寸不足,如同业拆借、回购协议、贴现窗口、发行大额可转让定期存单、向中央银行直接融资以及境外借款等。

第二节　商业银行流动性风险

一、商业银行流动性风险的起因

商业银行流动性风险产生于两方面的原因,即负债方面的原因和资产方面的原因。每当银行的债权人要求立即兑现其金融债权时,就产生了负债方面的流动性风险;每当贷款承诺不能及时兑现时,银行的信誉就会受到损害,以及流动性资产对利率变动的敏感性而产生资产方面的流动性风险。

(一)大多数银行流动性问题产生于银行外部

商业银行作为经营风险的金融机构,客户的流动性问题很容易被转移到他们的开户行身上。在流动性过剩的情况下,经济高增长并出现过热势头,商业银行遇到了最好的流动性状况,必然会诱发银行贷款投放的冲动。流动性过剩和经济繁荣,有可能导致资产价格被严重高估,银行盈利能力大幅度提高,银行在利益驱动下就会放松流动性管理,满足一些高风险客户的信贷要求。一旦市场出现问题,这些高风险客户就会因缺乏流动性储备,向银行申请贷款,或从其存款账户中提取,最终客户将流动性危机转嫁到银行身上。一个极端的例子就是 1990 年日本经济泡沫破灭后,导致股市和地价暴跌,最终酿成了日本经济长达 10 年的衰退,给日本银行业带来了严重的流动性危机。在当时日元升值和日元利率持续走低的情况下,银行还乐观地认为,股市和地价的暴跌是暂时的,没有采取任何防范措施。但最后的结果是:资产市场流动性危机演变为商业银行流动性危机。那些依靠保证金买入股票的投资者和向经营房地产相关产业的企业大量贷款的银行陷入了严重的流动性危机,一些信托银行和长期信用银行被迫破产和合并,商业银行出现了巨额的不良债权。据日本银行协会核定的 146 家银行的不良债权,1997 年 9 月末达76 万亿日元,日本银行业出现了历史上少有的灾难。2008 年 9 月爆发的全球金融危机,其根源就是美国商业银行产品创新过度以及管理者对风险管理方法过于自信,创造了大量的由次级抵押贷款支持的衍生金融产品。当这些产品的市场价格出现大幅度下跌时,银行为了自保,不得不收缩信用,导致了金融机构和企业出现了流动性不足,加之金融市场不景气,使得它们也无法获得市场流动性,其结果是金融机构和企业财务恶化,银行坏账上升,引发银行流动性危机,最终银行破产或申请政府信用保护。

(二)证券市场的繁荣加剧了银行存款活期化

商业银行出于盈利最大化的动机,将某些资产以长期贷款的形式贷给客户,商业银行就会面临某些资产到期日和负债到期日不匹配的问题。很少有资产带来的现金流入与负债引致的现金流出正好相等的情况,这时商业银行就会面临流动性风险敞口问题。与到期日不匹配情况相关的问题是商业银行持有高比例的短期负债,而这些负债在日常交易中要随时支付,如支票存款和货币市场的借款。因此,商业银行必须随时准备好日常交易的现金需求。

(三)银行流动性资产对利率变动的敏感性

在利率上升时,一些存款客户就会提取现金,到其他市场上寻求更高的投资回报。许多借款客户也会推迟对新的贷款需求,甚至放弃向银行申请贷款,反而转向利率较低的金融市场。这样,利率的变动就会同时影响客户对存款和贷款的需求。并且,这两者都会对商业银行资金头寸产生强烈的影响,而且利率变动也会影响商业银行为筹集额外的流动性资金而需要出售的资产的市场价值,并直接影响商业银行在金融市场上借款的成本。

（四）商业银行解决流动性问题受到成本的限制

商业银行为了满足流动性需求而出售盈利性资产所放弃的未来盈利，即流动性的机会成本。因此，商业银行必须在这些成本和银行流动性需求的急迫性之间加以权衡。如果流动性出现了盈余，银行必须应付"流动性盈余"，决定何时何地用这些剩余的流动性资金，进行利润较高的投资，以免闲置资金不因银行盈利而形成机会成本。

二、流动性风险敞口

当银行的资金来源和资金运用不匹配时，商业银行便存在流动性风险敞口，即商业银行的流动性资金来源与运用之差。当流动性资金来源大于其运用，商业银行便有了流动性盈余，多余的资金必须投资于收益性的资产直到需要其来满足未来的资金需求；当流动性资金运用大于其来源，商业银行便存在流动性不足，商业银行必须及时地以成本最低的资金来源来筹集流动性资金。

商业银行必须对其流动性风险敞口给予高度的重视，特别是流动性不足，因为这方面的失误将会严重影响公众对商业银行的信心。我们可以想象，当银行因暂时流动性资金不足，不能满足客户提款的要求，而不得不在每天早晨开业时关闭自动提款机，或者银行员工告之提款客户改日提款，那么银行的客户会作出何种反应呢？因此，银行的流动性问题显得何等的重要，银行必须随时备足日常交易的现金头寸，科学合理地进行流动性资金的匹配，使其流动性风险敞口保持最低水平。

三、流动性风险敞口衡量

商业银行流动性风险敞口衡量的方法主要有以下几种。

（一）资金来源与运用法

资金来源与运用法是基于以下两个基本事实：

（1）商业银行流动性随存款增加和贷款减小而增大。

（2）商业银行流动性随存款减小和贷款增加而降低。

在这两个基本事实下，资金来源与运用法的核心步骤是：在一个特定的计划期间内，必须预先估计银行存款额和贷款额；必须对同一期间内存款额和贷款额的变动量进行估算；根据这一期间内存款和贷款的变化估算出流动性资金的净额。

在实际操作中，银行通常建立一张资金来源和资金运用表。在表中要分别考察银行资产结构和负债结构及变动。如存贷款的组合以及银行所在地区经济发展情况和市场竞争情况对存贷款水平变动的影响。我们假设表 4-1 是为农业服务的银行在 6 个月中的资金来源和运用表,以此来说明银行是如何估算流动性需求的。

表 4-1 银行资金来源和运用表

金额单位:万元

月 份	估计贷款额	估计存款额	变动的贷款	变动的存款	估算的流动性需要
12	58 000	75 000			
1	62 000	82 000	4 000	7 000	(3 000)
2	70 000	78 000	8 000	(4 000)	12 000
3	87 000	76 000	7 000	(2 000)	9 000
4	94 000	72 000	7 000	(4 000)	11 000
5	91 000	77 000	(3 000)	5 000	(8 000)
6	89 000	81 000	(2 000)	4 000	(6 000)

从表 4-1 中可以看出,在春播季节,银行的贷款需求上升而存款下降,出现流动性需求不足;在夏收季节,银行的贷款需求下降而存款上升,出现了流动性盈余。可见,季节性变化对银行流动性需求影响很大。因为在春播季节农民购买种子和化肥等从银行提款和贷款,而在夏收季节农民出售农作物向银行存款和偿还贷款。因此,银行根据资金来源和运用表,按贷款的变动额减去存款变动额就能估算出流动性资金需求量。

(二)资金结构法

资金结构法首先将银行资金来源根据提取的概率分为:

(1)游资负债,即对利率敏感性或在近期将要提取的存款和其他借入的资金,可能提取的概率为 95%。

(2)易变存款,即在近期内有可能被大客户提取的存款,可能提取的概率为 30%。

(3)核心存款,即稳定资金,这部分存款通常是定期存款或活期存款沉淀的部分,可能提取的概率为 15%。

我们根据这三种资金来源提取的概率分别设置 95%、30% 和 15% 的流动性储备金,则有下列表达式:

负债流动性储备金=95%×(游资负债-法定准备金)+30%×(易变存款-法定准备金)+
15%×(核心存款-法定准备金)

　　在贷款方面,银行应尽量满足合格的贷款企业对贷款的需求,以便维护银行与企业的长期合作关系。因为贷款一方面会通过派生存款增加存款;另一方面相对稳定的银企关系又能为银行带来金融服务收入,如结算费用等。因此,银行必须估算最大的新增贷款额,并储备 100% 流动资金以满足企业贷款的要求。这样合并存款和贷款的流动性总需求有以下表达式:

$$银行流动性总需求 = 95\% \times (游资负债 - 法定准备金) + 30\% \times (易变存款 - 法定准备金) + 15\% \times (核心存款 - 法定准备金) + 100\% \times 估计新增贷款额$$

(三)流动性指标法

　　流动性指标法又称财务比率指标法。它是指银行根据资产负债表的有关数据计算的流动性指标。它用于衡量商业银行流动性风险敞口的估算。流动性指标如下。

　　1. 现金头寸指标

　　现金头寸指标是指现金和存放同业存款与总资产的比率。用公式表示为:

$$现金头寸比率 = \frac{现金 + 存放同业存款}{总资产} \times 100\%$$

　　现金是指超额准备金,包括库存现金和存放在中央银行的存款。该指标越高,意味着银行有很强的现金支付能力,能满足日常的交易活动。

　　2. 流动性证券指标

　　流动性证券指标是指 1 年以内政府债券与总资产的比率。用公式表示为:

$$流动性证券比率 = \frac{政府债券}{总资产} \times 100\%$$

　　该指标是现金头寸指标的补充。银行出于降低现金机会成本,持有高流动性政府证券,以便在银行现金头寸不足时,出售政府证券以补充现金资产,提高银行流动性。该指标越高,银行流动性越强。

　　3. 贷款总额与核心存款的比率指标

　　由于存款总额中包括了易变存款、游资存款和核心存款,而核心存款相对稳定,利率弹性较低,季节变化和经济环境对其影响较小,故贷款总额与核心存款的比率要比贷款与存款的比率更能准确衡量银行流动性风险敞口。用公式表示为:

$$贷款总额与核心存款比率 = \frac{贷款总额}{核心存款} \times 100\%$$

　　这一指标越小,银行流动性准备越高,银行流动性风险就越小;反之,银行流动性风险也就越大。

我们将上述表达式进行扩展,得到下面的表达式:

$$贷款总额与核心存款的比率 = \frac{贷款总额 \div 总资产}{核心存款 \div 总资产} \times 100\%$$

就分子来说,如果贷款不能出售或转让,这类贷款是最不具有流动性的资产项目。因此较高的贷款与资产的比率表明银行流动性差,流动性风险高。该指标越低,则表明银行的贷款潜力越大,满足新贷款需求的能力也就越强。由于该指标忽略了流动性资产的性质和贷款本身的流动性,因此不能准确地反映银行流动性风险。

就分母来说,它在一定程度上反映了银行流动性风险。该指标越高,流动性风险越小。对同等规模的银行来说,该指标能较准确地反映其流动性风险敞口。

4. 借入资金指标

借入资金指标是指借入资金与总资产之间的比率。用公式表示为:

$$借入资金比率 = \frac{借入资金余额}{总资产} \times 100\%$$

该指标越高,表明银行主要依赖于通过短期资金市场为贷款融资,而不是核心存款。这就意味着,如果银行达到或接近其从借入资金市场借款的限额,其未来的流动性风险很大,有可能出现流动性问题。因此,各国监管当局对该指标有严格规定。我国的规定是该指标要等于或小于 4%。

5. 贷款承诺额指标

贷款承诺额指标是指贷款承诺额与总资产的比率。用公式表示为:

$$贷款承诺额比率 = \frac{贷款承诺额}{总资产} \times 100\%$$

该指标越高,表明银行需要高的流动性以满足任何不可预期的贷款需要。也就是说,贷款承诺额高的银行要比承诺额低的银行面临更大的流动性风险。

6. 资产流动性指标

资产流动性指标是指流动性资产与流动性负债之间的比率。用公式表示为:

$$资产流动性比率 = \frac{流动性资产}{流动性负债} \times 100\%$$

这一指标越高,表明银行流动性风险越小。这一指标是衡量银行流动性风险敞口最重要的指标,已受到各国商业银行和金融监管当局的高度重视。但在实践中,这一指标还没有统一的计算方法与标准。在我国,这一指标是指流动性资产期末余额与流动性负债期末余额的比率。其指标分别为:人民币指标不得低于25%,外币指标不得低于 60%。

　　流动性指标最大的好处在于便于计算,而且在评估不同时期流动性变化时都很有用。我国银监会在监控银行流动性风险时,通常采用流动性指标。

　　7. 游资比率

　　游资比率又称热钱指标。它是指银行货币市场资产与货币市场负债的比率。用公式表示为:

$$游资比率=\frac{货币市场资产}{货币市场负债}\times100\%$$

　　银行货币市场资产包括现金、短期政府债券、中央银行超额准备金拆出和逆回购协议(银行暂时购入证券贷出现金)。银行货币市场负债包括大额存款单、中央银行超额准备金拆入和正回购协议借款(银行暂时出售证券借入现金)。该指标反映了银行货币市场借款与可迅速在货币市场变现资产的平衡程度。即反映了银行平衡货币市场资金头寸的能力。

　　8. 存款结构指标

　　存款结构指标是指活期存款与定期存款的比率。用公式表示为:

$$存款结构比率=\frac{活期存款}{定期存款}\times100\%$$

　　该指标反映了银行存款资金的稳定性。一般来说,存款期限与流动性风险为反方向关系。该比率越高,银行流动性越弱,流动性风险越大。

(四) 流动性指数法

　　流动性指数法是由在美国联邦储备银行任职的 Jim Pierce 提出的,用于衡量商业银行因突然或紧急出售资产而遭受的潜在损失的程度,因为在正常情况下需要经过较长时间的周密调查和讨价还价过程。紧急出售资产的价格 P_i 和公平市场价格 P_i^* 之间的差额越大,银行资产组合的流动性就越差。流动性指数 I 定义为:

$$I=\sum_{i=1}^{n}\left[(W_i)\times(P_i/P_i^*)\right] \tag{4.1}$$

式中: P_i 表示紧急出售资产的价格; P_i^* 表示在公平市场上出售的价格; W_i 表示商业银行资产组合中每一项资产所占的比重,即 $\sum W_i=1$。

　　假设某家银行持有的资产情况是:50% 为 1 个月的政府债券,50% 为不动产贷款。如果银行此时急需出售政府债券,其将从每张面值为 100 美元政府债券中收回 99 美元;如果银行到期日兑现这些政府债券,则可按面值价格收回 100 美元。如果银行此时急需出售不动产贷款,其将从每 100 美元中收回 85 美元。然后,在 1个月期满变现后,可以预期其从每 100 美元中收回 92 美元。这样,对商业银行的

资产组合来说,1个月期的流动性指数值为:

$$I=\frac{1}{2}\times\frac{0.99}{1.00}+\frac{1}{2}\times\frac{0.85}{0.92}=0.495+0.462=0.957$$

可见,该银行的流动性指数介于0~1之间。

(五) 融资缺口与融资需求

测量银行的融资缺口是衡量银行流动性风险敞口的另一个重要方法。在一定时期内,银行将平均存款额视为其平均贷款额的主要资金来源。如果出现平均存款额不足时,通常可用借入资金来弥补。这样将融资缺口定义为:

融资缺口＝平均贷款额－平均存款额

如果融资缺口为正数,银行不得不通过减少流动资产或从市场上借入资金为其融资。为此,它的表达式为:

融资缺口＝－流动资产＋借入资金

或者将该关系改写为:

融资缺口＋流动资产＝融资需求(借入资金)

此关系表明,融资需求在流动性管理方面的含义为一定规模的平均存款额和平均贷款额及一定数量的流动性资产决定了银行的借款数量。可以说,银行的融资缺口和流动性资产持有量越大,银行需要从市场上借入的资金量就越大;而且来源于这种资金渠道的流动性风险问题也越大。

银行融资缺口的扩大暗示着存款提取量和贷款需求的增加,这样银行就会面临未来可能发生的流动性风险。如果银行不减少流动性资产,就会不得不依赖于更多借款来满足其流动性要求。一旦银行的信用状况出现了变化,市场贷款人就会相应提高贷款利率或者对原来的贷款不给予展期,那么银行就有可能出现清偿能力不足的风险。因为银行的过度融资需求而导致银行陷入清偿风险,会出现流动性危机。

(六) 市场信号指标

多数银行家认为,仅用指标法不足以全面、及时和准确地衡量银行流动性风险敞口。在很多情况下,商业银行还必须考虑所处的经营环境。因此,在衡量银行流动性风险敞口时,除了进行指标分析外,还必须观察以下市场信号。

1. 公众对银行的信心

公众对银行的信心可以通过客户存款的变化来反映。一般来说,存款大量流失说明公众对银行信心的下降,存款挤兑则是公众对银行失去了信心。公众对银行的信心在很大程度上取决于银行所处的经营环境的变化。每一次金融危机都是因为银行所处的经营环境发生根本性的变化,客户才对银行进行挤兑。

2. 资信评级

资信评级对银行借款产生很大的影响。因为贷款人在贷款过程中,把利率作为次要条件,首要的条件是贷款本金的安全。一个资信条件较差的银行存在无法借款的风险;同时,优质客户也特别关注银行资信评级,这也是他们选择银行为其服务的重要参考指标。

3. 股票价格

上市银行股票价格的变化直接反映了银行未来经营管理的情况,因此银行股票价格也可以在一定程度上反映公众对银行未来的信心。如果银行股票能给投资者带来长期稳定的投资收益,说明该银行未来前景较好,实力较强,银行能够获得稳定的流动性来源,满足其流动性需求。

四、银行挤兑与流动性危机

在正常情况下,银行可以通过制定适当的流动性需求安排,存款流失和贷款承诺的执行不会给银行带来严重的流动性风险。然而,如果存款流失数量突然增加且未预期到,就可能给银行带来严重的流动性问题。

在银行存款中,活期存款契约本质和独有的特性是引发银行挤兑流动性危机的根源。一旦活期存款客户对银行清偿能力和相关银行的倒闭传闻特别关注,以及对非银行金融产品产生强烈的需求偏好,就会导致银行存款大量流失,引发银行挤兑流动性风险。

当存款客户有理由相信,哪怕是错误的理由,银行出现资不抵债的现象,存款客户就要求银行兑现其存款资产,特别是活期存款客户。由于存款客户在提款时,银行是按照先来者先偿付的原则履行契约的,这时银行外面就会出现排队提款的队伍。因此,银行外面的任何队伍都会刺激其他客户立即加入,即便存款客户此时并不需要现金用于正常的消费支出。对于定期存款客户来说,当看到银行的提款队伍不断壮大,出于理性考虑,他们也会加入提款队伍,希望尽快提出其存款。

随着银行挤兑态势的发展,存款流失的扩大,即使银行及时动用其现金储备以及向其他银行求援也无济于事,因为有更多存款客户加入到提款队伍,并且一家银行挤兑现象的传染效应会波及其他银行。这时银行会发现,以任何价格从市场上购买资金都很困难,于是银行挤兑流动性危机便形成了。如果让挤兑态势进一步发展下去,存款客户对银行产生怀疑将会刺激和动摇银行体系的基础,以至于其他银行也将不可预期地发生大量存款流失和被推入无力清偿流动性需求乃至破产的境地。在传染挤兑或银行恐慌时期,存款客户对整个银行体系失去信心,并对所有银行挤兑,而不是根据银行资产质量对其区别对待。

第三节　商业银行流动性供给与需求

商业银行流动性管理问题有两方面的描述:一是商业银行在某一时刻很少有流动性需求等于流动性供给,二是银行的流动性与盈利性之间有一个此消彼长的关系。因此,银行管理者必须随时处理流动性不足或盈余的现象,时刻关注流动性资产和盈利性资产之间的匹配关系。因为保持银行的流动性,必然对银行的盈利性产生影响。银行在流动性管理中,必须对流动性需求和供给进行有效的管理,使得银行盈利性最大化。

一、流动性需求与供给管理

(一)流动性需求的管理

银行流动性需求包括银行作为信用中介所必须立即满足的现金要求,如存款客户的提款要求和贷款客户正当的贷款要求。客户将资金委托给银行是基于对银行资产价值的信心。由于银行很难确定客户对其的信任度,因此要准确估算银行流动性需求与满足这些需求的能力是很困难的。

上一节对银行流动性风险测量的方法,忽视了银行流动性需求与流动性来源的同期性。银行流动性需求应根据时期来测量,然后根据变化的流动性需求来安排流动性来源。银行流动性需求的管理是要测量并满足不同时期的流动性需求,然后采取措施满足这些流动性需求的恰当的流动性来源。

银行短期或季节性流动性需求可能是由多种因素引发的,如影响存款变动与贷款需求的季节性因素。当银行贷款客户同为存款客户时,存款来源与贷款需求就会呈现不对称现象。例如,农村地区的银行在春播季节,农户存款下降,同时贷款需求增加;在秋收季节,农户存款上升,同时贷款需求下降。如果银行的客户比较单一,季节性流动性需求量可根据过去的经验进行估算。

大额存款客户和大额贷款客户对银行短期流动性需求影响程度取决于银行的市场规模。银行要随时掌握这些客户的需求与动机的详细信息,以便估算这方面的短期流动性需求量。对于大多数客户的短期流动性需求,银行具有可预测性,银行根据存款与贷款的变化趋势,采用适当的估算方法,测量出短期流动性需求。

银行周期流动性需求是很难估算的,往往是银行无法控制的。经济周期性变化与市场利率频繁变动会给银行带来很大的流动性需求压力,尤其是银行由于法规的限制不能随意调整利率水平时,这种流动性需求就很难预测。为了应付潜在的周期性流动性需求,银行不得不大量持有流动性资产。但高流动性资产头寸会对银行带来负面影响,因此股东利益最大化迫使银行放弃持有大量的高流动性资产。

预测周期流动性需求的方法是:首先,银行通过比较本期所使用的信贷额度与在经济繁荣时期所使用的信贷额度来预测贷款的周期性波动。例如,如果当期信贷额度使用率为 40%,而使用率历史最高水平为 60%,则银行就会认为周期性流动性需求为总额度的 20%。其次,根据存款与利率水平、利率变动和利率上限等指标间的相互关系来预测存款的流入与流出,从而确定平均存款余额。最后,根据存款流出的波动性与贷款客户的信任度来测量所需流动性需求。

银行对长期流动性需求进行预测时,要考虑到银行服务的经济环境状况。在经济扩张时期,贷款增长通常快于存款增长的速度,银行可能在较长时期内表现为净资金需求;反之,在经济平稳时期,贷款需求变化不大,存款则会有一个稳定的增长,银行可能在较长时期内表现为净资金供给。因此,银行测量长期流动性需求时,必须以经济周期的特征为基础,估算下一年乃至今后几年的存款与贷款变化趋势,估计出适当长期的流动性需求。

突发性的流动性需求是由一些难以预测的不寻常事件引发的。例如,由传言引发的银行挤兑、证券市场行情的剧烈变化以及贷款需求的突然增加等。突发性的流动性需求对银行来讲,是不可预测的,满足其流动性需求也是十分困难的。因为这种流动性需求的规模与影响它的因素是很难预测的,并且多在银行最困难的时候出现。银行应制定相应的应急计划保持其流动性,应付突发事件对银行产生的冲击,高度重视突发性流动性需求大幅度增加的现象;否则,一旦存款客户对银行产生信任危机,就会引发流动性挤兑风潮。

银行在寻求满足突发性流动性需求的来源时必须明确两点:一是银行所有资产都可以随时变现,如资产出售或证券化是一次性完成的;二是能够及时从相关的代理行或市场上融资。但对规模较大的银行来讲,应强调采用负债管理方法来满足这方面的流动性需求,如同业拆借、发行 CD 以及境外借款等。

(二) 流动性供给的管理

流动性供给是指满足银行流动性需求的资金来源。满足银行流动性需求的渠道主要有以下几种。

1. 传统的流动性来源

传统的流动性来源有两类：一类是银行持有短期的流动性资产，又称资产流动性管理策略。它包括库存现金、同业存款、短期证券投资、购入证券回购协议、票据贴现等。这些流动性资产可以在到期时变现，也可以在需要时出售以取得现金。另一类是银行通过各种渠道借入的资金，又称负债流动性管理策略。它包括同业借入、再贴现与再贷款、卖出证券回购协议、发行大额定期存单以及向境外借款等。这些借入的资金取决于银行所处市场的有效性以及银行资信条件。

规模较小的商业银行应尽量采用资产流动性管理策略来满足其流动性需求，只有在紧急情况下，才采用负债流动性管理策略。因为规模较小的银行对购买流动性需求限制条件较多，且成本因素也是它们所考虑的问题。规模较大的商业银行能够得到贷款者对它的信心并且可以承受市场的利率成本，一般都采用资产流动性管理策略和负债流动性管理策略来满足其流动性的需求，但应以资产流动性管理策略为主。

2. 创造流动性来源

创造流动性来源是目前西方商业银行常采用的方法。它主要包括贷款出售、资产证券化以及发行资本票据和债券等。取得这些资金来源的银行，一般是规模较大、资信颇佳的大型银行。

二、流动性供给与流动性需求搭配

流动性供给与流动性需求搭配是指商业银行如何在各种各样的资产、负债以及创新流动性来源中进行选择，满足其流动性需求。这种选择依赖于以下几个因素。

(一) 流动性需求的目的

流动性需求产生的原因也会影响流动性供给。如短期与季节性流动性需求、信贷增长以及存款流失等。对于短期与季节性流动性需求的测量以以往的经验为基础，准确度较高，采用预先购买资金的方法来满足其流动性需求的风险较小。但对于满足动态与周期流动性需求，采用购买资金的方法就难以使流动性需求与供给相匹配。因为动态与周期流动性需求更难预测，借款何时与能否被偿还是一个十分严重的问题。在经济繁荣时期，市场资金需求旺盛，利率往往居高不下，限制了购买资金以满足流动性需求。同时，过多依赖资金市场借款来满足流动性需求，有可能损害银行的声誉。鉴于这方面考虑，规模较大的银行也不愿意过分强调购买资金来满足动态与周期流动性需求。对这方面的流动性需求的满足，最好采用传统的流动性来源较为恰当。满足长期流动性需求更为复杂。如果银行贷款增长超过存款增长,则出现长期流动性需求不足,这时采用资产变现或借入资金来满足。但是流动性资产的供给与借款金额要受规模的限制,这样银行不得不依靠其他资产的变现来满足其持续流动性需求。因此,满足长期流动性需求要采用表外资金来源,如采用贷款出售和证券化等方法取得长期资金来源。

(二) 参与市场

银行应根据流动性需求产生的原因,在测量其流动性需求的基础上,积极参与市场融资来满足不同时期流动性需求。例如,动用中央银行超额准备金存款账户或同业拆借来满足临时性或突发性的流动性需求。

(三) 流动性管理策略

在估算流动性需求和衡量流动性风险敞口的基础上,银行管理者应制定流动性管理策略,决定适度的流动性需求量,确定流动性资金来源的结构,并制定应急流动性需求计划。

激进的流动性管理策略往往以购买流动性资金为主,即依靠外部融资渠道来满足流动性需求。这种负债流动性管理策略,能保持银行最低的流动性资金储备水平,有利于提高银行的盈利水平,但风险较大,有时在紧急情况下,会导致银行无法借款的风险,引发流动性危机。保守的流动性管理策略通常采用内部流动性资产来满足流动性需求。尽管保持了较高的银行流动性,但资产流动性机会成本较高,降低了银行的盈利水平。

银行管理者应吸收上述两种流动性管理策略的优点,将内部流动性资产满足流动性需求和购买流动性需求结合起来,以内部流动性资产作为满足流动性需求的主要来源,以购买流动性需求为辅。为了防止出现流动性危机和应急流动性需求,银行要有完备的应急流动性计划,并且与相关的金融机构保持良好的合作关系,与它们积极交流,建立广泛的、稳定的借入流动性渠道。随着金融衍生产品的不断创新,商业银行要关注表外流动性风险,建立表内、表外风险监测机制,对银行流动性需求的变化进行监测,及时反馈流动性需求的信息,实时调整流动性需求计划,必要时积极购买流动性资金,避免与防范流动性风险。

(四) 各种流动性来源的成本与特征

在满足流动性需求方面,银行通常选择成本最低的流动性来源。这一原则从属于金融市场参与程度与银行流动性管理策略的限制。银行为了满足流动性需求而出售的资产的"成本"就是在资产寿命周期内放弃的收益。

银行不仅要直接比较成本,而且要比较不同时期的成本。例如,贷款季节性增长的银行通过发行大额定期存单或回购协议来满足新增贷款需求。但回购协议的特征在于可以延期,这样回购协议的成本随着时间长短不同而发生变化,有时变化幅度很大。与此相反,大额定期存单就没有这方面的特征,它的成本中没有可变成本,但其固定成本很高。因此,银行在选择流动性来源与需求的搭配时,要特别关注各种流动性来源的成本与特征。

(五)利率预期

银行对未来利率走势的看法,直接影响流动性来源的选择。就拿发行大额定期存单和利用回购协议为流动性需求融资来说,如果预期利率上升,则大额定期存单的成本低于回购协议。因为回购协议对利率预期特别敏感,它的利率水平往往是预期利率水平,所以预期利率上升,回购协议成本也会增加。如果预期利率上升,此时银行通常采用固定利率发行大额定期存单,成本相对较低;反之,如果预期利率下跌,银行应选择回购协议为流动性需求融资。在满足流动性需求方面,当预期利率上升时,银行则采用发行长期债务工具融资;当预期利率下跌时,银行则采用短期工具融资。

三、未来流动性需求估算

由于未来流动性需求取决于未来资金来源和资金需求这两方面的变化和相互影响,银行对未来流动性需求的估算也应从这两方面考虑,即根据计划期间内贷款额和存款额的变化,预测未来一定时期内流动性需求。银行可以运用各种数理统计工具和自身的管理经验与判断,得出存款总额和贷款总额在未来某一时期内的预期值。

(一)对未来某一时期内存款额变化的预期所考虑的因素

(1)银行所服务的经济实体的经营情况。

(2)银行所服务的个人可支配收入的情况以及大额存款客户的变动情况。

(3)企业零售额的增长情况。

(4)银行所在国货币供应量的增长情况。

(5)预期的通货膨胀率。

(6)货币市场存款的预期收益率。

(二)对未来某一时期内贷款额变化的预期所要考虑的因素

(1)在某一个计划时期内银行潜在贷款额。

（2）银行所在国的经济发展情况，如国内生产总值增长率和销售率。

（3）银行所服务的企业经营情况，如月、季、半年和全年利润。

（4）银行所在国货币供应量的增长情况。

（5）预期银行优惠贷款利率减去商业票据贴现率。

（6）预期的通货膨胀率。

银行利用上面预测的数据，就可以估算未来某一时期流动性需求。它的表达式为：

$$未来某一时期流动性需求＝全部贷款的预期变化－全部存款的预期变化$$

第四节　案　例　分　析

【案例 4-1】　工商银行流动性风险敞口评估

一、背景情况①

中国工商银行股份有限公司（简称工商银行）是于 1984 年 1 月 1 日成立的国有独资商业银行。2005 年 10 月 28 日，该行整体改制为股份有限公司，并于 2006 年 10 月 27 日分别在上海证券交易所和香港联合证券交易所上市 A 股和 H 股股票。截至 2009 年 6 月 30 日，工商银行资产负债表有关的项目如下：总资产为 114 350 亿元人民币，总存款为 95 331 亿元人民币。其中定期存款为 47 587 亿元人民币，1 年以上的定期存款为 6 215 亿元人民币，活期存款为 47 744 亿元人民币，证券投资净额为 5 112 亿元人民币，拆入资金为 399 亿元人民币，同业存款和现金为 16 800 亿元人民币，客户贷款及垫款为 54 365 亿元人民币，1 年以上的中长期贷款为 31 631 亿元人民币，流动性资产为 10 102 亿元人民币，流动性负债为 36 079 亿元人民币。根据这些数据，可以计算 2009 年上半年工商银行有关的流动性指标。

二、流动性风险敞口评估

$$现金头寸比率＝\frac{现金＋存放同业存款}{总资产}\times100\%＝\frac{16\,800}{114\,350}\times100\%＝14.69\%$$

---

① 资料来源：上海交易所网站，网址：www. sse. com. cn。

$$流动性证券比率 = \frac{政府债券}{总资产} \times 100\% = \frac{5\ 112}{114\ 350} \times 100\% = 4.47\%$$

$$借入资金比率 = \frac{借入资金余额}{总资产} \times 100\% = \frac{399}{114\ 350} \times 100\% = 3.49\%$$

$$\begin{array}{l}1\ 年\ 以\ 上\ 贷\ 款\ 与 \\ 1\ 年\ 以\ 上\ 存\ 款\ 比\ 率\end{array} = \frac{1\ 年以上的贷款}{1\ 年以上存款} \times 100\% = \frac{31\ 631}{6\ 215} \times 100\% = 509\%$$

$$资产流动性比率 = \frac{流动性资产}{流动性负债} \times 100\% = \frac{10\ 102}{36\ 079} \times 100\% = 28\%$$

$$存款结构比率 = \frac{活期存款}{定期存款} \times 100\% = \frac{47\ 744}{47\ 587} \times 100\% = 100.33\%$$

三、分析

上述这些指标总体上反映了工商银行 2009 年上半年流动性风险状况,但不足之处在于:资产流动性指标偏低,只有 28%,低于 2008 年 6 月 30 日的 29%;中长期贷款指标过高,达 509%。其原因是:2008 年 11 月,国家为了摆脱金融危机对我国经济的影响,推出了一系列财政刺激计划,作为国有最大的商业银行必然要承担大量的政府财政项目贷款,使得工商银行 2009 年上半年贷款增长了 18.9%,其中中长期贷款增长了 24.4%;但存款增长了 15.9%,其中 1 年以上的存款仅增长了 2.3%,5 年期存款为负增长。其结果是:工商银行流动性风险敞口为负的 12 225 亿元人民币,比上年扩大了 28.3%;中长期贷款的大幅度增加带动了 5 年以上的流动性风险,使正敞口扩大了 23.2%。

需要注意的是,在运用流动性指标衡量银行流动性风险敞口时:一是要考虑银行所处的经济环境变化和季节性因素的影响。二是要综合运用这些指标,不能仅凭几个指标来评估银行流动性状况。三是流动性指标是以银行历史数据为依据的,不能评估银行未来所面临的流动性风险敞口。因此,银行应以流动性指标为参考值,根据实际情况准确把握银行流动性的变化趋势。

本章基本概念

流动性资产　流动性负债　流动风险　流动性风险敞口　现金头寸　基础头寸　可用头寸　资金来源与运用法　资金结构法　流动性指标　法定存款准备金　超额存款准备金　资产流动性管理　负债流动性管理

本 章 思 考 题

1. 简述银行流动性风险产生的原因。
2. 简述银行流动性需求与供给的管理。
3. 银行现金头寸的构成有哪些?
4. 衡量银行流动性风险敞口的方法有哪些?
5. 你认为我国商业银行应如何加强流动性风险管理?

第五章

商业银行资本管理

资本是商业银行申请经营牌照时最基本的财务要求。商业银行资本的规模决定了它的经营实力和所能承担损失的程度;足够的资本金可以保障银行正常经营业务的顺利开展,也是商业银行开业初期营运的资金。因此,资本在创建商业银行和确保商业银行生存两个方面都发挥着举足轻重的作用。银行的股东、管理者、客户以及监管当局都十分关注银行筹集和保持资本金的能力。为了保护存款人的利益,各国对银行的资本管理已纳入法律范畴。本章讨论了银行资本管理的有关内容,如银行资本构成与作用、资本充足率、资本筹集以及如何管理资本,以便更好地了解资本在银行管理中的意义。

第一节　商业银行资本构成与作用

资本构成反映了商业银行资本来源的途径以及投资者所享受的权利和应承担的责任与义务。资本在商业银行管理中有着十分重要的作用。

一、商业银行资本构成

商业银行的资本通常有三种定义:一是会计上的定义,即银行资本是指银行所有者权益,又称银行净值。二是监管当局从监管角度所下的定义,即根据《巴塞尔协议》把银行资本分为核心资本和附属资本两大类,又称监管资本。三是经济资本是由银行管理者内部评估作为未来非预期损失缓冲作用的最低资本,又称风险资本。我们这里仅讨论《巴塞尔协议》对银行资本的分类。

（一）核心资本

核心资本（core capital）是由商业银行的股权资本和账面上的收益构成的，具体包括以下内容。

1. 普通股

普通股（common stock）是商业银行发行的公开上市的股东所有权凭证。它是银行股权资本的最基本形式，其金额等于发行在外的普通股数量乘以普通股票面价值。一般来说，银行创建或改制通常会发行普通股，因此普通股可能是新发行的股票，也可能是公积金或未分配利润转增股本而增加的普通股。普通股股东作为商业银行的所有者，有权参加股东大会，对银行的重大经营决策和银行高层管理者的确定有表决权，有权分享银行的经营成果，有优先认购新股的权利，以及对银行的剩余财产与收入有无限求偿权等。但普通股股东对银行的剩余财产求偿权排在债权人和优先股股东之后，获得股利的多少取决于银行经营状况。普通股股东有责任和义务与银行共同承担风险，因此普通股股东所承担的风险和所获取的收益是相匹配的。

普通股股东特别关注银行股票的价格。银行股票价格持续稳定上升，意味着商业银行的经营状况、盈利水平、发展前景和分配股利等将有良好的表现，也是公众对银行信心的反映，是银行信誉的重要标志。同时较高的股票价格便于银行股权融资，增加核心资本金，有利于提升商业银行资产扩张能力和抵御金融风险能力。当然，股权融资将会稀释每股收益和每股净现金流。如果银行盈利不能与普通股增加同步，将影响银行市场价值。银行市场价值的下降势必影响到公众对银行的信心。

普通股有三种不同的价值形式：一是票面价值或称价值。股东持有普通股多少一般以票面价值来计算，它标志着一种所有权、选举权和收益权以及所承担的风险与义务。二是账面价值又称净资产价值。它是普通股股票的真实价值，也是投资者对银行估值的重要依据。三是市场价格。它包括发行价格和交易价格。它是由市场预期决定的。它的高低取决于银行未来盈利和投资者对市场的心理预期。普通股的发行价格一般高于账面价值。发行价格的高低取决于银行未来的盈利能力、账面价值以及同类上市银行股票在二级市场的表现。

2. 优先股

优先股（preferred stock）与普通股在性质上是相同的，都是商业银行所有权的凭证。但优先股股利是固定的，且是税后所得，它对银行的收益和剩余财产的求偿权优先于普通股。因此，优先股与公司债券相像，是介于公司债券和普通股之间的一种证券。

优先股的种类较多,商业银行以优先股筹集资本应比较、分析它们之间的优劣差异,选择最适合的优先股品种来补充资本金。优先股按是否转换为普通股划分,可分为可转换为普通股的优先股和不可转换为普通股的优先股。但可转换为普通股的优先股的股息低于不可转换为普通股的优先股的股息,其价格高于普通股的市价,一般用于银行收购与兼并。优先股按是否可赎回划分,可分为按发行人事先规定的价格赎回的优先股和不可赎回的优先股。优先股按是否调整股息率划分,可分为可调整股息率的优先股和不可调整股息率的优先股。可调整股息率的优先股是指没有固定股息率的股利,股息率一般随着预先设定的市场指标的变动而变动。股息率的变动一般参照其他投资产品的收益率,或通过一定时期的荷兰式拍卖机制,或基于银行的未来业绩。

由于优先股股息不能从税前利润中扣除,这使得用优先股筹资要比从税前利润中扣除利息的债券筹资的成本要高,故银行很少通过发行优先股来筹集资本。严格来讲,无偿还期的优先股才能归入核心资本,而有偿还期的优先股则归属于附属资本。

3. 资本公积金

资本公积金是指银行的普通股发行价格高出其票面价值部分。即普通股发行的溢价部分。资本公积金是普通股股东投资的一部分,属于权益资本。它反映了银行资本的增值部分,是调节银行股本的一个重要项目。当银行决定增加注册股本时,可将资本公积金转为股本。银行资本公积金为负数比较少见,因为我国《公司法》规定,公司新发行普通股的价格要高于其账面价值,否则将损害原有股东的利益。

4. 盈余公积金

盈余公积金是指从商业银行的税后利润中按一定比例提留的利润积累。它主要是用于弥补银行亏损和转增股本,进行资本内部筹集。我国《公司法》规定,从税后利润中按 10% 提取法定公积金,按 5% 提取任意公积金。实际上,盈余公积金是对投资者分配的一种限制,将其留存在银行内可使股东免交所得税。

5. 一般风险准备

一般风险准备是指银行本年度中按规定从净利润中提取的准备金。它主要是用于未来应对银行的法律诉讼等意外事件,以及为未来股票或债务回购提供储备资金。

6. 未分配利润

未分配利润是指商业银行留待以后年度进行分配的结存利润。其数量等于上年度结存的利润加上本年度结存的利润。未分配利润是商业银行今后进行内部筹集资本的主要来源,也是银行可持续发展的基础。

核心资本的特征主要是：

（1）资本的价值相当稳定，可用于承担银行经营风险，弥补银行意外损失。

（2）核心资本具有较高的透明度和可比性，投资者从公开发表的财务报表中可清楚看到。

（3）它是监管当局判断银行资本充足率的基础，并对银行的盈利能力和竞争力有较大影响。

（二）附属资本

附属资本（supplementary capital）是商业银行核心资本的补充资本。它行使资本作用的程度要视其来源的方式而定。银行附属资本主要有以下几种。

1. 资本性债券

资本性债券从性质上讲属于银行的债务资本，偿还期限很长，种类较多，主要包括：

（1）次级债券。它是指银行发行年付利息的期限较长的大额债务资本。它对银行的要求权次于存款人和普通债权人，但优先于股东的要求权。次级债券期限一般在 10 年以上。

（2）可转换债券。它是指这些债务凭证可在持有人的选择下，以预先规定的价格转换为银行的普通股。一般来说，可转换债券的利率较低，而其转换价格比普通股股票要高。不过，某些债券的可转换性是强制的，不由持有人决定。

（3）浮动利率债券。它是指债券的利率是通过若干市场利率加权计算出来的利率债券。利率一般是随着市场利率的变动而变动的。

（4）选择性债券。它是指初期利率为固定利率，但在一定时期后可由持有人选择转换为浮动利率的债券。

商业银行发行的资本性债券，尽管属于银行的债务资本，但因期限长，资金相对比较稳定，银行可通过持续期管理，合理安排债券的偿还。这种债券可对资本来源不足进行补充，以缓解银行资本要求的压力，有利于银行风险的控制。但由于此种债券的性质决定了要对其打一定折扣后方可记入附属资本账户。我国规定资本性债券不得超过核心资本的 25%，同时要从附属资本账户中扣除银行同业间交叉持有的资本性债券。

2. 租赁协议

大部分金融租赁、销售、回租等可以资本化，它们的某些性质类似于长期债务资本。

3. 损失准备金

损失准备金是用于弥补贷款、垫款和投资损失而建立的基金。它是从税前利润中按贷款、垫款和投资余额一定比例提取的。所以,损失准备金的提取具有降低银行赋税的功能。

由于损失准备金主要是用于弥补银行预期损失而建立的基金,因而它的变动比较频繁,属于附属资本。

4. 重估储备

重估储备主要有两种:一种是对记入资产负债表上的银行自身固定资产的重新估价;另一种是来自隐蔽价值的资本名义增值,如以历史成本计价的证券因价格上升而产生的增值。

5. 未公开储备

未公开储备是指未公开但已经反映在银行损益账户上的并为其接受的储备。例如,有些资料无法在公开披露的利润表中反映出来。

二、我国商业银行资本的构成

我国银监会为了在 2011 年 1 月 1 日实施《巴塞尔新资本协议》,并结合我国商业银行的实际情况,于 2009 年 8 月 3 日公布了对商业银行实施新资本协议相关指引意见,对我国银行资本构成作了如下规定①。

(一) 核心资本的期末数

(1) 实收资本。它是指投资者按照章程或合同、协议的约定,实际投入商业银行的资本。

(2) 资本公积,但应进行以下调整:

(a) 扣除可供出售金融资产中的股权类和债券类的公允价值变动形成的净利得。

(b) 若可供出售金融资产中的贷款和应收款项类的公允价值变动未实现部分累计额为净利得的,应扣除;为净损失的,应加回。

(c) 扣除现金流套期有效部分中的套期工具和被套期项目公允价值变动形成的净利得。

(d) 扣除将可转换债券中可转换权分拆确认为权益的部分。

(3) 盈余公积。它包括法定盈余公积、任意盈余公积。

(4) 一般风险准备。它是指根据《金融企业财务规则》而提取的一般风险准备。

---

① 参见中国银监会网站。网址:www.cbrc.gov.cn。

（5）未分配利润，但应进行以下调整：

（a）扣除交易性金融工具公允价值变动形成的未实现净利得（考虑税收影响）。

（b）若使用公允价值选择权的金融资产或负债的公允价值变动形成的未实现部分累计额为净利得的，考虑税收影响后应扣除；为净损失的，考虑税收影响后应加回。

（6）少数股权。它包括在核心资本中的非全资子公司中的少数股权。它是指子公司净经营成果和净资产中不以任何直接或间接方式归属于母银行的部分。

（二）附属资本的期末数

（1）重估储备。商业银行按规定对固定资产进行重估时，固定资产公允价值与账面价值之间的正差额为重估储备；但计入附属资本的部分不超过重估储备的 70%。

（2）可供出售的股权类、债券类金融资产的公允价值变动形成的未实现净利得的 50%。

（3）现金流套期有效部分中的套期工具和被套期项目公允价值变动形成的净利得的 50%。

（4）交易性金融工具公允价值变动形成的未实现净利得（考虑税收影响后）。

（5）超额减值准备，包括两部分：

（a）针对内部评级法未覆盖的信用风险暴露计提的减值准备超过最低监管要求的部分，计入附属资本的超额减值准备不得超过对应风险加权资产的 1.25%。

（b）针对内部评级法所覆盖的信用风险暴露计提的减值准备超过预期损失的部分，计入附属资本的超额减值准备不得超过对应风险加权资产的 1.25%。

（6）优先股。它是指商业银行发行的、给予投资者在收益分配、剩余资产分配等方面优先权利的股票。

（7）可转换债券。它是指商业银行依照法定程序发行的、在一定期限内依据约定条件可以转换成商业银行普通股的债券。计入附属资本的可转换债券必须符合以下条件：

（a）债券持有人对银行的索偿权位于存款人及其他普通债权人之后，并不以银行的资产为抵押或质押。

（b）债券不可由持有者主动回售；未经银监会事先同意，发行人不准赎回。

（8）混合债务资本工具。它是指商业银行发行的、可以计入附属资本的、符合以下要求的混合资本债券：

（a）债券期限在 15 年以上（含 15 年），自发行之日起 10 年内不得赎回。

10年后银行可以具有一次赎回权,但行使赎回权需得到银监会批准;若10年后银行未行使赎回权,可以适当提高债券的利率,但提高利率的次数不能超过一次。

(b) 当核心资本充足率低于4%时,银行可以延期支付利息;若同时盈余公积与未分配利润之和为负且最近12个月内未支付普通股现金股利,则银行必须延期支付利息。递延的利息将根据本期债券的利率计算利息。在不满足延期支付利息的条件时,银行应立即支付欠息及欠息产生的利息。

(c) 债券到期时,若银行无力支付索偿权在本债券之前的银行债务,或支付本债券将导致无力支付索偿权在本债券之前的银行债务,可以延期支付本债券的本金和利息。

(三)核心资本扣除项

(1) 商誉。

(2) 净递延税收资产。

(3) 减值准备缺口的50%。

(4) 应从资本中扣除的资产证券化风险暴露的50%。

(5) 商业银行作为发起机构参与资产证券化交易形成的销售利得。

(6) 应扣除的对金融机构的资本投资的50%。

(7) 应扣除的对工商企业的资本投资的50%。

(8) 非自用房地产的50%。

从上述可以看出,我国银监会对银行资本构成进行了详细的规定。目的在于:为我国商业银行在2011年1月1日实施新资本协议前,根据自己实际情况调整其资本结构,更好地满足《巴塞尔新资本协议》的要求。

三、商业银行资本的作用

商业银行资本的作用主要体现为保护职能、营业职能和管理职能三个方面。其中,保护职能是银行资本的首要职能。因为存款人资金的安全是商业银行首要关注的问题。资本雄厚的商业银行,存款人受银行价值下跌的影响较小。

商业银行资本的作用主要表现在以下几个方面。

(一)保护存款人利益,维护银行信誉

商业银行作为存款信用机构,其开展和扩展信用业务所需的资金大部分来自存款人。银行借用存款人暂时放弃存款资金的使用权,通过发放高风险的信

贷业务,从中进行风险套利,资金的安全对银行来讲,是至关重要的。如果银行发放的高风险信贷资金遭受损失,存款人的利益必将受到影响。资本雄厚的银行为存款人提供了一个承受意外损失的"缓冲器",向存款人保证,即使发生贷款损失,银行也有能力及时偿付债务,并继续为公众提供服务。同时存款人为了自身的安全,将银行资本视为自身权益的保障,对银行的选择一般将资本充足度作为评价银行信誉高低的标志。只有存款人确信银行拥有雄厚的资本,才不会引发挤兑风险。

资本雄厚的银行不仅增强了公众对银行的信心,而且也为银行业务开展提供充足的资金来源,拓宽了银行为公众服务的领域,为银行在激烈竞争中谋求利润最大化创造了条件。一般来说,银行权益资本越高,其收益越稳定,市场参与者对银行的认同度也越高。依照大而不倒原则,资本雄厚、规模较大的商业银行,由于政府偏袒和隐性担保使其市场价值很容易得到公众的认可。因此,银行资本是提高银行信誉的关键因素。

(二)为银行组织的成长以及新产品、新服务的开展,设施的构建提供资金

当一家银行成长时,它需要额外的资本来支持这种成长并接受因提供新产品、新服务以及构建新设施而带来的风险。大多数银行通过额外的资本注入进行地域或市场领域扩展,以此来为其客户提供更为便利的金融服务。因此,资本充当了一个银行的成长调节器,有助于保证银行的成长和长期可持续发展。

(三)监管部门和金融市场的要求

监管部门和金融市场都要求银行的资本增长与其风险资产增长相匹配。因此,资本增长应与银行不断增长的风险敞口共同增长。如果一家银行存贷业务增长过快,将从市场和监管部门那里得到信号,它就必须放慢增长速度或者取得额外资本。监管当局对银行资本的要求现已成为一种重要的政策工具。各国立法或遵守国际惯例对银行资本作出最低要求,用以限制银行所能接受的风险敞口,保证银行清偿力,提高公众对银行的信心。

第二节　商业银行资本充足度

如何确定商业银行资本的充足度,是商业银行资本管理的重点,也是商业银行管理的重要课题。

一、商业银行资本适度原理

在银行经营实践中,资本通常要满足三个方面需要的最低限度:一是保持最低贷款与投资损失准备,防范意外经营风险损失;二是存款人得到安全保护和维护银行声誉需要的最低资本量;三是为银行组织的成长以及新产品、新服务的开展,设施的构建提供最低资金量。因此,保持适度资本量是银行"三性"经营管理的客观要求。银行资本量既不能过高,又不能过低。资本量过低会影响银行信誉和公众对银行的信心,银行稍有不慎将会引发银行挤兑危机,殃及银行生存;资本量过高将降低银行财务杠杆,影响银行收益最大化。

从银行财务角度来看,适度资本量主要取决于银行资本成本。银行资本成本包括银行筹集一定数量资本所花费的各项开支,如股息和银行管理资本所花费的费用等。我们用图 5-1 简单表示银行适度资本量。为了便于分析,我们将因资本量变动而引起的银行其他成本变动也包括在资本成本内。横轴 K/A 表示资本与资产比率,纵轴 C 表示资本成本,KC 表示资本成本曲线。

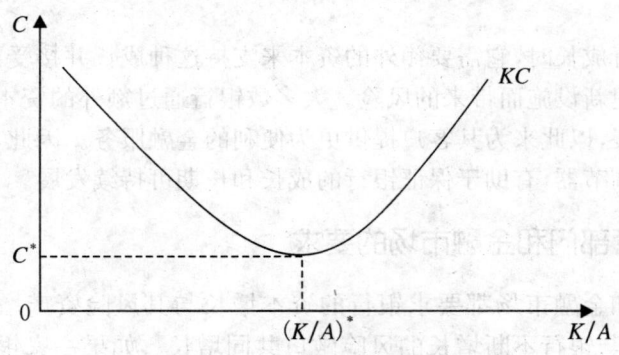

图 5-1 银行资本适度性示意图

从图 5-1 可以看出,KC 曲线呈"U"形变化。在 U 形资本成本曲线上,有一个资本成本最低点 C^*,与其相对应的资本与资产比率,即 $(K/A)^*$ 点,就是银行适度资本量。这是因为在银行总资产额不变的情况下,当银行资本量小于 $(K/A)^*$ 时,就会相应增加存款和借款资金的需求量,但因资本量过少,影响了公众对银行的信心和银行信誉,银行可能无法以低成本筹集流动性负债来维持资产负债表的平衡。即便筹集到流动性负债,也因银行流动性负债的增加而要求银行有更多的流动性资产作保障,这样,就相应地降低了银行盈利性资产比重,导致银行边际成本增加,边际收益下降。当银行资本量大于 $(K/A)^*$ 时,由于股本成本一般高于债券和存款的成本,银行必然承担大量的资本成本;同时财务杠杆的下降,也影响了银行的收益。资本过多,使得权益资本收益率下降,引起股东的不满。因此,从财务角度来看,银行适度资本量是由资本成本曲线最低点决定的。

值得注意的是,银行资本成本曲线受制于银行的资产规模、资产与负债结构以及所面临的市场环境的影响。在资本适度性分析中,必须考虑上述几个因素对银行资本成本的影响。一般来说,规模比较小的银行,由于信誉不高,业务量有限和品种单一,不能占有广泛的融资市场,为了应付客户的提存必须保持大量的流动性资产,从而降低了盈利性资产比重。这就会使银行资本成本曲线向右上方移动且远离原点,这样不仅适度资本比例很大,而且资本成本也很高。规模较大的银行,由于信誉高、业务量大和品种多样化,能占有广泛的融资市场,无需保持大量的流动性资产,从而增加了盈利性资产比重。这就会使资本成本曲线向左下方移动且靠近原点,这样不仅适度资本比例较小,而且资本成本相对较低。

银行资本适度原理是对银行资本成本和资本需求量之间关系的一种概括,反映了银行资本需求量与银行资金成本及银行流动性、安全性和盈利性之间的内在联系。

二、商业银行资市衡量

上面我们只是从理论上考察了银行资本适度问题,但无法回答一家银行在经营活动中,需要多少资本量为最优,即银行经营成本最低,资本收益最高。下面我们采取通用会计准则(generally accepted accounting principles,简称 GAAP)、市值资本(market value capital,简称 MVC)、监管资本准则(regulatory capital principles,简称 RCP)和经济资本(ecomenical capital,简称 EC)等四种方法来衡量银行所需的资本量。

(一) GAAP 资本

商业银行资本的规模可以由银行账面价值来衡量。账面价值是指银行某一特定日期资产与负债的账面价值之间的差额,其登录在银行账户上。它也是金融监管当局考核银行资本量的依据。但由于市场利率的变化和一些贷款与证券投资出现违约,银行资本和资产价值都偏离它们原来的账面价值。银行资本账面价值用公式表示为:

$$银行资本账面价值 = 银行资产账面价值 - 银行负债账面价值 =$$
$$股权资本 + 溢价 + 未分配盈余 + 损失准备金$$

1. GAAP 对信贷风险的确认

在 GAAP 方法下,银行在反映或选择贷款损失确认时间以及损失对资本的影响方面,具有较大的决定权。只要银行能够尝试向存款人或监管当局展示有利的发展前景,它完全能抵制降低不良资产的价值。如果银行认为若承认了这些损失,管理者的职务就会受到影响,因此这种抵制可能是人为的。只有来自监管当局的压力才能强制进行损失确认和不良资产价值的减值。所以在 GAAP 方法下,银行存在拖延减低贷款账面价值的倾向。贷款损失确认时间得以拖延,仍以账面价值反映在资产负债表中,只有实际损失才动用资本冲销,放大了资本账面价值。

2. GAAP 对市场风险的确认

GAAP 方法的最大弊端就是不能确认利率风险和汇率风险的影响。在 GAAP 方法下,市场利率上升将使证券投资和贷款的价值减少,导致资本账面价值也相应地减少。在 GAAP 方法下,由于所有资产与负债反映的是银行最初的购买成本,因而利率变动对资产、负债和资本的账面价值不会产生任何影响,即资产负债表保持不变。然而,在市场价值净值的基础上,抵押贷款的价值和证券投资的价值会随着利率变动而变动。利率上升,使它们的市值远远低于其资产负债表中所体现的账面价值。因此,资本账面价值法无法确认利率风险的影响。利率变动时,银行是否拥有足够的资本用于应付银行风险敞口,GAAP 方法不是最理想的衡量指标。

(二)市值资本

市值资本(MVC)是指商业银行所有资产负债表中的资产、负债和资本的价值是以当期市场价格记值的。资本的市场价值用公式表示为:

银行资本市值=银行资产市值(MVA)－银行负债市值(MVL)

每日银行市值资本的近似值为:

市值资本=当期每股未偿股票的市价×发行并未偿的股份数额

从银行资本市值公式来看,用 MVC 衡量的银行资本量是一个多变的数据。对于股票交易活跃的银行来说,银行资本量随着股票交易的活跃而每日都发生变化;对于股票交易不活跃的银行来说,银行资本量的测算极为困难,因为股票交易不活跃难以建立一个真实市值,无法反映银行在经济上是否具有清偿力。

根据市场价值确认银行资本量的关键在于银行资产与负债都是以其真实市值衡量的。因为真实市值反映了银行对于抵御破产风险所拥有的真正的保护额,意味着银行在经济上具有清偿力,存款人将更好地测量银行是否拥有足够的可售抵押品来支持存款,并由此就哪家银行能够接受存款业务作出理性的选择。即便该银行此时进行破产清算,存款人和监管当局也都不会承担任何破产成本。

1. MVC 对信贷风险的确认

MVC 对信贷风险作出准确的确认。假设由于经济环境发生了变化,如经济衰退,贷款客户的现金流就会出现问题,不能按时偿还贷款,当期或预期未来各项贷款现金流减少使银行贷款组合市值下降,这样银行必然会修正资产负债表,造成资产组合市值的损失。但资产市值的损失是由股东来承担的,存款人的利益受到了保护。因为存款人有优先求偿权,股东首先承担资产组合的损失。如果贷款和证券投资出现了重大损失使得银行丧失了清偿能力,或银行净值为负数,存款人的利益也会受到损害,但损害的程度较轻,因为存款保险保护了存款人利益。因此,用MVC 衡量银行资本量只能反映其经济上的清偿力,而并不能真实反映银行的清偿力。这也就是监管当局关注银行资本充足率,以资本充足率为依据评价银行的无力偿债风险以及确定存款保险保费的原因。

2. MVC 对市场风险的确认

MVC 对市场风险作出准确的确认。市场利率变动使得银行资产负债表中资产与负债都会受到影响,给银行资产价值造成的损失首先由股东承担,作为银行资产优先求偿的债权人不会受到影响。如果利率上升,银行固定利率证券投资和贷款的市值下降,浮动利率贷款和证券投资可以重新定价,其市值影响较小。

MVC 对银行的净值和清偿能力作出了经济上的准确反映。当信贷风险和利率风险导致银行资产市值的损失由银行权益资本来冲销时,其债权人的利益几乎不存在损失。只要银行权益资本足够大,债权人就能避免遭受无力偿债风险,即便银行净值为零而被管理当局关闭时,债权人和承担担保的监管机构都不会承担损失。为此,有许多学者认为,银行应采用市值资本法和资本清算的市场价值原则来评估银行资本适度。

3. 关于 MVC 方法的争论

关于 MVC 方法,学术界存在着截然相反的观点。首先,反对者认为,市值资本法难以实施,尤其对于规模较小的银行和非上市大银行来说,很难准确确定银行资产负债表中的资产、负债和资本的市场价值,以 MVC 方法估算银行资本是错误的。赞成者认为,市值资本法并不要求所有资产与负债都进行交易,对非交易性资产市值估价与在市场交易中定价出现偏离很小,只要用当期或预期的资产与负债的现金流以及适当的贴现率就可以确定。其次,反对者认为,当未发生的资本收益和亏损反映到利润表中时会给银行的收益带来一定程度的不必要的变动,进而影响银行净值。如果银行将贷款和证券投资持有到期满,那么,报告未发生的资本损益是不正确的。事实上,在许多情况下,银行都会将贷款和证券投资持有到期满,因而实际上几乎不存在资本损益情况。此外,利率临时性变动,使原先的证券损失转为证券收益,也给银行净值带来不利的影响。赞成者认为,现代商业银行业务的综合化和创新化,使得银行越来越多地将资产用于交易、出售和证券化,而不是持有到期满;而且银行不能反映利率变动引起的资本损益,意味着银行的资本头寸无法反映其真实的利率风险敞口。最后,反对者认为,如果较长期限的资产必须不断地按市场价值来反映不断变化的信贷质量和利率,则银行宁愿不承担这样较长期限的资产风险,其结果会削弱银行作为信用中介的职能,加剧信贷危机。

另外,用市值法代替账面价值法也不被监管机构所青睐。因为:首先银行股权的经济价值计算起来比较困难。由于各家银行对资产具有的特殊知识或资讯造成银行资产在公开市场无法交易。在信息不对称的情况下,市场投资者不愿意购买银行资产,因此多数银行资产的市场价值无法通过市场得到准确反映。其次银行股票波动性太大,不宜作为衡量银行资本的尺度。

在 20 世纪 90 年代初,用 MVC 测算银行资本量是一个特别敏感和引起争论的话题,反对者的声音引起了银行监管当局的注意,因此将监管资本准则(RCP)作为评价银行资本充足度的重要指标。

(三) RCP 资本

各国银行监管当局根据《巴塞尔协议》(Basle Agreement)对银行资本的确认标准,并结合本国银行的实际情况,制定了测算银行资本量的方法,即 RCP 法。用公式表示为:

银行资本＝股东权益＋优先股＋损失准备金＋长期证券等

有关这方面内容我们将在下一节详细讨论。

(四) 经济资本

经济资本的大小取决于银行净资产价值变化的分布情况,它是衡量银行风险的有效工具。通常采用以 VaR(value at risk)为基础的风险衡量方法来计算银行面临风险时所需要的经济资本。

1. 经济资本对信贷风险的确认

信贷风险主要是指银行在贷款中出现的预期损失(expected losses,简称 EL)和非预期损失(unexpected losses,简称 UL)。预期损失是指银行在信贷过程中,会预期在一定时间内发生某种程度的损失。这部分损失通过预先计提损失准备金来弥补。对于非预期损失可用经济资本来吸收或缓冲。经济资本的需求量就是银行资产组合的非预期损失分布状态(UL_p)同选定资信水平下的资本乘数(CM)的乘积,即经济资本＝$UL_p \times CM$。

2. 经济资本对市场风险的确认

因利率或汇率的变化引起的非预期所导致的损失,造成银行表内外资产价值的降低,可以用经济资本来确认。市场风险所需要的经济资本就是在一个年度内,且在一定置信水平下，为了保证银行的偿付能力所需要的资本数量。

第三节　《巴塞尔协议》

一、《巴塞尔协议》的产生

1974 年，德国赫斯塔特银行与美国富兰克林银行等国际银行相继破产，极大地震惊了国际金融界，促使人们注意到银行监管需要更多的国际合作。根据 1975 年 2 月英格兰银行总裁理查森建议，在国际清算银行发起下，在瑞士巴塞尔创立了一个银行监督常设委员会，全称为"国际清算银行对银行进行管理和监督常设委员会"。该委员会主席由英格兰银行的银行业务监督处主任库克担任。因此该委员会也称为"库克委员会"或称为"巴塞尔委员会"。这个委员会成员由十国集团加上瑞士和卢森堡组成。根据"库克委员会"提议，1975 年 9 月 26 日产生了第一个银行国际监督条例，即《对银行的外国机构的监督》。1975 年 12 月 10 日，十国集团和瑞士中央银行批准了这个文件，将其称为第一个《巴塞尔协议》，然后在 1983 年对第一个《巴塞尔协议》进行修改，通过了第二个《巴塞尔协议》，即对银行国外机构监督的原则。

为了加强银行资本的保护作用，促进国际银行体系的健康和稳定发展，消除国际银行在国际金融市场上不平等的竞争条件，1987 年 12 月 10 日，"库克委员会"在瑞士巴塞尔召开了"国际清算银行对银行进行管制和监督常设委员会"会议，会议通过了第三个《巴塞尔协议》，并在 1988 年 7 月达成了最终协议文本，即《关于统一国际银行的资本衡量和资本标准的协议》，简称《巴塞尔协议》。其主要宗旨是通过制定资本对信用风险资产的比例和确定最低资本比率的办法来加强国际银行的稳定。

虽然协议中的规定只适用于从事国际银行业务的各国商业银行，作为衡量其资本与风险资产是否合格的标准，但由于《巴塞尔协议》的权威性和对银行风险管理的重要性，使得 1988 年通过并于 1993 年 1 月 1 日全面实施的《巴塞尔协议》成为各国银行业资本管理监督的标准。

《巴塞尔协议》产生的原因：一是国际金融市场的动荡，使得银行风险资产出现了恶化的趋势，资本与风险资产难以匹配。二是金融创新使银行表外业务风险加大。原来采用表外锁定表内风险策略，因市场风险难以预测，使得表内业务与表外业务匹配较困难，暴露表外风险，导致资本准备不足。三是进入 20 世纪 80 年代金融危机逐步国际化，以及国际银行间的关系日益密切和复杂，形成了一个错综复杂的国际金融链条。一旦某个国际业务较大的银行出现流动性危机或破产，势必波及链条中的所有银行。因此，金融危机的国际化也使得各国银行监管机构意识到防范国际银行风险迫在眉睫。四是国际银行业的规模扩张改变了国际银行业的格局。1990年，日本银行业为了应对日本经济泡沫破灭对银行的影响，纷纷采取走出去的战略。日本银行大规模的海外扩张引起英、美银业的不安。

二、《巴塞尔协议》的基本内容

（一）划分了银行资本构成

《巴塞尔协议》将银行总资本划分为两大类，即核心资本（第一类资本）和附属资本（第二类资本）。要求国际活跃性商业银行必须在1993年1月1日达到总资本与总风险加权资产的最低比率为8%，即：

$$银行总资本＝核心资本＋附属资本$$

$$总资本比率＝\frac{核心资本＋附属资本}{总风险加权资产}\times100\%\geqslant8\%$$

总资本中核心资本部分最低比率规定：

$$核心资本比率＝\frac{核心资本}{总风险加权资产}\times100\%\geqslant4\%$$

（二）规定了银行风险资产权数

根据银行资产所承受的风险程度将其划分为不同风险资产和相应的风险权数，然后进行加权得出总风险加权资产。详见表5-1与表5-2。

根据表中资产和金融工具的种类及相应的权数和换算系数就可以计算出银行资产负债表内外总风险加权资产。总风险加权资产为：

$$\frac{总\ 风\ 险}{加权资产}＝\frac{表\ 内}{资产额}\times\frac{风\ 险}{权\ 数}＋\frac{表\ 外}{资产额}\times\frac{信用换}{算系数}\times\frac{表内相应性质}{资产的风险权数}$$

表5-1　银行资产负债表内资产项目的风险权数

风险权数（%）	资　产　种　类
0	现金、以本国货币定值的国库券和中央银行票据、对OECD国家的政府和中央银行的债权、用OECD国家的政府和中央银行的债权作担保、用OECD国家的政府提供担保的债权
20	同业存款、托收中现金、政府担保贷款、由政府债券抵押贷款、对多边发展银行（如亚洲开放银行）的债权以及由它们担保贷款等
50	住宅抵押贷款、抵押贷款担保证券、地方政府债券
100	对工商企业贷款、期限1年以上的对境外银行的债权、对房地产、设备和其他固定资产投资

表 5-2   银行资产负债表外项目的信用风险换算系数

换算系数(%)	金 融 工 具
0	未动用的,到期限在1年以内的或可在任何时候无条件取消的承诺
20	商业信用证等自我清偿并与贸易有联系的或有业务
50	与交易相关的或有业务,如履约担保书、投标保证书、认股权证
100	直接信贷替代品、备用信用证以及有追索权的资产出售

三、《巴塞尔新资本协议》

(一)《巴塞尔新资本协议》的产生

尽管 1993 年实施的《巴塞尔协议》对国际银行业监管和银行经营管理产生了重要作用和影响。但随着世界经济发展和国际金融市场风险的加大,旧《巴塞尔协议》已不适应国际银行业监管的需要。在此背景下,1998 年,巴塞尔银行监管委员会决定对资本协议作全面修改。1999 年 6 月,提出了《巴塞尔新资本协议》草案第一稿,2001 年 1 月公布了第二稿,2003 年 4 月公布了第三稿,2004 年 6 月 24 日完成新资本协议文本并对外公布,要求于 2007 年 1 月 1 日在十国集团内开始实施。新资本协议反映了当今银行先进的风险管理技术和监管理念与实践,代表了资本监管的大方向。新资本协议的核心内容是全面提高风险管理水平,即准确地识别、计量和控制风险。坚持以风险为主的监管战略,是各国监管当局总结出的一条重要经验。

新资本协议虽未改变 8% 的最低资本比率要求,但它调整了银行各类风险的计量,大幅度修改了信用风险的处理方法,明确提出了将操作风险纳入资本监管范畴,并分别为计算信用风险和操作风险规定了三种方法。最主要的创新之一,就是提出计算信用风险的内部评级法。新资本协议强调,银行要评估各类风险总体所需的资本;监管当局要对银行的评估进行检查及采取适当措施;公开的信息披露的重要性,要使市场参与者掌握有关银行的风险轮廓和资本水平的信息。

(二)《巴塞尔新资本协议》的基本内容

新资本协议由三大支柱组成:第一支柱为最低资本要求,第二支柱为监管当局的监督检查,第三支柱为市场纪律。三大支柱的内容概括如下。

1. 第一支柱:最低资本要求

资本要求有如下表达式:

$$资本充足率(CA)=\frac{总资本要求(TCR)}{总风险加权资产(TRMA)}\geqslant 8\%$$

$$总风险加权资产(TRMA)=信用加权资产(CRMA)+市场风险资本要求(CRMR)\times12.5+$$
$$操作风险资本要求(CROR)\times12.5$$

因此,银行总资本要求$(TCR)=(CRMA+CRMR\times12.5+CROR\times12.5)\times CA$。

显然,市场风险与操作风险最低资本要求是按照 8% 的倒数换算成相应风险资产要求的资本金。

新资本协议中资本要求 8% 的最低比率保持不变,所修改的内容反映在对风险资产的界定方面,即修改反映计量银行各类风险的计量方法。计量风险加权资产的几种新方法,将完善银行对风险的评估,从而使计算出的资本要求更有意义。新资本协议对风险加权资产的修改主要表现在两个方面:一是大幅度地修改了对老资本协议信用风险的处理方法;二是明确提出将操作风险纳入资本监管的范畴,即操作风险将作为银行资本要求分母的一部分。在上述两个方面,《新资本协议》的主要创新表现在分别为计算信用风险和操作风险规定了三种方法,并允许银行和监管当局选择它们认为最符合银行业务发展水平及金融市场状况的一种或几种方法。如表 5-3 所示。

表 5-3 处理信用风险和操作风险的三种主要方法

信 用 风 险	操 作 风 险
标准法	基本指标法
内部评级初级法	标准法
内部评级高级法	高级计量法

(1) 信用风险标准法。标准法规定了各国监管当局决定银行是否采用外部评级所应遵守的原则。然而,使用外部评级计量公司贷款仅作为新资本协议下的一项备选方法。若不采用外部评级,标准法规定在绝大多数情况下,风险权数为 100%,相当于在老资本协议下资本要求为 8%。标准法的一项重大创新是将逾期贷款的风险权数规定为 150%,除非针对该类贷款银行已经计量了达到一定比例的专项准备。标准法另一个重要内容是扩大了标准法银行可使用的抵押、担保和信用衍生产品的范围。新资本协议将这类工具统称为信用风险缓释工具(credit risk mitigates)。在经合组织国家债券的基础上,标准法扩大了合格抵押品的范围,使其包括了绝大多数金融产品,并在考虑抵押工具市场风险的同时,规定了计算资本下调幅度的几种方法。此外,标准法还扩大了合格担保人的范围,使其包括符合一定外部评级条件的各类公司。标准法还包括对零售风险暴露的特殊处理方法。相对老资本协议而言,对住房抵押贷款和其他一些零售业务的风险权数作了

下调,其结果是低于未评级公司贷款的风险权数。

(2)内部评级法(IRB)。新资本协议最主要创新之一,就是提出了计算信用风险的 IRB 法。该法包括两种形式:一是 IRB 法,二是 IRB 高级法。IRB 法与标准法的根本不同在于,银行对重大风险要素的内部估计值将作为计算资本的主要参数。该法以银行自己的内部评级为基础,有可能大幅度提高资本监管的风险敏感度。然而,IRB 法并不允许银行自己决定计算资本要求的全面内容。相反,风险权数及资本要求的确定要同时考虑银行提供的数量指标和巴塞尔委员会确定的一些公式或风险权数函数,可将银行的指标转化为资本要求。公式建立在现代风险管理技术之上,涉及了数理统计及对风险的量化分析。目前,采用该法是在建立反映今天复杂程度极高的大银行风险有效评估体系方面迈出的重要的一步。

(3)证券化。新资本协议对证券化的处理方法作了明确规定,而老资本协议对证券化无明确规定。证券化的作用在于银行将与信贷风险相关的所有权或风险转移给了第三方。从这一角度看,证券化有助于实施风险的多样化,提高金融稳定性。新资本协议对证券化提出了完善的处理方法,否则,新资本协议将会使资本套利有机可乘。因为某些形式的证券化可使银行在符合老资本协议要求的情况下,避免持有与所在风险相适应的资本。为解决这一问题,在决定标准法和 IRB 法合适的资本要求时,新资本协议要求银行重视证券化交易的经济本质。

(4)操作风险。操作风险是银行面对的一项重要风险,银行应为抵御操作风险造成的损失安排资本。在新资本协议的框架下,操作风险的定义是:由不完善或由问题的内部程序、人员及系统或外部事件所造成损失的风险。为此,巴塞尔委员会制定了新资本监管方法。同处理信用风险的方法一样,巴塞尔委员会参考发展迅速的银行内部评估技术,力求为银行进一步开发这类技术提供帮助,而且从广义上讲,促进银行不断提高操作风险的管理水平。操作风险的管理方法仍在不断发展,但是近期内不可能达到准确量化信用风险和市场风险的程度。然而,将操作风险纳入第一支柱十分必要,以便确保银行有足够的积极性继续开发计量操作风险的各类手段,确保银行为抵御操作风险持有足够的资本。若不将操作风险纳入新资本协议的资本要求,将会降低银行的积极性,减少业内应对操作风险而投入的资源。在高级计量法(AMA)中,只要方法既全面又系统,银行可采用自己的方法来评估操作风险。因此,对 AMA 规定的具体标准及要求很少,目的是为今后的发展留有足够的空间。

2. 第二支柱:监管当局的监督检查

新资本协议第二支柱建立在一些重要的指导原则上,各项原则都强调银行要评估各类风险总体所需的资本。监管当局要对银行的评估进行检查及采取适当的措施。对风险的判断和资本充足率的考核仅作为衡量银行是否符合最低资本要求的标准是远远不够的。因此,新资本协议提出的监管当局的监督检查强调了银行和监管当局都应提高风险评估的能力。任何形式的资本充足率框架,包括更具前瞻性的新资本协议,在一定程度上都落后于银行不断变化的风险轮廓,特别要考虑到这些银行充分利用新出现的各种业务机遇。因此,这就需要监管当局对银行的监督检查给予充分的重视。

3. 第三支柱:市场纪律

市场纪律是最低的资本要求和监管当局的监督检查的补充,力求鼓励市场纪律发挥作用,其手段是制定一套信息披露规定,使市场参与者掌握有关银行的风险轮廓和资本水平的信息。由于新资本协议允许银行使用内部计量方法计算资本要求,公开的信息披露则十分重要。通过强化信息披露来强化市场纪律。市场纪律对帮助银行和监管当局管理风险、提高稳定性有很大的好处。监管当局在要求银行满足信息披露方面,可包括对于保持安全性和监管要求的公开信息披露以及在监管报表中必须披露的信息。

我国原打算暂不实施新资本协议,仍继续执行 1988 年的老协议。原因是:新资本协议主要考虑的是十国集团成员国的国际活跃银行的需要,并且是在十国集团成员国内部通过谈判达成一致的。如果我国 2007 年 1 月 1 日实施新资本协议只能在很小程度上提高银行资本监管的风险敏感度,但同时会提高我国整个银行业的资本要求。从全球范围来看,新资本协议有可能对发展中国家的资本流动产生一定的负面影响,会使我国银行业处于不利的竞争地位,特别是对我国银行海外的分支机构的经营产生影响,而这种影响不仅仅来自市场压力。

但是随着 2007 年新资本协议在发达国家和新兴市场国家的实施,使我国银行业面临着不公平的国际竞争环境。这种环境不利于我国银行业的规范化和国际化,不利于我国银行商业化和国有大银行摆脱政策性业务的干扰,无法促使我国银行监管方式和手段的转变,难以提高我国银行风险管理水平。特别是 2008 年 9 月爆发的全球性金融危机,给我国实体经济造成了重大影响。尽管没有影响到我国银行业,但我国银行 90% 的金融交易与我国实体经济密不可分,使得我国政府充分认识到,银行风险防范与管理已经到了刻不容缓的地步,无法回避新资本协议对我国银行未来发展的市场约束。在此情况下,2008 年年底,我国政府决定对有国际业务和国外分支机构的商业银行实施新资本协议,并于 2009 年 8 月 3 日我国银监会公布了对商业银行实施新资本协议相关指引意见,要求在 2011 年 1 月 1 日正式实施。

(三)新资本协议对银行业的影响

新资本协议对银行业的影响主要有如下几方面。

1. 执行成本极高

新资本协议实质上要求银行准确评估并量化其各项活动的风险。这些风险包括股票价格波动剧烈使它们已经签订的合约的价值下降，以及电脑可能瘫痪或员工操作失误的风险。一旦量化，这些风险评估都必须纳入所有的决策，以确保银行有足够的资本来弥补可能发生的损失。对许多银行来说，遵守新资本协议不仅要求彻底改变管理文化，而且要花费巨资安装能够收集并处理为评估其风险所需要的大量数据的电脑系统。由于新资本协议执行的复杂性，意味着银行要付出极高的代价，即资本基础。

2. 银行业面临市场的考验

新资本协议要求银行最大限度地透明化并执行市场纪律，否则它们将会受到严厉的市场惩罚。挑剔的客户会抛弃它们，而转向遵守新资本协议的竞争对手。随着它们股票价格和信用等级的下降，它们的资本费用将会上升。一国监管当局可以决定不在本国市场执行新资本协议，但无法阻止市场这样做。如果一国银行都不执行新资本协议，那么，银行的信用等级必然下降，这将影响一国银行业的国际竞争力和国际业务的发展。

3. 将会掀起新一轮银行业兼并收购浪潮

银行业最终会执行新资本协议并无别的选择。根据国际清算银行的统计，执行新资本协议的开支，即使对最大的国际银行来说，也将高达其今后 4 年每年技术与经营总预算的 7.5%，对发展中国家的银行来说，这笔开支接近今后 6 年每年该项总预算的 15%，还有随后的大量保养费用。根据麦肯锡公司对一家典型的发展中国家银行的研究，全面执行新资本协议将要求该银行增加 45% 的资本。其结果是出现新一轮银行兼并浪潮，通过银行合并来分担开支和保持竞争优势。

第四节 商业银行融资管理

商业银行融资管理的目的是如何测算银行资本成本以及选择充实资本的方式，即增加内部资本或外部资本。

一、资本成本分析

资本成本是指商业银行为筹集和使用资金而付出的代价。资本成本有多种计量方法。在比较各种筹资方式中，使用个别资本成本，如优先股成本、普通股成本和债券成本；在进行资本架构决策时，使用加权平均资本成本；在进行追加筹资决策时,则使用边际资本成本。

(一) 个别资本成本

1. 优先股成本

商业银行优先股所支付的股息是固定的,且税后利润支付。优先股成本率的计算公式为:

$$K_P = \frac{D}{P \times (1-F)} \times 100\% \tag{5.1}$$

式中:K_P 表示优先股成本率;D 表示优先股年利息;P 表示优先股发行价格;F 表示筹集优先股的平均费用率。

2. 普通股成本

商业银行普通股所支付的股息是不固定的,是随着银行业绩的变化而变化,它的股息是税后利润所得。普通股成本率还必须考虑预期股息增长率。普通股成本率的计算公式为:

$$K_C = \left[\frac{D}{P \times (1-F)} + g \right] \times 100\% \tag{5.2}$$

式中:K_C 表示普通股成本率;D 表示当前普通股年股息;P 表示普通股发行价格;F 表示筹集普通股的平均费用率;g 表示预期普通股股息年增长率。

例如,假设某银行发行普通股的价格为 50 美元,每股股息预计为 5 美元,每股筹集费用为 3%,预计股息每年增长为 2%,则该普通股成本率为:

$$K_C = \left[\frac{5}{50 \times (1-0.03)} + 0.02 \right] \times 100\% = 12.31\%$$

3. 债券成本

商业银行发行长期债券通常按照事先规定的面值和利率支付利息,且利息计入营业成本,这实际上是税前开支,起到免税的作用,这是与股本股息应计入营业成本的主要区别。因此在计算债券成本时,就要把债券成本换算为税后成本,并加以比较。

按照一次还本、分期付息的方式,债券成本的计算公式为:

$$K_B = \frac{I \times (1-T)}{B \times (1-F)} \times 100\% \tag{5.3}$$

式中:K_B 表示债券成本率;I 表示债券年利息;T 表示所得税;F 表示筹集债券的平均费用率;B 表示债券筹资额。

例如,假设某银行发行金额为 1 000 万美元的 10 年期债券,利率为 12%,发行

费用率为 5%，所得税为 33%，则该债券成本率为：

$$K_B = \frac{1\,000 \times 12\% \times (1-33\%)}{1\,000 \times (1-5\%)} \times 100\% = 8.46\%$$

公式(5.3)没有考虑货币的时间价值。如果考虑货币的时间价值，应根据现金流计算债券的成本。

（1）税前债券成本的计算公式为：

$$B \times (1-F) = \sum_{t=1}^{n} \frac{I_t}{(1+K)^t} + \frac{P}{(1+K)^n} \tag{5.4}$$

式中：K 表示所得税前的债券成本率；P 表示第 n 年年末应偿付的本金。

（2）所得税之后的债券成本的计算公式为：

$$K_T = K \times (1-T) \tag{5.5}$$

式中：K_T 表示所得税之后的债券成本率。

（二）加权平均资本成本

由于各种因素和条件的限制，银行不可能只从资本成本低的来源途径筹集资本，而是通过多种途径筹集资本，以降低资本成本。银行在多渠道筹集资本时，通常采用加权平均资本成本来计算资本的总成本。其计算公式为：

$$K_w = \sum_{i=1}^{n} K_i \times W_i \tag{5.6}$$

式中：K_w 表示加权平均资本成本；K_i 表示第 i 种个别资本成本；W_i 表示第 i 种个别资本占总资本的权数。

例如，假设某银行筹集资本为 5 000 万美元，其中：长期债券为 1 000 万美元，成本为 8.46%；普通股为 3 000 万美元，成本为 12.31%；优先股为 1 000 万美元，成本为 10.31%。该银行的加权平均资本成本为：

$$K_w = 8.46\% \times \frac{1\,000}{5\,000} + 12.31\% \times \frac{3\,000}{5\,000} + 10.31\% \times \frac{1\,000}{5\,000} = 11.14\%$$

（三）边际资本成本

边际资本成本是指银行增加最后一个单位资本所支付的成本。商业银行并不是无限度增加资本，随着资本的增加并超过一定限额，则资本成本就会迅速上升。因此，商业银行在追加资本时，需要知道当资本增加多少时将会引起怎样的资本成本率的变化，这就需要采用边际资本成本的计算方法。其计算公式为：

$$MKC=\frac{新增股息或利息＋新增其他费用}{新增资本金} \tag{5.7}$$

例如,假设某银行准备以发行长期债券追加资本,每一单位长期债券的利息成本为 5.4％,其他费用为 3％,则该银行的边际资本成本为 8.4％。

二、内部融资管理

内部融资是指银行将自身留存而未分配给股东的利润转化为资本。内部融资主要是通过利润留存,增加各种准备金以及将未分配利润通过红股的方式增加资本。

从内部筹集资本来看,最大的优势是不必依赖金融市场筹集资金。它的好处在于:不仅成本最低,而且不会稀释现有股东的所有权和控制权。但银行通过内部融资增加资本的不足之处在于:首先,资金来源有限,仅是银行留存的利润,难以满足银行因业务发展需要对资本的要求;其次,当银行向股东派发的股利减少时,将引起股东的不满,导致银行股票价格下跌;最后,内部融资还会受到市场利率和经济状况波动的影响,这是银行管理者所无法控制的。对大多数中小银行来讲,由于它们进入证券市场较难,且筹集成本较高,故银行资本来源主要依靠内部融资。

(一) 内部融资支持银行资产增长的限制因素

1. 银行资本充足度

银行资本要求越低,银行留存支持其资产增长就越高。这是由于资本充足率越低,释放出来的资本可支持更多的资产增长;反之,如果资本充足率增高,将会减少内部资本支持的资产增长。因此,监管当局对银行适度资本的要求,在一定程度上减缓了内部资本对银行资产增长的速度。

2. 银行创造的净利润

银行的净利润对内部资本支持资产增长产生直接的影响。如果银行某一年的净利润增加,留存也会相应增加,就会同比例支持银行资产的增长。因此,净利润增加为银行资产增长提供了资本基础。

3. 净利润中提留的数额

银行从净利润中提取多少留存取决于银行股利政策。股利政策体现当年实现的利润中。股利政策是由银行董事会决定的。董事会在制定股利政策时,一般要考虑的因素是:

(1) 将股东投资收益最大化放在首位。如果银行股东投资收益率与其他风险性投资的收益率相同,则会吸引更多的新股东,这为银行外部融资创造了条件。

（2）银行流动性的需要。如果大量的利润用于股利派发可能会对银行流动性产生一定的影响，银行为保持其流动性不得不付出较高的代价。

（3）稳定银行股票价格，维护银行声誉。如果银行股票因为股利政策引起股票价格大幅度下跌，则会影响市场参与者对银行的信心。

（4）外部融资的难易程度。如果银行能方便地通过外部融资增加资本，则应尽量满足现有股东的愿望，不必保留大量的留存。

（二）内部资本增长模型

影响银行董事会对留存比率和股利支付比率作出决策的一个关键因素是：银行资产以多快的速度增长，才能使银行资本充足率不受侵蚀。下面的公式将有助于回答这些问题：

$$\frac{\text{内部资本}}{\text{增长率}} = \frac{\text{权益}}{\text{收益率}} \times \frac{\text{留存}}{\text{比率}} = \frac{\text{净利润}}{\text{权益资本}} \times \frac{\text{留存利润}}{\text{净利润}} = ROE \times (1-D)$$

由于权益收益率＝销售利润率×资产收入率×杠杆乘数，即：

$$ROE = PM \times AY \times LM$$

则上述公式可改写为：

$$\frac{\text{内部资本}}{\text{增长率}} = \frac{\text{销售}}{\text{利润率}} \times \frac{\text{资产}}{\text{收入率}} \times \frac{\text{杠杆}}{\text{乘数}} \times \frac{\text{留存}}{\text{比率}} = PM \times AY \times LM \times (1-D) \tag{5.8}$$

式中：ROE 表示权益资本收益率；PM 表示销售利润率，或净利润与营业总收入之比；LM 表示杠杆乘数，或总资产与总权益资本之比；AY 表示资产收入率，营业总收入与总资产之比；D 表示银行税后净利润中的红利支付比率，$1-D$ 表示银行留存比率。

上述公式表明，要实现内部资本持续增长，必须通过较高的销售利润率、资产收入率和财务杠杆来取得。假设银行每年预期实现的权益收益率为 10%，预计每年的股利分配为税后利润的 50%，则银行内部资本增长率为 5%，这样银行资产增长率也相应增长 5%。由此可见，内部资本增长率直接决定了银行风险资产增长率。

（三）戴维·贝勒可持续增长模型

保持银行可持续增长，内部融资是极其重要的。如果银行认为股利分配政策不会对银行股票价格产生显著的影响，那么，银行会减少股利分配，增加银行留存，利用低成本资本来源支持资产扩张；反之，如果银行认为股利分配政策会对银行股票价格产生显著的负面影响，那么，银行会增加股利分配，在更高的价格上增发普

通股来增加权益资本支持资产扩张。由内部融资支持银行资产的年增长率,可用戴维·贝勒可持续增长模型来说明。该模型为:

$$SGR = \frac{ROA \times (1-D)}{R - ROA \times (1-D)} \tag{5.9}$$

式中:SGR 表示可持续增长率;R 表示权益资本比率,或总权益资本与总资产比率;ROA 表示资产收益率。

由于 $ROE = ROA \times LM$,$ROE = PM \times AY \times LM$,则可得出以下银行资产可持续增长模型。这些模型为:

$$SGR = \frac{ROE \times (1-D)}{1 - ROE \times (1-D)}$$

$$SGR = \frac{PM \times AY \times LM \times (1-D)}{1 - PM \times AY \times LM \times (1-D)}$$

$$SGR = \frac{PM \times AY \times (1-D)}{R - PM \times AY \times (1-D)} \tag{5.10}$$

三、外部融资管理

20 世纪 90 年代,西方国家和新兴市场国家都相继取消了对银行经营业务范围的限制,而 1999 年克林顿签署了《美国现代金融服务法案》并开始实施,加快了美国商业银行业务的综合化和产品创新化。国际活跃性银行全球性扩张,内部融资已不能满足其资本需求,只能通过外部融资来满足银行发展对资本的需求。外部融资是指银行采用发行普通股股票、优先股和长期债券的方式,从金融市场上获取资本以满足银行发展对资本的需求。

(一)外部最优融资方案的决策

从外部获取银行资本最大的优势在于:资金来源充足且途径多样化,银行选择适当的融资方式,就可以满足其资产持续增长。但外部融资风险高,资本获得取决于银行在金融市场上的影响力以及所处金融市场是否有效。银行选择外部最优融资方案的决策时,应考虑的因素是:

(1)不同融资方式的相对成本,如利息成本、承销费用和管制监督。

(2)对现有股东权利的影响。如果股权融资影响到现有股东对银行的所有权和控制权,影响到权益收益,则势必造成银行股票价格下跌,对银行声誉可能会产生影响,不利于银行未来的发展。

(3)每种融资方式的相对风险以及对银行流动性风险敞口的影响。如果外部融资导致银行贷款质量下降,那么存贷比例上升,将会影响银行流动性风险敞口的控制。

(4)进入资本市场的难易程度和资本市场有效性,以及对银行外部融资数量和结构的管理规定等。

(二)不同融资方式的选择

1.发行普通股股票

持有普通股的投资者是银行最基本的股东,是银行的所有者,拥有银行的管理权和控制权。因此,一般在新银行组建或改制时,银行通常发行普通股股票,或者银行急需额外资本时,才选择普通股股票的发行。因为普通股股票除了能给银行带来较高的资本稳定性外,其有明显的缺陷:普通股股票发行,使现有股东面临着更大的风险,如新股东加入将稀释现有股东的控制权,在短时间内会导致银行股票价格的下跌,降低财务杠杆乘数,影响股东收益权。因此,普通股的大量发行,不仅遭到现有股东的强烈反对,而且因财务杠杆乘数的下降,将导致银行经营效率下降。此外,普通股股票的承销费用最高。

银行在确定选择发行普通股股票时,应考虑以下两个因素:

(1)银行可采用其他外部融资的可能性和灵活性。对于大多数规模较小的银行来讲,很难采取长期债券和优先股等方式来筹集资本。因为它们发行这两种证券面临着市场可销性问题,以及市场参与者对规模较小的银行所发行的债券和优先股缺乏兴趣,有可能导致发行失败。同时,管制规定也使规模较小的银行难以发行这两种证券,发行成本不一定比普通股低。规模较小的银行通过发行普通股,可以迅速扩充资本,支持其资产增长,取得规模经济效益。

规模较大的银行容易发行长期债券和优先股。因为规模较大的银行具有较高的声誉,市场参与者对其发行证券有较高的认同度。它们发行的长期债券和优先股往往会形成一个独立的市场,能够得到机构投资者的青睐。它们购买长期债券可以减免所得税,购买优先股可以免除公司税。如美国规定机构投资者购买优先股可以免除70%的公司税。由于证券信用等级与银行规模有密切的关系,规模越大的银行所发行的证券很容易得到市场认可。另外,规模较大的银行其内部资本增长与风险资产增长基本匹配,而外部股权融资反而对其带来不利的影响。因此,规模较大的银行通常选择发行长期债券和优先股的方式来筹集资本。

例如,我国工商银行在2006年10月27日因改制发行了H股和A股,近3年没有再发行普通股。原因是:工商银行是我国规模最大的商业银行,近3年的内部资本增长与风险资产增长基本匹配,核心资本充足率保持在10%以上,基本没有下降,如果进行普通股再融资,必然会降低财务杠杆乘数,经营效率下降,影响市场参与者对它的信心。但上海浦东发展银行几乎每年都要通过股权融资来维持资本充足率监管要求，因为它的规模较小，且业务单一，内部资本增长难以满足其风险资产的高速增长，导致核心资本充足率下降。

（2）不同方式的外部资本来源对银行产生的后果。普通股发行会削弱现有股东的控制权以及每股未来收益，债券发行尽管也会降低银行总资本杠杆乘数，但对股东的控制权没有任何影响，反而提高了每股未来的收益。从这个角度看，大银行一般不轻易发行普通股，而选择债券或优先股的方式来满足其资本的要求。例如，汇丰、花旗等这些国际性大银行除非面临着巨大的资本损耗，一般情形下很少进行股权融资，通常采用发行长期次级债券和优先股等债务资本方式来补充资本金。

2. 优先股

相对于普通股而言，优先股作为资本来源的优势在于：一是不会稀释现有股东对银行的控制权；二是在融资成本不超过银行股本收益的前提下，可以减轻每股收益的稀释程度，通常会增加每股未来收益；三是通过发行优先股提高银行权益资本杠杆乘数，支持银行可持续发展。

优先股的缺陷在于：削弱收益分配的灵活性，因其股息固定，不能随着银行收益的变化而变化，在银行收益减少的情况下，会加重银行财务负担。

3. 长期债务工具

银行发行长期债务工具，如长期次级债券等，即便不能作为银行核心资本，但可以作为核心资本的重要补充，也是一种稳定的资金来源。

与权益资本相比，它的优势在于：一是成本较低，不仅不会稀释现有股东的权益，而且能提高每股未来的收益；二是税前支付利息并计入营业成本，降低银行赋税负担。

与存款相比，它的优势在于：一是长期次级债券无需交纳存款准备金和不需要参加存款保险公司的保险，降低了银行经营成本；二是它的到期日是固定的，银行通过合理的流动性安排控制流动性风险。尽管长期次级债券成本较高，但银行可以将其投资于长期的、更高的盈利性资产，提高银行盈利能力。

长期债务工具的缺点在于：一是由于长期债务工具并非是银行权益资本，对它补充资本作用受到监管的限制，同时它的发行规模受到银行核心资本的限制。例如，我国规定长期次级债券作为附属资本不得超过核心资本的25％。依据《巴塞尔协议》的规定，在衡量银行资本时，不考虑债务资本。二是对利率敏感性高。在市场利率变动的情况下，偿付的成本也发生变动，可能会给银行带来经营风险，如成本的波动加大了银行流动性风险。三是支付利息的固定，可能影响银行利润分配的灵活性。因此，商业银行为了保持财务的灵活性，应将债务资本限定在法定限额之内，即债务资本不应超过核心资本的50％。

（三）外部融资下的银行可持续增长模型

银行通过经营效率的提高,保留更多的未分配利润支持银行资产可持续增长是最理想的方式。但银行为了维持目标增长率而减少分红,低成本追求资产扩张会对银行股票价格产生负面影响。然而,在银行经营效率提高的情况下,投资者将会要求更高的投资回报,因此,减少分红或股利政策既定不变是不现实的。银行要维持资本比率不变,实现预期目标增长率,必然会增加外部资本。在保持资本比率不变时,则要求:

$$R = \frac{E}{A} = \frac{\Delta E + E}{\Delta A + A} \tag{5.11}$$

因 $\Delta E = (A + \Delta A) \times ROA \times (1 - D) + E_m$, $\Delta A = SGR \times A$, $E = R \times A$,故公式(5.11)变为:

$$R = \frac{R \times A + (A + SGR \times A) \times ROA \times (1 - D) + E_m}{A + SGR \times A} \tag{5.12}$$

将公式(5.12)化简整理后得出:

$$SGR = \frac{ROA \times (1 - D) + \Delta E_m \div A}{R - ROA \times (1 - D)} \tag{5.13}$$

式中:A 表示期初资产总额;E 表示期初权益资本总额;E_m 表示新筹集的权益资本;Δ 表示期初与下一期之间变量的增量。

根据公式(5.10),有以下外部融资下的银行可持续增长模型。这些模型为:

$$SGR = \frac{ROE \times (1 - D) + \Delta E_m \div A}{1 - ROE \times (1 - D)}$$

$$SGR = \frac{PM \times AY \times LM \times (1 - D) + \Delta E_m \div A}{1 - PM \times AY \times LM \times (1 - D)}$$

$$SGR = \frac{PM \times AY \times (1 - D) + \Delta E_m \div A}{R - PM \times AY \times (1 - D)} \tag{5.14}$$

公式(5.13)和公式(5.14)是在内部与外部融资下的银行资产可持续增长率的计算公式。可持续增长模型的最大优点在于:计算简单,银行很容易知道银行资产每年的可持续增长率,并将其与实际增长率进行比较。如果发现两者出现较大的偏差,就可以提醒银行及时修正银行资产增长的预期目标值,及时采取措施提高银行管理能力、调整资本结构,从而较好地起到预警作用,发挥资本对银行发展的支持,以及资本对银行风险的缓冲作用。因此,在银行资本管理效率方面,可持续增长模型为决策控制过程提供了一个综合的工具。

第五节 案例分析

【案例5-1】 三种外部资本来源比较

一、背景情况

美国 A 银行 2007 年税前资产收益率为 1%,所得税为 34%,银行现有资产为 5 亿美元,资本为 3 000 万美元,监管当局认为银行应当再筹集 500 万美元资本。现有资本 100 万股的面值为 10 美元的股票和 2 000 万美元的盈余、未分配利润和各种准备金。假定银行筹集资本可通过以下三种途径:① 以每股 30 美元销售 166 667 股。② 销售 500 万美元的优先股,股息分配率为 8%。③ 销售 500 万美元的利率为 10% 的债务工具。无论通过何种途径,其结果是资产变为 5.05 亿美元,资本金变为 3 500 万美元。如表 5-4 所示。

表 5-4 采用各种资本筹集方式所产生的收益

金额单位:美元

项 目	现 有 资 本	来自普通股增资	来自优先股增资	来自债务增资
现有资本收益				
资产收益(1%)	5 000 000	5 050 000	5 050 000	5 050 000
减:利息	0	0	0	500 000
税前收益	5 000 000	5 050 000	5 050 000	4 550 000
减:税(34%)	1 700 000	1 717 000	1 717 000	1 547 000
税后收益	3 300 000	3 333 000	3 333 000	3 003 000
减:优先股息	0	0	400 000	0
普通股净收益	3 300 000	3 333 000	2 933 000	3 003 000
除以普通股股数	1 000 000	1 166 667	1 000 000	1 000 000
每股收益	3.30	2.86	2.93	3.00
新增资本收益				
资产收益(1%)	5 750 000	5 800 000	5 800 000	5 800 000
减:利息	0	0	0	500 000

（续表）

项　　　目	现 有 资 本	来自普通股增资	来自优先股增资	来自债务增资
税前收益	5 750 000	5 800 000	5 800 000	5 300 000
减：税（34％）	1 955 000	1 972 000	1 972 000	1 802 000
税后收益	3 795 000	3 828 000	3 828 000	3 498 000
减：优先股息	0	0	400 000	0
普通股净收益	3 795 000	3 828 000	3 428 000	3 498 000
除以普通股股数	1 000 000	1 166 667	1 000 000	1 000 000
每股收益	3.80	3.28	3.43	3.50

二、分析

　　表 5-4 说明通过三种途径融资，每股收益被稀释的情况。与普通股相比，优先股和债务资本可以减轻每股收益的稀释。由于优先股 8％ 的股息不能作为营业成本而免税，因而债务资本比优先股更有优势，它们都可以发挥资本充足率的作用。

　　表 5-4 的第二部分说明如果银行资产增长了 7 500 万美元会产生什么样的结果，为新资产提供资金的新资本的收益很高，即新资本通过普通股筹集每股收益从 2.86％ 上升到 3.28％。当然，如果不增加资本，银行每股收益更高，而银行资本充足率下降，所承担的风险也将增大。

本章基本概念

　　资本　普通股　优先股　资本公积金　留存盈余　次级债券　损失准备金
巴塞尔协议　核心资本　附属资本　资本充足率　风险资产　经济资本　账面价值　预期损失　内部融资　外部融资　非预期损失

本 章 思 考 题

1. 简述银行的资本构成与作用。
2. 衡量银行资本规模的方法有哪些？它们对银行风险确认有何不同？

3. 简述银行资本适度原理。

4.《巴塞尔新资本协议》对银行业的意义有哪些?

5. 比较内部融资与外部融资的途径。

6. 什么是戴维·贝勒模型? 决定银行可持续发展的因素是什么?

7. 结合《巴塞尔新资本协议》的规则,谈谈如何加强我国银行业的资本管理。

第 六 章

商业银行负债管理

商业银行作为信用中介,其业务主要由资产与负债两大部分组成,其中负债是商业银行生存和发展的前提与基础。负债的规模制约着商业银行资产的规模,负债的成本制约着商业银行收益水平,负债的稳定与波动制约着商业银行流动性。负债管理是指商业银行在既定风险水平下,以合理价格取得所需资金,并对其负债及结构进行有效配置和调节,从而为商业银行创造良好的经济效益。

第一节 商业银行负债类型及管理意义

一、存款种类及构成

存款是商业银行最古老、最基础的业务之一,是商业银行资产负债表中独特的一项,它的规模和结构制约着商业银行的生存和发展,对商业银行流动性产生重要的影响。因此,研究商业银行的存款来源和构成显得十分必要。

商业银行存款的种类很多,但按银行存款服务种类来划分,主要有活期存款、储蓄存款、定期存款和其他存款四大类。

(一)活期存款

活期存款(current account)又称交易存款。它是存款客户在提取或支付时不需预先通知银行的存款。活期存款的最大特点是约定期限不固定,可随时存取,不支付利息,可凭支票或其他方式在需要时随时使用。由于活期存款不支付利息,用于支票转账和非现金结算,因此它是商业银行最廉价的资金来源,是商业银行信用创造的基础。各国法律明确规定,只有商业银行才能接受活期存款。可以说,提供活期存款业务是商业银行的"专利"。然而,随着活期存款交易费用的不断上升,如支票结算费用等,使得活期存款的管理成本居高不下,已接近储蓄存款成本。尤其是公众对现金时间价值的认识不断提高,使得银行对活期存款的管理变得日益复杂。

随着利率市场化和金融市场的不断完善,银行加大了存款品种的创新力度,创造出了更具竞争力的活期存款产品,如可转让支付命令账户(negotiable order of withdrawal accounts,简称 NOW)、货币市场存款账户(money market deposit accounts,简称 MMDAs)、超级可转让支付命令账户(super NOWs,简称 SNOWs)、协定账户和特种支票存款账户等。

1. 可转让支付命令账户

可转让支付命令账户(NOW)又称付息活期存款。它是 20 世纪 70 年代后期由美国新英格兰州的储蓄银行首先推出的混合支票存款账户。NOW 账户是一种付息的新型支票账户,银行可以在客户预先通知的情况下,满足客户的提取或支付需要。由于预先通知很少被执行,实际上该种账户具有支票账户的功能,对商品和劳务的购买进行支付。当该账户出现透支时,银行将通过自动转账系统,自动从客户的储蓄账户转移到支票账户,以弥补透支。银行对支票账户支付的利息实际上等于对储蓄账户支付的利息。1980 年,美国出台了《存款机构放松管制法案》之后,全美的商业银行都可以设立 NOW 账户。

2. 货币市场存款账户

货币市场存款账户(MMDAs)是活期存款与定期存款的混合产品。MMDAs的出现是商业银行抗衡非银行金融机构推出的货币市场基金的结果。

自从 1982 年允许银行设立 MMDAs 以来,它的发展速度很快,大多数银行对此账户都设有最低存款额度限制,一般日平均余额不低于 2 500 美元,利率的支付也与存款金额大小有关,并且根据货币市场指数每周调整一次,所以利率高低是吸引客户的首要因素。但是,由于存款的保险以及与其他银行间进行转账的方便性影响了银行的竞争力,到 2000 年,MMDAs、NOW 和 SNOWs 合并为单一的一个账户。

3. 超级可转让支付命令账户

超级可转让支付命令账户(SNOWs)。SNOWs 是在 NOW 基础上派生出来的,它是 NOW 的延伸。SNOWs 与 NOW 的区别在于:它不存在利率上限的规定,银行可依据货币市场利率变动而每周调整其利率水平;同时法律对其起存额、业务活动都没有限制。目前美联储统计时,通常将 NOW 划为活期存款账户,而将SNOWs 划为储蓄存款账户。

4. 协定账户

协定账户是一种可在活期存款账户、NOW 和 MMDAs 三者之间自动转账的账户。银行开设协定账户，活期存款和 NOW 有最低金额的限制，当其所规定的最低金额不足时，银行有权将存款从 MMDAs 转入前两种账户以保持最低限额。当然，银行也可将超出的存款划入 MMDAs，使客户获取较高的利息收入。

5. 特种支票存款账户

特种支票存款账户是一种没有最低金额限制的规定，只有当客户使用支票取款时，才交纳一定费用，但不附带透支功能的账户。因此，这种账户又称支票存款账户。这种账户的开设方便了一些信用较差的客户。

目前，我国银行开办的活期存款账户是付息的，活期账户种类较多，如支票账户、信用证、结算账户和信用卡等。利息的计算方法采用积数计息法，即每次存款余额乘以存期得出积数，积数之和乘以日利率就是银行应支付的活期存款利息。从 2003 年 9 月 1 日起，我国将正式实施《关于人民币银行结算管理办法》。该办法规定，存款客户的账户分为储蓄账户和结算账户。前者主要是客户进行活期储蓄，仅限于办理现金存取业务，不得办理转账结算业务；后者专门用于个人投资，与银行发生转账、借贷等业务，如水、电、煤、偿还按揭贷款、证券投资和透支消费等。结算账户一般通过电子银行、电话银行以及网上银行来完成有关的业务，无需到银行柜台办理。而储蓄账户的存取要通过自助银行和银行柜台办理。

我国对活期存款账户实施"两本账"模式，其实这是我国银行在账户管理模式上与国际接轨的表现。在国外，这种区分账户的银行管理方式已经占据主流地位。例如，美国居民一般都有三个账户：支票账户、理财账户和信用卡账户，其中理财账户类似于我国的储蓄账户，用于活期存款和定期存款；支票账户和信用卡账户类似于我国结算账户。我国之所以实施这样的账户管理模式，目的在于加强税收管理，为今后存款业务实行差别服务建立基础，如存款收取服务费，对反不正当金融交易、反洗钱等金融犯罪都会起到积极的作用。

（二）储蓄存款

储蓄存款（saving deposits）是指存款客户在银行设立的存款账户。银行需要向存款客户支付利息，且没有最低存款限额及到期期限的要求，客户不能直接开出支票，但客户可以根据需要提取现金或将存款转入其他账户。可见，储蓄存款是一种没有固定期限和存款金额的付息的存款账户。

由于储蓄存款不能开出支票且期限要求灵活，它的交易和管理费用比活期存款低，银行支付的利息低于定期存款。因此，储蓄存款是银行所有资金来源中成本最低而且流动性要求也较低的产品。

客户储蓄存款的数据通常存于银行电脑系统,存单上载明有关交易记录和余额,客户可以从存单或银行定期寄送的报单上知晓自己的余额和交易明细收支。在自动出纳机(ATM)迅速普及的今天,银行办理储蓄存款的收付趋于自动化。

储蓄存款创新的品种主要有自动转账服务账户、股金汇票账户和个人退休金账户。自动转账服务账户是指通过电话银行和自助银行可以在活期存款账户和储蓄存款账户之间进行存款转换,这种混合储蓄存款账户的创新,既方便了客户兑付支票,又为支票账户带来利息收入。股金汇票账户是为逃避利率管制的一种创新,客户可以像签发支票那样开出汇票取现和转账。在未提现前,该账户属于储蓄存款账户,可获取利息。一旦需要支付或提现,可随时开出汇票支付命令书,通知银行支付。个人退休金账户为未参加"职工退休计划"的工薪阶层提供了便利。因为存款客户退休后收入减少,可享受取款时最低纳税。

(三) 定期存款

定期存款(time deposits)是指有预定的到期日付息的存款。它与储蓄存款最大的区别在于期限固定,如到期日前提取要承担利息损失。定期存款的期限少则7天,长则几年。一般常见的期限多数为 3 个月、6 个月、9 个月和 1 年不等。

由于定期存款期限固定,利息高于储蓄存款,客户为了免于罚息通常不会提前支取,因此定期存款是银行所有存款资金来源中最稳定的资金,银行所承担的流动性要求较低,且管理成本最低,但银行所支付的利息成本最高。银行可利用定期存款来支持长期贷款和投资,获取更高的收益。

定期存单创新品种最有名的是 10 万美元以上的可转让大额定期存单(negotiable certificates of deposit,简称 CD)。CD 是由美国花旗银行于 1962 年创新的产品,它是商业银行逃避当时存款利率管制("Q"字条例)和存款准备金规定("D"字条例)的手段,也是商业银行为了对付因市场利率上升而导致其资金来源下降的反应。CD 与传统的定期存单相比,存在着流通市场,具有较高的流动性,而且 CD 不记名,便于转让流通,没有利率限制,到期时间一般为 14~270 天不等。CD 从某种角度看,与其说它是一种存款,不如说它是一种借款。传统的定期存单的另两个创新品种是 10 万美元以上的定期存单和 10 万美元以下的定期存单。前者特点是它不存在利率限制,不可转让,到期日可固定也可有一定弹性,个人、企业和政府都可办理此类存款账户;后者可以是不同期限的各种储蓄存款、个人退休金账户、各种公众定期存款、混合存款,这些存款账户都没有利率限制,也没有规模限制。

(四) 其他存款

其他存款主要包括经纪人存款、财政存款和同业存款等。

1. 经纪人存款

经纪人存款是指银行从中介机构吸收的定期存款。由于1982年7月，美国明尼广场银行倒闭事件，迫使联邦政府对大银行进行一次清查，让具有偿付能力的银行兼并一些偿付能力较差的银行，这样导致存款人的风险上升，便出现了存款经纪人。它的职责在于从客户利益出发为客户进行有保障的存款。

在存款市场上，经纪人将寻求有保障存款的存款人与寻求低成本资金的银行联系起来。经纪人通过电子转账系统将大额资金存入不同的银行（低于10万美元），这样就会使每一份存款资金得到全额保险。此外，存款经纪人也可以将小额存款资金集中起来购买可转让定期存单，从而增加小额存款人的收益。

经纪人存款开辟了银行流动性管理的新的资金来源，特别是对一些缺少发达分支机构网络的银行，这种新的工具为它们提供了新的资金来源。但是，经纪人存款加剧了存款市场上的竞争，增加了银行经营风险。一些银行为了吸引经纪人存款，被迫向经纪人存款支付很高的利率，为弥补这些额外的成本，银行将从事高风险的贷款和投资，这无疑会恶化其财务状况。此外，经纪人存款为取得全额保险，将大额存款资金分拆存入不同的银行，增加了存款保险公司的赔付额，最终会威胁它的安全。

2. 财政存款

财政存款是指政府财政收入的存款资金。由于财政存款数额巨大，银行纷纷采取竞价的方式获取此类存款资金。有时政府要求银行竞价，以便获得最高的利率。

3. 同业存款

大部分同业存款都是银行为获得代理行的金融服务费收入而设立，如支票清算、国际结算、投资咨询等，只有少部分作为存款，支付利息。

二、借款种类及构成

银行的资金来源主要是存款，只有存款来源不足，难以满足银行流动性需求，才考虑选择借款。在通常情况下，银行很少向市场借入资金。因为借款成本高于存款成本，且有较多的监管限制，不能用于贷款和投资。银行最主要的借款方式是同业借款和证券回购，其他借款方式还有向中央银行再贷款、票据再贴现、发行CD、境外借款以及结算性负债和表外融资等。

（一）同业借款

同业借款是指银行间的短期借款。它主要用于银行临时性流动性需求，满足日常资金周转的需要,如为满足法定存款准备金的要求,或为清算和购买国库券等。这种借款通常期限为1天,故有"今日货币"之称。同业借款利率及其运行成本较低,无需抵押,融资对象、金额和时间均较为灵活,一家银行只要通过银行间电子转移网络即可完成一笔同业拆借的交易。

在银行间同业市场上通常有三种借款协定。

1. 隔夜借款

隔夜借款一般为口头协议,没有书面协议,交易双方经过电话协商,资金次日偿还,无需抵押。

2. 定期借款

定期借款通常是以书面协议的方式借入期限为几天甚至几个月的同业资金。如果借方的信用比较可疑,则贷方会要求借方以政府债券抵押,直到借款偿还为止。

3. 可续借款

可续借款是指每日自动周转,直到借贷双方中任何一方要求终止的一种行为。大多数可续借款发生在中小银行与它们的大代理行之间,代理行自动将准备金划入中小银行的存款账户。

(二) 回购协议

回购协议(repurchase agreement)是指银行按照约定的价格出售高质量、高流动的资产,如政府债券等。同时双方商定,在将来某一特定时间以略高的价格将其购回。回购协议是银行以债券作为抵押向另一个银行提出的短期贷款。

回购协议是一种非常安全的贷款。对借款行来说,因债券抵押而获得了低成本融资。一般来说,债券本身并不发生物质上的转移,只不过在回购协议上规定,借款人对所抵押的债券有优先受偿权。回购协议利息成本的计算公式为:

$$\text{回购协议利息成本} = \text{借入资金量} \times \text{当期回购协议利率} \times \frac{\text{回购协议期限}}{360 \, \text{天}} \tag{6.1}$$

由于银行支付的回购协议利息较低,且回购资金在使用上不受任何限制,银行用它发放贷款就可以获取较高利息。银行青睐回购协议方式借款的原因在于:首先,回购协议是银行负债管理有效的工具。因回购协议的期限弹性较大,又有不同的回购协议品种,非常适合银行负债流动性管理的需要。其次,回购协议无需交纳存款准备金以及高质量证券抵押,这就使得回购协议利息成本低于同业拆借。再次,回购协议的供应方众多,如银行、非银行机构以及政府等,这使得回购协议资金供给弹性较大,银行容易得到低成本的资金来源。最后,大银行可以通过回购协议出售其流动性较低的资产,如贷款出售等,获取长期资金支持资产增长。

（三）中央银行融资

商业银行向中央银行融资主要通过两种途径，即再贴现和再贷款。再贴现是指商业银行将已贴现、但未到期的商业票据向中央银行申请贴现的一种融资方式。中央银行出于货币政策方面的考虑，对商业银行再贴现有严格的限制，如对所贴现票据的质量、种类和期限的审查等，所以商业银行通过再贴现取得资金一般都无把握。再贷款是指商业银行直接向中央银行取得贷款的一种融资方式。再贷款的限制条件比再贴现更严格，中央银行一般只满足商业银行季节性和紧急性的贷款要求。

（四）境外借款

境外借款是指商业银行在境外市场上通过发行定期存单或票据所取得的境外资金来源。商业银行从境外市场上融资的好处在于：不必受国内金融当局在利率、准备金、税收等方面的诸多管制和借款机制灵活；不利之处是：筹资风险高于国内借款，对银行的要求较高，只有实力雄厚、资信颇佳以及管理经验丰富的国际活跃大银行才具备向境外市场借款的能力。

三、其他负债来源

（一）结算性负债

结算性负债是指因结算方面的需要，代理行在银行货币存款和结算过程中的在途资金。在一定时期内，这部分资金可构成银行负债。

（二）表外融资

表外融资是指银行通过资产证券化、贷款出售和发行信贷担保等所筹集的资金来源。有关这方面内容，我们将在表外业务中详细讨论，这里不再赘述。

四、负债管理的意义

商业银行负债业务健全和发展的关键在于负债管理。有效的负债管理，一方面以尽可能低的成本获取所需的资金，为银行的盈利目标奠定基础；另一方面避免过多购入资金，减少因应付负债提取而对大量流动性资产的需求，维护银行流动性。因此，负债管理具有以下多方面的含义和功能。

（一）拓展存款来源，保持负债潜力

存款资金是商业银行的核心负债，具有较高的稳定性。银行竭尽全力挖掘潜在的存款市场，通过产品创新、服务手段的提高和营销策略的改善等措施，尽可能更多地占有存款市场份额，为银行的资产运作提供资金基础。

（二）建立合理负债结构，提高存款稳定性

合理的负债结构是指银行根据不同的资金来源特性与资产业务的资金需求相匹配，这样就会减少为应付负债提取而保留大量的流动性资产，有利于实现银行流动性和盈利性的平衡。因此，银行负债管理目标之一，就是要建立合理的负债结构，对长期存款和短期存款进行适当的期限结构搭配，不能因利息成本高的原因，过分追求短期存款而忽视长期存款。银行要认真分析存款客户的行为，以便掌握存款的易变性，使存款客户的需求与资产结构相匹配，保持存款资金的稳定性。

（三）发挥负债杠杆作用

对负债的充分利用就是要看有多少存款用于银行资产的需求，即负债效率的高低，它会影响银行流动性和盈利性的实现。商业银行要实现这两个目标就要充分发挥银行的经济功能，提高短期存款的沉淀率，扩大银行存贷利差。根据经济环境和国家相关的金融政策，掌握资产运作的最佳点和数量，充分利用货币资金的时间价值，寻找良好的项目，强化银行盈利性。

（四）降低负债成本，防范负债风险

一般来说，资金成本越低，越容易遭受流动性风险；反之，成本越高，流动性风险越低。负债成本与负债风险如图 6-1 所示。银行要合理选择负债来源与结构，降

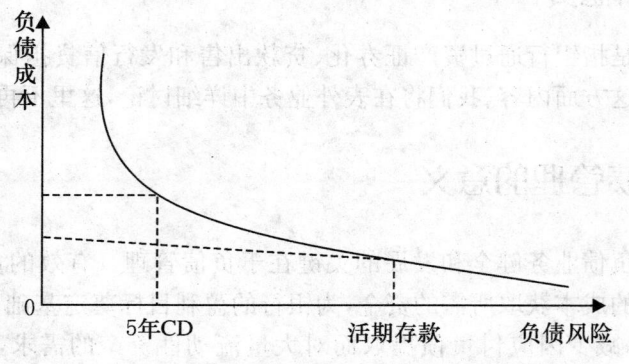

图 6-1 负债成本与负债风险之间的关系

低负债成本,控制负债风险,尽量减少对借款的依赖性;否则,一旦存款客户对银行失去信心,就有可能引发存款挤兑和贷款人拒绝对借款资金的展期,导致银行流动性危机。

第二节　商业银行存款管理

一、影响银行存款增长的因素

存款是商业银行的被动型负债,商业银行只有充分认识到哪些因素影响着它的存款规模的增长,才能采取相应的策略,提高银行存款规模。

(一)经济发展水平

一般来说,一国经济发展水平越高,居民可支配收入越高,企业经营规模和状况越好,全社会资金就越充裕,这就为银行存款来源奠定了基础。根据宏观经济理论,储蓄是居民可支配收入的增函数,居民可支配收入越高,居民储蓄倾向就越大,银行存款水平就会上升。企业经营状况越好,就越能为银行带来大量的企业存款和结算存款,也为银行资金营运创造了条件;同时大量的贷款和投资又为银行创造了数额可观的派生存款。因此,经济发展水平的高低直接影响着银行存款的来源。

(二)管理当局的有关法规政策

管理当局的相关法规政策影响着银行存款水平的提高。例如,法定存款准备金率和再贴现率的提高会减少社会货币供应量,使银行存款水平自然下降。对存款利率的限制,银行无法通过利率手段扩大存款规模。管理当局对银行服务范围的限制以及对非法经营活动的严厉惩罚等,都会影响银行存款的数量。

(三)人们的信用意识

商业银行所从事的经营活动是以借贷为主的信用活动,这种信用活动是以公众对信用的需求为基础的。人们的信用意识越强,对银行信用的需求就会越旺盛;反之,就会导致银行信用需求的不足。因此,一旦人们提高了信用意识,就会重视货币的时间价值,就会委托银行理财,这样就将提高银行的存款水平,同时也有利于银行加快资金使用效率,降低现金资产流动性需求,加速银行经营的流动性。

(四)银行服务和产品质量

银行金融服务产品的多样化以及质量的提高,会吸引大量的存款客户,吸收更多的存款。服务产品的多样化,可以满足客户的不同需求和偏好,稳定客户的来源。银行在存款营销方面,以客户为中心而提高服务质量和产品多样化则是银行存款水平增长的关键所在。

(五)银行声誉与规模

客户信用意识的提高,对银行服务提出了更高的要求。客户选择银行的首要标准是看银行声誉和资信等级如何,特别是银行大客户,更注重银行的规模和资信等级。因此,只有规模大、资信佳的银行才能够满足客户多方面的需求,为银行带来更多的存款。同时,银行资产规模越大,就会有更多的分支机构和储蓄网点,这些都会增加银行存款。

(六)地理位置和人口状况

银行通常设立在经济发达、人口众多、交通发达和通信便利的地区,因为这种地区集中了大量的各种资源,为银行存贷业务的开展创造了良好的环境。如果在此地区开展经营活动,都会给银行带来大量存款。

二、存款成本与控制模式

(一)存款成本分析

存款成本主要由银行吸收存款而支付的利息及与其相关的营业成本构成。对存款成本的分析,主要研究存款成本的变动原因和计算净利息差。

1. 存款成本

商业银行吸收存款成本率有资金成本率和可用资金成本率两种计算公式。它们的计算公式分别为:

$$资金成本率 = \frac{利息成本 + 营业成本}{吸收的全部存款资金} \times 100\%$$

$$可用资金成本率 = \frac{利息成本 + 营业成本}{吸收的全部存款资金 - 准备金} \times 100\% \tag{6.2}$$

可用资金成本率比存款资金成本率更能反映银行实际所承担的成本,它是确定银行净利息差的基础,是银行存款成本分析的重点。因为从存款资金中扣除必要的存款准备金后,才能用于贷款和投资。

2. 存款加权平均成本

存款加权平均成本是根据各种存款来源和成本的历史数据通过加权计算出存款资金成本,是银行估算存款成本最常用的方法。其计算公式为:

$$K_w = \sum_{i=1}^{n} K_i \times W_i \qquad (6.3)$$

式中:K_w 表示加权平均存款成本;K_i 表示第 i 种存款成本;W_i 表示第 i 种存款占总存款的权数。

采用加权平均成本方法有助于估算历史的存款成本和评估银行以往的经营业绩,且此方法可用于不同银行的各种存款成本的对比分析。但用它来估算未来吸收存款成本和决定银行盈利资产价格时,有几个不足之处:一是银行的一些非盈利性资产没有考虑进去,如准备金和代理行的存款,而不同的存款来源,其分配在非盈利性资产上的比例也不同,这就需要银行根据成本与收益的变化不断地作出调整;二是存款成本的营业费用是随时发生变化的;三是没有考虑利率变化的因素,在利率变动频繁的经营环境下,采用历史加权平均成本是无法知道盈利性资产价格的。当利率上升时,历史加权平均成本将低于新存款的实际成本,这样以其为基础的固定利率资产收益率就不能弥补成本。因此,采用历史加权平均成本法来估算未来吸收存款成本以及指导银行盈利性资产的定价,很可能会产生误导。

3. 边际成本

所谓边际成本,是指商业银行增加最后一个单位存款资金所支付的成本。其计算公式为:

$$边际存款成本 = \frac{新增利息 + 新增营业费用}{新增存款资金}$$

$$可用资金的边际存款成本 = \frac{新增利息 + 新增营业费用}{新增存款资金 - 准备金} \qquad (6.4)$$

采用边际成本方法来确定盈利性资产价格就可以克服加权平均成本方法的不足。其基本原理是:银行用再增加一个单位资金所需要的成本,来决定将这一个单位资金进行贷款或投资所获得的收益。如果假定银行的资金只有一种存款品种,采用边际成本法评估未来资金成本的变化,以及以它为基础给银行的资产定价,是最简单的方法。在给银行的资产定价时,只要使银行新增加资产的边际收益大于或等于新增加存款的边际成本,银行就可以获得适当的利润,因此知道边际成本也就确定了银行资产的价格。边际成本法的最大好处在于:每项资金来源有不同的边际成本,其边际成本随着市场利率、管理费用和准备金的变化而变化。但这种方法也存在三个问题:一是单一形式增加资金会增加已有资金的风险,因此新增加资金的边际成本需对此作出调整。例如,用储蓄账户吸收资金,银行债务比率上升,其他信用提供者、股东会要求更高的回报率,那么由于其他资金成本上升,导致以储蓄账户吸收的资金的成本也会上升。二是银行很少采用一种资金来源来增加资金,多种途径的资金来源使得银行边际成本计算复杂化,降低了其使用价值。因为银行的存款品种多样化、存取频繁和收付转账,很难精确计算每一种存款品种所花费的营业费用。三是银行存款的边际成本与其资产不存在直接的对应关系,给银行资产定价带来困难。因为银行存款产品多样性,银行的盈利性资产也有多样性,谁也说不清哪一种存款的成本是由哪一种盈利性资产收益来补偿的。无论采用什么账户,存款一旦到了银行都成了货币资金,失去了它原来的本色。在这种无法分辨的"资金池"(funds pool)的基础上而产生的不同盈利性资产,就使人们很难看出它与原来资金来源有何种关系。尤其是银行有的资金成本往往大于某种盈利性资产,如用 CD 存单购买短期国库券,这样以银行存款的最大成本作为银行的边际成本,以资产的最低收益作为银行的边际收益,银行就注定要亏损。

尽管银行边际成本存在着上述三个问题,但银行家们在存款管理实践中采用期限结构、客户结构和品种结构的方法,可以找到资金边际成本与资产边际收益对应关系,以此作为资产选择和定价的依据。

(二)存款成本控制模式

1. 存款结构与成本控制

存款结构不同存款成本的高低也不同。在各项存款利率不变时,长期存款所占存款总量的比例大,必然提高存款总量的利息支付,存款成本增加;反之,则降低存款成本。因此,银行在吸收存款时,应调整存款结构,降低存款成本。同时,银行应尽量通过派生存款机制,扩大存款运用率,达到降低银行存款成本的目的。例如,定期存款的运用会派生出大量的企业结算账户上的低利率存款,使得银行存款成本进一步降低。

2. 存款总量与成本控制

在银行经营实践中,并不是存款数量越多越好。在一定条件下,每一家银行都有一个存款总量适度,超过这个适度,存款的增加就会引起存款成本迅速上升,所增加的存款不仅不能给银行带来利润,还会导致银行亏损。其中的原理可用存款控制模式来说明。见图 6-2。存款控制模式的基本原理是以银行边际成本与边际收益的相交点来决定银行适度存款量的。在图 6-2 中,Q 为存款量;C 为存款成本;AC 为银行存款平均成本;MC 为银行存款边际成本;MR 为银行资产边际收益。

从图 6-2 中可以看出,MR 与 MC 相交点所对应的存款量与其成本是最适度

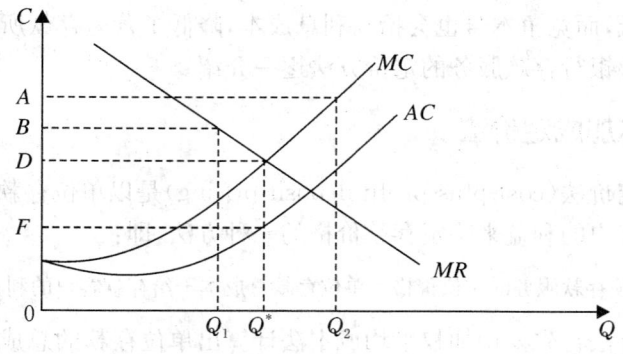

图 6-2　存款控制模式示意图

的存款量 Q^* 和存款成本 D。如果银行存款量为 Q_1 时,则银行的边际收益 MR 大于边际成本 MC,这时银行增加存款引起成本上升,但还可增加银行收益;如果银行存款量为 Q_2 时,则银行的边际收益 MR 小于边际成本 MC,这时银行增加存款只会引起成本上升,不会给银行带来收益。可见,银行存款总量只能是 $MR=MC$ 时相对应的 Q^*,这时银行存款量与成本是最佳的,此时银行支付存款客户的利息为 F,它是由存款量为 Q^* 时的银行存款平均成本决定的。

3. 存款稳定性与成本

银行存款的稳定性可用存款稳定率来衡量。存款稳定率的计算公式为:

$$存款稳定率 = \frac{存款最低余额}{存款平均余额} \times 100\% \tag{6.5}$$

这一公式表明,存款稳定率越高,长期停留在银行存款余额越多,银行存款稳定性越强;反之,银行存款稳定性越差。银行存款稳定性提高,尽管银行支付的利息成本较多,但是由于客户提取频率的减少,可以降低银行的营业费用;同时银行用长期停留的存款发放高收益的贷款与投资,可以降低银行的相对成本。

值得注意的是,我国银行利息成本基本固定,营业费用我国是商业银行存款成本控制的重点。

三、存款定价

存款是银行资金来源最重要的途径,如何为此项服务定价,成为银行负债管理的重中之重,也是银行管理者长期以来左右为难的问题。存款定价策略的目的在于银行能以最低的成本吸收到其所需要的存款量。但这一策略在激烈的存款市场竞争中使得银行陷入进退两难的境地。因为银行吸收存款数量的多少主要取决于存款利息的高低,而竞争本身也会抬高利息成本,降低了营运存款所获得的预期回报。下面就商业银行存款服务的定价方法逐一介绍。

(一)成本加成定价法

成本加成定价法(cost-plus-profit deposit pricing)是以单位存款总成本加上一定比率给存款客户的利益来确定存款价格的一种方法,即:

每项存款服务的单位价格=单位存款总成本+给存款客户的利益

采用此种方法首先要用加权平均成本法计算出单位存款的总成本,然后,根据单位资产盈利状况适当加上一定比率的利润,作为给客户的补偿。成本加成定价法对客户带来一定的吸引力,计算比较方便,便于实际操作。但这种方法的关键是要精确计算单位存款总成本。

(二)边际成本确定存款利率

采用边际成本法而不采用加权平均成本法确定存款利率。原因是:采用边际成本法能更准确地反映存款成本的变化,一旦确定存款边际成本,即可确定存款的利率。因此,银行首先要知道边际成本,然后计算出边际成本率,这样就可以确定存款利率。边际成本和边际成本率的计算公式分别为:

边际成本=新利率×新利率下筹集的资金额-旧利率×旧利率下筹集的资金额

$$边际成本率=\frac{边际成本}{筹集的新增资金额}\times100\%$$ (6.6)

例如,假设银行将新存款利率从7%提高到7.5%,在7.5%下预计存款资金为5 000万美元,在7%下预计存款资金为2 500万美元,则该银行边际成本和边际成本率各分别为:

$$边际成本=7.5\%\times5\,000-7\%\times2\,500=200(万美元)$$

$$边际成本率=\frac{200}{5\,000-2\,500}\times100\%=8\%$$

可见,8%的边际成本率高于7.5%的平均存款利率成本。这是因为银行必须支付7.5%的利率才能吸收5 000万美元的存款,比7%多吸收2 500万美元的存款。如果银行预期的收益率高于8%,则8%作为银行吸收存款的利率成本是可行的。

(三)市场渗透存款定价法

市场渗透存款定价法(market-penetration deposit pricing)是以市场需求为基

础的定价策略。它主要是通过提供高于市场水平的高利率，或者向客户收取低于市场标准的费用的方法来吸引更多的客户，挤出竞争者，从而占领最大的市场份额。银行希望由此获得更多的存款及相应的贷款并投资产生出一个不宽的利润幅度。市场渗透存款定价法一般适合对创新产品或价格敏感的、可薄利多销产品的定价。

市场渗透存款定价法的最大优点在于：有利于银行缩短金融产品投入市场的时间，以便尽快占领市场、扩大市场份额，形成存款规模。但是，用这种方法来达到存款数量的增长取决于银行声誉和资信等级，客户并不会因为银行降低费用、提高利率就会迅速更换开户银行。因为客户决定把存款放在哪家银行不光考虑价格因素，还要考虑其他因素，如方便程度、提供服务和安全等问题。只有客户认同银行的知名度，才会优先考虑价格因素。

(四) 关系定价法

关系定价法(relationship pricing)是根据客户享受的服务数量为存款定价，实际上它是为银行吸引关系密切的最佳客户而制定的一种定价方法。银行对关系客户提供众多服务或减免一部分费用，以便增强关系客户对银行的依赖性，这样可使客户对其他金融机构提供的存款利率和服务费用变动的敏感性降低。

(五) 上层目标定价法

上层目标定价法(upscale target pricing)主要用于高余额、低进出的存款客户。银行利用精心设计的广告方案，向事业有成的专业人员、职业经理人和高收入的家庭提供服务并收取费用，从而获取较高的存款量。

(六) 存款费用安排定价法

存款费用安排定价法(deposit fee schedules pricing)主要是根据客户存款余额保持多少来确定服务费用的方法。如果客户存款余额高于银行规定数额，银行将少收取费用或不收取费用，但低于规定的余额标准，银行将提高服务费用。这种定价方法的好处在于：保持银行存款稳定性，为银行提供存款动态及存款成本的资料，也有利于客户选择存款计划。

四、存款管理策略

存款管理的好坏直接关系到银行提高存款水平、降低存款成本、增加服务费收入，因此，银行应从以下几个方面入手，对存款实施有效的管理。

(一) 以客户为中心,加快存款品种的创新

客户的需求与偏好是银行发展存款业务的内在动力。银行必须研究客户的存款品种需要,了解客户对存款品种需求偏好,这是银行存款品种创新的首要前提。银行要针对客户的存款动机设计相应的存款品种,满足客户真实的需要,扩大银行存款资金来源。

发展新存款品种要重视市场分割和品种差异两种策略。市场分割策略就是存款市场细分。它是将整个市场分割为不同的特定市场,银行将其存款经营、营销和广告宣传的重心都集中在某一特定的市场,设计具有特色的新产品为客户提供最有价值的存款服务,使其潜在客户成为实际客户。这样做的好处是:既可延缓竞争者复制这一新产品的速度,保持足够的时间间隔,又可避免自我限制潜在的市场,防止对扩大市场的消极影响。但这一策略的风险在于:提供特色服务的银行或提供低价服务的银行也可能会瞄准同样的市场客户,并对这些存款客户提供更有吸引力的产品。产品差异策略是努力使自己的新产品实现排他性的标准化,在客户心目中树立起一种独特的形象和产生新的心理感受,以冲淡其他替代品、仿制品和同类产品的影响。因此,银行在创新产品时,应尽可能体现本行的服务特色和经营文化,防止大众化,不能过于苛求标新立异而与客户需求脱节。

(二) 存款利率与服务收费

银行存款水平是其利率的函数,存款利率的高低是制约其存款数量增长的重要因素。存款利率越高,客户的资金就会从其他投资部门流向银行部门,银行存款数量就越多。但是,银行通常不会主动提供利率,通过利率战赢得存款市场份额。这是因为:首先,过高的利率水平会直接提高银行存款的成本,增加银行经营风险。其次,社会存款资金总量在一定时期内是相对不变的,利率的高低只会改变存款资金的重新分配而不改变存款总量。最后,银行稳定关系到国民经济的稳定,管理当局不会容忍利率无限上升,同时银行作为理性经济人,维护银行同业间关系对银行的稳定至关重要,利率战的恶性竞争只会造成两败俱伤,害人害己。因此,银行争夺存款市场主要采取非利率因素,在服务收费方面做文章,争取存款最大化。如开设付息支票账户、适当减少支票结算费用、构建存款费用组合和调整存款结构,以及通过存款派生机制增加结算存款等。

(三) 服务自动化和质量的提高

银行要充分利用先进技术设备,全面实施金融服务自动化,方便客户,提高服

务质量,扩大服务领域,增加银行潜在存款客户。当然,银行的服务并非漫无边际,随心所欲,而是围绕资金运筹的主线而展开。

由于特色化服务与服务质量的提高,银行最有可能获取那部分能够认同这种特色服务价值的存款人市场份额,这些客户也愿意为此付出更高的服务费。因此,银行要定位于某一特定市场群体,开展特色化服务,吸收存款。

(四)保障存款人的利益

对存款客户提供充分的安全保障是银行吸收存款的基本前提。银行要保障存款客户的本金和利息如约偿付并确保无价值损失。例如,不因突发事件导致客户资金无限期冻结,以及银行倒闭破产出现存款不能按时兑现。因此,银行资信水平和在客户心目中的知名度是极其重要的。银行要在业务发展中提高自己的资信水平和知名度。

第三节　商业银行借款管理

一、商业银行借款的特征与意义

(一)银行借款的特征

1. 借款资金在时间和金额上的流动性需求十分明确

与存款相比,借款在时间和金额上都有明确的契约规定。由于存款的余额随时都会发生变化,即便极为稳定的定期存款,也因客户紧急需要而发生提前支取的可能。所以存款形式不同,资金外流的风险也不一样,要准确掌握某一时点的存款对流动性需求较为困难。尽管银行加强对存款的管理,但一些银行仍因吸收存款而带来流动性风险。如银行过多地利用机构存款并产生依赖,市场环境就可能导致机构投资者纷纷提款,使银行陷入流动性危机。而借款的偿付期则有明确规定,银行对于它的流动性在时间和金额上既可预先掌握,又能有计划地加以控制,便于流动性风险管理。

2. 对流动性的需求相对集中

借款渠道决定了借款对象不可能像存款那样分散,每笔借款的平均余额远远高于每笔存款的平均余额,从而决定了它的流动性需求。如果银行不能按时偿付借款,则银行就会因丧失信誉而出现信用危机。因此,借款使银行面临流动性集中,这也是银行负债管理的难点与重点。

3. 较高的利率风险

与存款相比,借款对利率十分敏感且利率高。因借款资金的取得主要在于银行能支付有竞争的利率。市场利率将引起借款供求的变化,一旦市场的资金需求大于资金供给,利率就会上升,而银行这时如果急需借款,必然要支付较高利率,才能取得所需借款。因此,对借款的成本分析和控制是银行借款管理的重要任务之一。

4. 主要用于头寸周转的需求

银行借款的主要用途在于弥补因银行业务发展而出现的资金需求缺口。借款作为主动型负债,是银行出现临时性资金需求时所采用的一种借款弥补方法。这种主动型负债管理方法,有利于更好地利用存款资金,为银行流动性、安全性和盈利性目标的实现提供重要手段。

(二) 银行借款的意义

1. 借款是满足银行流动性需求的重要手段

银行为了实现利润最大化,尽可能将现金资产保持在很低的水平,于是银行出现资金头寸缺口的现象屡见不鲜。为弥补这一缺口,银行通常采用借入资金的做法,这也是现代商业银行负债管理的策略。当银行出现头寸不足时,采用回购协议或同业拆借方式取得所需资金,以弥补头寸不足。这样就满足了银行流动性需求,降低了存款波动的不良影响,也在一定程度上兼顾了银行盈利性的要求。

2. 提高银行资金管理效率

由于借款是银行的主动型负债,它对流动性的需求在时间和金额上又都十分明确,银行可根据流动性、安全性和盈利性平衡的需要,对借款资金的期限和金额进行有效的安排,从而提高银行资金的管理效率。用短期借款满足日常流动性需求,可增加盈利性资产,提高银行整体盈利水平。

3. 长期债务资本可以满足银行对资本的要求

银行发行长期债务工具补充附属资本,既可满足银行资本充足率的要求,又可支持银行资产可持续增长。同时,长期债务工具作为银行长期资金的来源,在一定程度上可纠正日益短期化存款与资产期限的错配,使资金来源与运用在期限上保持匹配,控制流动性风险敞口。因此,长期债务工具是银行调节资产负债结构错配的重要工具。

二、资金需求缺口

银行到底需要多少借款才能满足业务上的需要,这是由银行资金需求缺口决

定的。银行信贷需求与存款之间的差额,即资金需求缺口(funds gap)为:

资金需求缺口＝当前和预期未来的贷款与投资量－当前和预期存款量

例如,银行客户需要贷款为2亿美元,银行自己购买证券需要1亿美元,银行一家关系客户预计将使用信用额度为1亿美元,银行当日存款为2亿美元,预计未来一星期内会有1亿美元的存款,那么,银行在未来一星期内的资金需求缺口为:

资金需求缺口＝(2＋1＋1)－(2＋1)＝1(亿美元)

银行要满足当前客户的信贷需求固然重要,但对未来好的客户或关系户的信贷需求是不能忽视的。因此,银行应在客户分析中估算出适当的资金需求缺口,通过预先借入资金的办法,满足客户的信贷要求。当然,多数银行会为其估算的资金需求缺口留有余地,以备贷款不时之需和防止存款量的突然下降。

三、影响银行借款的因素

尽管借款属于银行主动型负债,但借款成本以及可得性是银行所关注的问题。影响银行借款的因素有以下几个方面。

(一)各种借款资金来源的相对成本

不同的资金来源存在着不同的利率,通常是短期资金来源利率较低,如回购协议、同业拆借和再贴现,期限较长的资金来源利率较高。银行在短期借款时,最好采用回购协议方式,因为它的利率最低,也比较稳定和灵活。同业拆借的最大缺陷在于:利率波动性很大,即便是一个营业日内也会变动数次。再贴现的最大弊端是:限制性法规较多,缺乏灵活性。对于期限较长的资金最好采用回购协议和发行CD等方式。

(二)各种资金来源的风险

资金来源的风险因素主要考虑利率风险和无法借款风险。利率风险是指借款成本的波动率。目前,所有借款利率都是由市场供求关系决定的。一般来说,资金期限越短,利率波动越大,除非弥补隔夜头寸,否则尽量延长借款期限,这样就可以减轻利率风险。无法借款风险是由于信贷市场存在着信息不对称,利率无法出清信贷市场,信贷资金就会出现配置行为。贷款资金的安全性是贷款人首要考虑的问题,而不是利率。贷方往往只贷给信用最好、最忠诚的借方,而不是谁出价高就贷给谁。实践表明,可转让定期存单、商业票据市场对信贷风险尤其敏感。银行应熟悉各种资金来源的风险,以便采用相应对策合理安排资金需求缺口。

（三）借款银行规模与知名度

借款银行的规模直接影响到借款资金的来源。银行规模越大，知名度越高，市场投资者就会认同其发行的债务工具，银行就容易获得低成本的资金来源。规模较小的银行面临着无弹性债务市场，难以销售自己的债务工具，只能求助于贴现窗口和回购市场。

（四）法规方面的限制

管理当局的法规都有限制银行借入资金的数量、频率和使用的规定。例如，美国国民银行法规定，商业票据的期限应至少是 7 天；联储银行对从贴现窗口连续借款加以限制并禁止银行使用这种资金发放贷款。

（五）金融市场的有效性

银行借入资金主要依托金融市场，有效的金融市场增加了银行资金借入的渠道，降低了借入资金的成本，使银行能很容易得到所需的资金。

四、借款管理策略

（一）借款时机的选择

银行如何有效地利用借款，时机选择是一个关键问题：一是银行应根据自身的资产结构及其变动趋势来确定是否采用借款方式。如果银行某一时期内现金资产充裕，有能力应对流动性风险，且市场利率较高，就没有必要借入资金；反之，如果银行有预计贷款和投资的需求，则可通过借款降低现金资产，满足预计贷款和投资的需求。二是银行应根据市场的状况来选择借款时机。当市场利率较低时，可以适当多借入资金；反之，则少借入资金。三是要视货币政策的变化来决定借入资金的程度。如果货币政策偏紧，则银行借款条件严格；反之，则银行借款条件宽松。因为货币政策的变化直接影响市场资金供求状况以及借款条件限制的松紧。一般来说，货币政策紧缩，资金市场供给不足，导致利率上升，向中央银行再贷款与再贴现的成本会很高，对其限制越严格，银行难以通过再贷款与再贴现借入自己所需的资金。

（二）借款规模控制

商业银行的"三性"管理原则是确定借款规模的基本原则，通过借入资金来协调"三性"管理原则，使银行的效用最大化，因此，并非是借款越多，越有利于银行的

"三性"管理原则,因为借款对银行经营成本和流动性管理提出了更高的要求,否则有可能使银行付出高昂的代价以及造成"三性"管理原则的失衡。因此,银行应在权衡"三性"管理原则的基础上,估算适度的借款规模,尽可能通过存款资金支持资产规模的扩张,将借入资金限定在合理的范围内,其目的在于流动性管理。

（三）借款期限结构

银行借款主要是短期资金,长期资金的借入一般是满足资本充足率的需要。就短期资金来说,银行应根据自身的头寸周转状况,合理安排短期资金借入的期限,减少利息支付。如果要满足日常资金头寸的需要,应采用同业拆借的方式。对于期限较长的资金需求可采取回购协议、贴现窗口或发行 CD 等方式。对于长期借款,银行应从未来资产潜在收益角度考虑借入的数量和期限以及从何种途径借入此类资金成本最小。

总之,由于借款资金流动性的集中性以及偿付期限的明确性,决定了银行借款管理不同于存款管理。借款管理的重点是:一要主动掌握借款偿还期限和金额,有计划地将借款到期日和金额分散化,以减轻流动性需求过于集中的压力。二要尽量将借款的期限和金额与存款增长规律相协调,力争利用存款增长来减缓借款的流动性需求。三要合理安排借款结构和规模,避免出现规模过大和结构不合理的现象。四要精确计算借款到期所需的流动性需求,以便预先筹集所需的资金或对资产的安排,以满足借款的流动性需求。

第四节　案例分析

【案例 6-1】　在调整负债结构上做文章

一、背景情况[①]

中国某家商业银行河南省平顶山分行火车站支行坚持以效益为中心,以调整负债结构为突破口,努力降低负债成本,提高经营效益,收到了良好的成效。截至2003 年 5 月底,该行各项存款余额为 169 402 万元,其中活期存款占比 42.16%,存款付息率 3.256%。2002 年,该行实现利息和手续费收入为 15 716 万元,净利润4 449 万元,走在全行前列。该行在调整负债结构、降低负债成本上进行的有益探

---

① 彭建刚:《商业银行管理学》,中国金融出版社 2004 年版,第 49-51 页。

索具有借鉴意义。

(一) 大力发展代理业务,培植新的效益增长点

近年来,该行注重发挥整体功能,充分利用与辖区 800 家企事业单位保持良好的合作关系,强力公关,积极承揽,使火车站支行的各项业务代理呈现良好的势头,为优化负债结构打下坚实的基础。具体的各项代理业务有:① 代发工资业务。代发工资不仅扩大储蓄来源,而且也增加了活期存款。② 积极办理代理水、电、煤业务。该项业务自火车站支行 1992 年开办以来,每年能给银行带来 1 亿元以上的活期存款。③ 代收税费。火车站支行积极抓住税制改革,积极与税务部门联系,以优质服务赢得了税务部门的好评,使得该行对公存款稳步上升。④ 证券代理业务。证券代理业务是该行存款来源新的增长点。在激烈的市场竞争中,经过努力,该行把平顶山两个证券公司的现金代收代付业务争取了过来。

(二) 建立健全激励机制,有效调动员工吸收低成本存款的积极性

火车站支行之所以能在优化负债结构、降低负债成本方面取得显著成绩,是与健全和完善激励机制分不开的。该行建立了储蓄任务承包责任制、存款大户行长负责制、超额任务奖励制、临柜人员把关制、外勤人员包企业制等一系列激励机制,收到了良好的效果。同时,该行大力挖掘新兴业务,如外地注入资金、房改公积金等方面的潜力,不断增加对公存款。

(三) 适应客户需求,不断提高服务水平

实践使火车站支行深刻体会到,客户选择银行关键取决于服务水平和服务质量的优劣,因此该行始终把改进和提高服务水平当作一件大事来抓。具体措施有:① 加强网点建设,创造良好的服务环境。② 采取不同形式,为优质客户服务。它主要包括:向存款大企业派驻代表,完善其内部现金管理,理顺公司与分公司之间的结算,增加对公存款 3 000 多万元;设立专门营业网点,为事业单位的汇票、转账、托收票据等服务,增加对结算存款;延伸计算机终端和提供 24 小时自动存取款机服务,以加快企业资金周转和提供个人存取款的便利,这样既赢得了客户,又增加了存款。③ 坚持上门收取款,满足客户的需求。近 3 年来,该行采取定时、预约、突击的方式上门服务收取款,回笼资金 7 亿元以上。

二、分析

存款工具是银行为客户提供的一种金融产品,客户能在多大程度上接受这一

金融产品主要取决于客户的存款动机。客户存取款,银行通常是被动的,因此,银行要想在存款经营上实现预期目标,就要变被动负债为积极经营,采取一系列营销策略和手段,创新存款工具,占领市场,扩大银行存款市场份额。对个人存款必须重视不同年龄层次对存款利率敏感性,采取适当的利率杠杆吸引对利率敏感的存款客户。对公存款必须坚持以企业服务为中心,创新多样化的存款和结算工具,努力做到以贷引存,存贷结合,既能增加和稳定对公存款,又能通过贷款衍生派生存款和中间业务收入。

本章基本概念

负债 活期存款 定期存款 储蓄存款 借款 CD 回购协议 同业拆借 再贷款 再贴现 成本加成定价法 市场渗透定价法 边际成本定价法 资金需求缺口

本 章 思 考 题

1. 商业银行负债管理的意义是什么?
2. 商业银行应如何吸收存款?
3. 影响存款与借款的因素有哪些?
4. 简述存款与借款管理的要点。
5. 商业银行有哪些存款定价方式?
6. 我国的商业银行应如何优化负债结构?

第 七 章

商业银行贷款管理

贷款是商业银行盈利性资产的核心,也是银行风险管理的重点。商业银行贷款一方面将其筹集的资金发放给企业和个人以带动经济增长,从而扩展银行产品的市场,为其创造营业收入,实现银行价值最大化;另一方面银行也要承担一定程度的风险,一旦借款人无力偿还贷款,银行将承担贷款损失,使银行风险敞口暴露。本章讨论有关贷款管理方面的问题。

第一节　贷款种类与贷款政策

一、贷款种类

(一) 企业贷款

企业贷款一般采用贷款承诺的方式。贷款承诺(loan commitment)是指银行为借款人提供一定的贷款额度,在承诺期间借款人有权在任何时间使用这笔贷款。银行发放贷款承诺在于获取未来贷款需求变化的有关信息。合理安排贷款需求,维护银企关系以及增加表外收入。

根据到期日、担保、利率与其他一些特征,把企业贷款分为短期贷款和定期贷款两类。

1. 短期贷款

银行的企业贷款 50％以上都是短期贷款,即 1 年以内的贷款。这种贷款都是为存货而融资,借款企业销售了存货或收回应收账款后,就可以归还贷款。一些短期贷款是为了满足服务性行业,如工程设计公司的短期资金需求等。

短期贷款信用分析,重点是借款人所提供的计划财务报表,它反映了借款人由于存货销售与应收账款的增加所导致的营运资金需求增加以及预期贷款需求的最大金额、提款时间以及支持贷款的存货数量。

短期贷款十分灵活,在规定的信用限额内,借款人只要按期对实际使用贷款资金支付利息,就可以循环使用贷款本金直到协议期满或银行认为借款人的信用度下降为止。贷款利率一般为固定利率,有时也采用浮动利率。

短期贷款通常是以存货、应收账款或固定资产作担保。由于存货的价值很难确定,银行要特别关注借款人的季节性存货数量增减以及销售后的应收账款的状况。

总的来说,发放短期贷款,银行要充分了解借款人的信用状况,选择适当的担保品以及考虑如何限制贷款限额和收回贷款。

2. 定期贷款

定期贷款是指除消费贷款与不动产贷款之外的期限超过 1 年的企业贷款。通常期限为 2~5 年,贷款利率为浮动利率。这种贷款是为企业固定资产的购买与生产能力的扩张而融资,有时也是为了公司控制权的变更、收购或循环贷款筹集资金。

定期贷款的还款来源是稳定的、长期的企业现金流量。因此,银行在作信用分析时,重点分析借款人的长期财务报表,目的是了解借款人长期的潜在盈利能力。通过长期盈利能力的分析,可以确定借款人销售量、边际收益、资产周转率、直接与间接费用率和未来的发展趋势。对于折旧率很高的固定资产贷款,还要考察在这一资产的寿命内偿还贷款本息的潜力。

定期贷款在有效期限内,是以月或季度分期偿还本息或利息,并且银行要经常了解借款人的偿还能力。定期贷款一般以固定资产作担保,如土地、建筑物的抵押和设备的安全收益等。抵押率是以市场评估的价值为基础。

值得注意的是,随着金融产品的不断创新,金融市场的完善以及银行与非银行金融机构的相互竞争,在银行贷款组合中,企业贷款比重在下降,商业票据融资侵蚀了部分企业贷款的份额。

(二) 不动产贷款

这类贷款用于企业的不动产的购买、开发与建设的融资,期限一般较长,采用浮动利率,如厂房、居民住宅以及其他大型项目的建设等。

因为不动产贷款是以所建所购的不动产作担保抵押以及对利率的波动更加敏

感为特征的,所以银行对这类贷款的信用评估重点是这些贷款项目的未来现金流量以及利率波动对其资产成本的影响。鉴于不动产贷款流动性差、风险高,银行一般通过二级市场将不动产贷款出售或证券化等方式创造出新的流动性来源,以满足银行对这类贷款的需求。

(三) 农业贷款

在银行贷款组合中,农业贷款有明显的政策行为,不完全是纯商业行为,特别是农业地区的银行。因为农业项目边际收益较低,资金需求分散化以及成本较高,并且农业贷款呈现季节性变化,对银行流动性需求构成较大影响,因此银行从事农业贷款往往有政府支持的因素。

(四) 租赁融资

租赁融资是没有实际贷款给企业但却满足了企业对资本设备的需求的一种独特手段。承租企业可取得一种资产使用权,并且在租赁期满时还有购买这种资产的权利。租赁融资在功能上相当于企业贷款的延伸。

由于银行无法直接控制收益性资产的产权,使得银行很难防范定期贷款的风险。然而,银行通过租赁融资的方式就可避免这一贷款风险的产生。

银行租赁融资有直接租赁和杠杆租赁两类。

1. 直接租赁

直接租赁是指银行提供 100% 的融资购买企业所需资产,然后出租给承租企业而收取租金的一种融资方式。直接租赁所购买的资产的产权属于银行,承租企业仅有这一资产的使用权,并且按租赁合同定期支付租金。

2. 杠杆租赁

杠杆租赁是指银行控股公司作为出租人,建立所有权信托,控股公司只提供购买资产的部分资金,其余资金从其他金融机构贷款的一种融资方式。

提供债务资金的金融机构对银行控股公司没有追索权,它们的债务收回依赖于承租企业支付租金的能力与担保品的价值。对银行控股公司来说,杠杆租赁的收益能力取决于租赁资产和税收收益,即投资税减免与加速折旧以及借入资金的利息支付所引起的税收减免,这些利益随着杠杆比率的增加而成倍增大;对于承租企业来说,这些税收利益意味着租金支付的降低。

(五) 消费贷款

消费贷款是指用于个人购买不动产和信用卡等方面的贷款。实践表明,消费贷款通常是一家银行收益最高的贷款之一。例如,美国花旗银行正是通过它在世界上成千上万的分支机构,把越来越多的资金投入到消费者带来的巨额收益之中。截至 2007 年 8 月,美国信用卡贷款的平均收益率为 16％,30 年期的住宅抵押贷款收益率为 7％,而 1 000 万美元以上的企业贷款的平均收益率却只有 1.3％。然而,消费贷款也可能是风险最高的产品之一。因为消费者持有的流动资产和未来现金流量可能因疾病或失业而急剧改变,从而使银行陷入困境。因此,银行应对消费贷款进行谨慎管理,严格控制消费贷款的销售标准。

消费贷款的特点在于:一是银行对消费贷款的信用审查比较容易,采用受托支付方式发放贷款,贷款目的明确,抵押物是贷款所购买的资产。企业贷款通常是融资负责人按照案件进行审查,存在较高的道德风险。二是消费贷款是被银行视为有利可图的"刚性"利率的贷款。即银行对消费贷款的定价往往高于它的融资成本。银行之所以对消费贷款高定价,一方面是因为在银行承销贷款中,每一单位消费贷款成本最高,银行通过高利率进行风险补偿;另一方面是消费者难以同银行在利率方面进行讨价还价。三是消费贷款也是周期敏感性的。当经济高涨时消费者一般对未来持乐观的态度,当经济衰退时消费者对未来持悲观的态度,这就使得消费者分期付款的贷款与消费者持有的流动性资产的比率随着经济周期高涨或衰退而相应地上升或下降。四是消费者在贷款时往往对利率变化相对不敏感,消费者更关注贷款合同中的分期付款金额的多少。五是消费贷款通常采用分期付款的方式偿还贷款的本息,贷款期限风险较小,单独的贷款合同趋同化,容易实现资产证券化。

消费贷款的种类较多,包括家庭住宅抵押贷款、汽车贷款、家庭财产信贷、支票和信用卡透支等。

家庭住宅抵押贷款通常采用分期付款的方式偿还贷款的本息,贷款期限一般为 10～30 年。贷款利率与市场利率挂钩进行同步变动,抵押品是贷款购买的家庭住宅。

汽车贷款是为消费者购买汽车所提供的融资,其抵押品是购买的汽车或银行认可的家庭资产,贷款期限比住宅贷款要低得多,一般为 5～8 年,甚至更短,但利率不一定很低。有时汽车制造商为了促销,采取减免利息方式为消费者融资。

家庭财产信贷是银行为个人提供的循环信贷限额贷款。只要消费者能够充分证明自己的偿还能力,以家庭财产作这种贷款的担保,就可获得银行授信。这种贷款的期限较短,可以循环使用,如银行发行的贷记卡以及其他非抵押贷款。

信用卡是消费贷款中增长速度最快的一部分,通过银行、持卡人和特约商户的某种安排,使三方均可获利。银行向特约商户收取销售折扣,特约商户扩大了销售量,加快了资金周转,为自己带来了商业利润。银行为持卡人提供最长 55 天的免息期限,节约了消费者利息支付。信用卡贷款一般是循环信贷限额贷款,限额的多少取决于银行对持卡人的信任度以及家庭财产的价值。

(六) 其他贷款

其他贷款包括过渡性贷款、应收账融资、库存担保融资、参与协议以及向政府机构贷款等。这里仅介绍过渡性贷款和参与协议。

1. 过渡性贷款

过渡性贷款可以看作项目贷款,它满足借款人一定时期的资金需求,直到某一特定事件发生,这一事件可以产生出足以偿还贷款的现金流量。例如,投资银行因承销证券向银行申请的贷款。

银行发放过渡性贷款的信用评估在于确定过渡性事件发生的原因以及借款人的偿还能力。因为过渡性贷款用于出售资产的收购、承销证券和其他临时事件的融资,抵押品通常就是这些资产。

2. 参与协议

参与协议是指银行可以参与其他银行发放的贷款,从而获取贷款份额的一种贷款方式。参与协议通常用于大型项目的贷款。由于大型项目对贷款需求量很大,一家银行很难提供足够的贷款,这样几家银行联合起来共同为其提供贷款。参与协议列明了贷款的所有参与人,规定了它们对贷款享有的权益比例。参与协议的优点在于:每家银行都同贷款人建立了直接的契约关系,而不必依赖牵头银行,从而保护了参与银行免受由于牵头银行经营失败所引发的风险。

二、贷款政策

贷款政策是商业银行为了指导贷款管理人员实现贷款决策过程而设计的一系列规则与程序。贷款政策有利于贷款管理人员维持合理的信用标准,遵守各项法规,保证贷款决策的连贯性,实现银行现行贷款政策。

(一) 贷款规则

1. 合法性

商业银行贷款要遵守国家有关贷款发放的规章制度,并受到国家的货币政策与财政政策的限制。例如,对同一客户贷款余额与银行资本净额之比不得超过10%,禁止发放高利贷。

2. 目的性

银行贷款应从盈利角度出发,将贷款投向信用好、盈利大的企业和个人消费者。但政府为了调整产业结构,鼓励银行贷款投向的产业即使盈利潜力小,银行也要给予适当的贷款支持。

3. 适当性

银行应根据自身条件规定贷款总量,要在国家法规规定的条件下,根据自身资本充足度,决定贷款总量,进而决定贷款项目、用途、对象和贷款额等。银行要对贷款最高限额、指导性限额和贷款承诺,以及这些贷款期限、授权、价格和抵押品等作出严格规定。

(二) 贷款程序

1. 贷款申请

贷款申请人必须以书面形式表明申请贷款的目的、用途、数量、期限和抵押品,以及还款的方式和还款资金来源等关键内容。

2. 信用分析

银行研读了贷款申请后,要对借款人进行贷款面谈与信用调查。面谈与信用调查主要包括借款人的经营类型、产品收益周期、所有权性质和财务状况等。其目的是考察借款人按照贷款合同履行偿还贷款能力的意愿。

3. 贷款审查

在对借款人进行信用分析后,银行贷款人员要对借款人申请的贷款进行审查。审查内容主要是这笔贷款是否符合银行的贷款政策,以便保障贷款安全,降低贷款风险。

4. 贷款合同的签订与发放

银行审查贷款后,认为这笔贷款符合银行的贷款政策,即可与借款人进行谈判确定贷款条件,如贷款额、期限、利率与费用、币种选择、回存要求、抵押品、还款安排、贷款后双方的权利与义务和违约的处理等。谈判成功并签订具有法律效力的正式贷款合同后,银行按照贷款合同向借款人发放贷款。

5. 贷后检查

贷后检查是银行贷款管理的重要一环,也是银行贷款人员的日常工作之一。按照贷款责任制要求,银行贷款人员必须跟踪借款人的信用状况,一旦发现借款人的信用状况恶化并危及银行贷款安全,应立即向其索还贷款。

6. 还本付息

贷款程序的最后一步便是借款人还本付息。当某项贷款期限届满或即将到期时,银行贷款人员应于期限届满前通知借款人,要求按时还款。如果是按月付息贷款,则到期届满收回最后利息与全部贷款本金。如果借款人提前还本付息,银行应适当考虑借款人的利益。如果贷款合同没有设定展期期限,银行应责令其归还本息,否则要采取相应措施确保贷款本息的安全。如果采取有关的措施贷款本息无法收回或部分收回,则只好将未收回的贷款列入损失贷款,用贷款损失准备金加以冲销。

第二节 贷款信用分析

贷款信用分析就是对客户的品德、经营能力、资本、经营环境状况和抵押品等进行分析。目的在于甄别客户的资信条件、保障贷款安全和降低贷款风险。

一、信用的 5C 标准

信用的 5C 标准：品德(character)、能力(capacity)、资本(capital)、抵押品(collateral)和经营环境状况(condition)。银行贷款人员在贷款信用评估时，要把这些标准牢记在心中，可以避免在评估客户的信用价值时忽视主要的因素。

(一) 品德

品德是指客户履行贷款义务的主动性与决心。在银行家的眼中，品德是客户的人格构成中最重要的一种成分。具有良好品德的借款人将会竭尽全力来偿还贷款，当他们陷入财务困难的时候，也会采取开放与合作的态度同银行商讨解决问题的办法。相反，缺乏品德的借款人则将偿还贷款放在次要的位置，一旦财务出现困难的征兆，他们就会首先考虑如何拖欠贷款。

品德是一个人正直、可靠和诚实的内在素质。判断一个人的品德，最好的办法是与其长期打交道。因此，银行要想准确判断一位借款人的品德，可以通过多次面谈以及向其他相关的人员或机构来了解他的品德。

(二) 能力

贷款通常是由借款人用其在收益周期中所获得超额现金流来偿付的。借款人创造超额现金流以偿付所有贷款的能力被定义为经营能力。只有借款人能够创造出超额现金流才能保障贷款安全。

对企业的经营能力的判断，主要是采用过去的财务绩效与同行业其他企业的比较来反映企业的经营状况。如果一家企业在过去很长时间内都有成功的业绩，而且它的管理层体现着多样化的才能，那么，它偿还贷款的能力是比较乐观的。但是，要评价一个新借款企业的经营能力往往是比较困难的。在这种情况下，借款企业管理层的经验、教育和培训背景是关键的考虑因素。贷款人员应当考察借款企业的管理人员中是否有人曾经参与管理过同类的企业以及该企业的经营绩效如何，因为过去的经营失败对未来的经营绩效来说是一个不好的预兆。

（三）资本

资本是指用以经营一家企业的资金。这方面需要考察借款企业的股东权益资本的总量、构成以及债务资本在内的所有资本的使用效率。如果股权资本明显小于债务资本，那么，这是一个不利的信号。充足的股权资本对于新兴的企业来说尤为重要，如果没有足够的股权资本对企业经营的支持，这种企业很容易失败。

（四）抵押品

借款人可以通过提交抵押品来弥补自己在其他信用标准方面的不足。对某一借款人财务状况感到担心的银行可以让其提供足够的抵押品作为贷款的保证。但是，银行要明白，提供抵押品仅仅是偿还贷款的补充，是第二偿还贷款的来源，只有在贷款无法偿还时，才考虑以此作为替代。银行在考察抵押品时，至少要了解抵押品的流动性、价值稳定性、可销性、可控性和抵押品投保等因素。目前的保护环境法规也为银行接受抵押品增加了新的负担。由于环境风险的存在和避免承担环境清理责任，当贷款违约而无法收回时，银行不占有抵押品更好一些。

（五）经营环境状况

经营环境状况是指借款人所处的经营环境。它是一种外生变量。例如，当房地产行业进入萧条时期，开发商将会受到严重的影响。因此，银行要特别关注周期性企业的经营环境。银行对借款人经营环境的评估，应通过专业性评估机构和商业信息服务机构来预测和把握企业所面临的经营环境状况。

二、企业贷款信用分析

（一）借款企业的品德

贷款成功的首要因素是借款企业的品德，即借款企业的诚实可靠与良好的信誉，不诚实的借款企业不会将偿还贷款作为自己的义务。由于贷款人员要处理众多的借款企业，他们有时无法揭穿旨在欺诈银行而精心设计的阴谋，一些精通此道的不诚实的借款企业就会通过虚假的表现获得银行的信任。因此，银行贷款人员在决定受理企业贷款申请时，首先要判断借款企业的品德。

银行要彻底调查借款企业的信用情况，防止自身利益受到借款企业不诚实的损害。银行贷款人员通过多次面谈，从本地信用部门的记录、供应商、银行贷款的历史记录、顾客的反映，了解借款企业过去的信用情况。如果借款企业过去都能够做到贷款本息按时归还,那么该企业是诚信的,银行可以对其受理贷款,否则贷款人员应拒绝其贷款申请。

(二) 贷款资金的用途

企业贷款资金的用途要十分明确,防止企业道德风险,利用贷款资金发放职工工资,或用于向供应商偿还拖欠的货款以及投向与贷款的特定项目不同的高收益项目。因此在贷款资金的使用上,银行要求贷款企业必须明确,通过签订具有法律效力的合同加以约束。

(三) 偿还贷款的资金来源

贷款人员在确定借款企业的还款能力方面,应采用会计与财务技术分析它的贷款资金营运中的现金流量是否能满足还款需要,除此之外,还要了解企业其他收入,如存款、持有的证券等。在分析现金流量时要明确现金流量的充足性和其流失的风险。

(四) 还款资金的第二来源

抵押品是贷款偿还的次要来源,银行并不希望抵押品的赎回权被取消,因为这样会使银行耗费许多时间与费用。因此,在银行确定抵押品时,抵押品的价值不仅能补偿贷款本息,而且还能够弥补处理抵押品的费用与利息。

担保人与联合出票人是贷款的次要还款来源,但是向担保人与联合出票人收款需要支付昂贵的诉讼费,有可能导致银行、借款企业与担保人之间的关系恶化。

(五) 借款企业经营环境

对借款企业经营环境的调查要关注企业所处的外部经营环境以及内部经营环境,如产品寿命周期、劳资关系、设备技术状况以及国家产业政策和经济周期的变化等。

三、企业贷款财务分析

财务报表分析是信用分析中技术最强的部分,是银行对借款企业信用分析的重要手段,是评判借款企业的经营情况、盈利能力和还款能力的基本依据。

(一) 资产负债表分析

1. 资产项目分析

对资产项目分析的重点是分析借款企业资产项目中的有价证券、应收账款、应收票据、存货和固定资产。

（1）有价证券。它代表了借款企业用其剩余资金所作的投资，很容易转化为现金，是企业收入的重要来源之一。银行通常要审查有价证券来源的合法性和变现力，是否到期变现用于补充流动资金。如果企业用有价证券作担保，那么，银行要对有价证券的合法性和变现力进行重点分析。

（2）应收账款。它是企业出售产品或服务所换回的赊账。对应收账款分析的重点是应收账款集中程度和账龄情况。如果以应收账款作抵押，一般为40%～70%的抵押率。当然，银行可以以应收账款面值的一定比率买断应收账款，即保理。此外，要特别关注企业的呆账备抵账户，即应收账款的冲销账户，它反映了预计不能收回的应收账款数量，防止从销售收入中注销导致高估或低估的利润。

（3）应收票据。由于企业客户不能根据赊欠期限支付款项，就会产生应收票据。应收票据可用于销售昂贵的商品，或用于记载一笔偿付迟缓的应收账款。应收票据的取得是为了加强企业的地位，但与应收账款相比数额较大，对贷款偿还有一定的威胁。更为重要的是，以多种形式签发、载有各种不同还款条件的应收票据被归类到非流动资产中。因此，银行要彻底调查应收票据的可靠性和流动性。

（4）存货。它包括原材料、半成品和产成品，是企业重要的流动资产。作为流动资产的存货可能存在两种风险：一是存货卖不掉；二是虽然存货卖掉了，但有可能变成应收账款。因此，银行要重点分析存货的适销性和价值的稳定性以及存货是否投保。

（5）固定资产。银行不希望企业靠出售固定资产偿还贷款。对企业固定资产分析的意义在于固定资产创造盈利的能力。因此，银行要对固定资产的盈利能力、折旧、效率和专门用途进行考察，以确保企业现金流量的来源。

2．负债项目分析

负债项目主要分析负债中应付账款、应付税金、应付工资等项目，目的是掌握企业负债结构的合理性，否则有可能导致企业财务状况恶化。

3．权益项目分析

权益项目主要考察权益资本的来源与构成，如普通股、优先股和盈余公积金等，应特别关注债务资本所占比重以及它的构成。

4．表外或有负债和环境负债

所谓或有负债，是指没有在借款企业的资产负债表上反映出来的其他潜在债务，有可能在将来转变为对企业的实际债务，减少可用偿还贷款的资金。企业的或有负债包括为客户产品提供的担保、对企业的诉讼和未决的案件、企业将来可能欠下无资金的养老金负债和应付但未付的税金等。环境负债是指企业在经营中造成环境污染所带来的负债。

（二）利润表项目分析

对利润表项目分析的重点包括应计收入的方法、销售额的构成与价格趋势、销售成本的变化趋势、存货计价、毛利率的变化趋势、营业费用的变化以及净利润来源的分析等。银行对利润表项目分析的目的在于了解企业某一段时期内的经营业绩，评价企业管理水平以及企业未来盈利能力。

（三）现金流量表项目分析

现金流量表项目分析是对企业经营活动、投资活动和筹资活动全过程的现金收支流转情况进行分析，测算在各个时点上净现金流入或流出的缺口的技术方法。它既是反映企业全部经济活动和盈利状况的基础，又是表现企业对债务需求和偿还能力的依据。

在现金流量分析中，银行要弄清楚，在什么时候，因什么缘故，企业现金流量会突然增加，又在什么时候，因什么缘故，企业现金流量会突然减少，从而可以确定企业能否按预期计划获得收入用于偿还贷款。在评估企业经营或投资项目的效益时，要按现金流的现值进行估算。

（四）财务指标分析

在对借款企业财务分析中，财务指标分析是最为重要的一环。通过相关的财务指标分析，可以确认借款企业的偿债能力、业务活动能力以及盈利和保障能力。

1. 短期偿债能力指标

反映企业短期偿债能力的指标是：

$$流动比率 = \frac{流动资产}{流动负债} \times 100 \geqslant 200\%$$

$$速动比率 = \frac{流动资产 - 存货}{流动负债} \times 100\% \geqslant 100\%$$

$$现金比率 = \frac{现金 + 有价证券 + 银行存款}{流动负债} \times 100\% \geqslant 5\%$$

这三个指标数值越大，说明企业的短期偿债能力越强，但流动比率越高，表明企业偿还贷款的能力越强，所以这一指标更能说明贷款的安全系数。

2. 业务活动能力指标

反映业务活动能力的指标是：

$$存货周转率 = \frac{年销售成本}{存货平均余额}$$

$$应收账款周转率 = \frac{全年赊销总额}{应收账款平均余额}$$

$$固定资产周转率 = \frac{全年销售总额}{固定资产净值}$$

$$资产周转率 = \frac{全年销售总额}{资产总额}$$

这四个指标数值越大，表明企业的管理水平越高，资产的运用状况与效率越好。

3. 资产负债结构性指标

衡量企业资产负债结构性的指标是：

$$债务比率 = \frac{负债总额}{资产总额} \times 100$$

$$负债与权益资本比率 = \frac{负债总额}{权益资本} \times 100\%$$

$$流动负债率 = \frac{流动负债总额}{负债总额} \times 100\%$$

$$长期负债比率 = \frac{长期负债总额}{负债总额} \times 100\%$$

这四个指标数值越大，表明企业的债务负担越重，偿债能力越差。这些指标最好小于 50%。

4. 盈利性能力指标

衡量企业盈利性能力的指标是：

$$销售毛利率 = \frac{销售收入 - 销售成本}{销售收入总额} \times 100\%$$

$$净利润率 = \frac{净利润总额}{销售收入总额} \times 100\%$$

$$资产收益率 = \frac{净利润总额}{资产总额} \times 100\%$$

$$资本收益率 = \frac{净利润总额}{资本总额} \times 100\%$$

这四个指标数值越大，表明企业的盈利能力越强，偿债能力也越强。

5. 还款覆盖指标

还款覆盖指标反映了在企业收入基础上提供给银行的保障。衡量企业还款覆盖的指标是：

$$利息覆盖率 = \frac{税前收入}{利息支出}$$

$$本金利息支付覆盖率 = \frac{税前收入}{利息支出 + \dfrac{本金支付}{1 - 企业边际税税率}}$$

这两个指标越高,表明企业收入为贷款的本息偿还所提供的安全保障程度越高。

四、个人消费贷款信用分析

(一) 个人消费贷款信用评估系统

从理论上说,信用的5C标准也适用于个人消费贷款信用分析,但是对个人消费信用分析与对企业信用分析有明显的差别。在实践中,银行总结出一套针对个人消费贷款的信用评估系统。

1. 判断性信用分析系统

个人消费贷款分析的判断系统依赖于贷款人员在评估个人的还贷能力与还款意愿时的经验与见解。个人消费贷款不像企业贷款那么复杂,但贷款人员也要评估个人的品德、资金用途、还款来源与抵押品。

贷款人员根据个人的信用记录、工作年限和职业的稳定性、居住的时间与类型、诚实与否来评估其品德,但在评估中必须坚持公平、客观的原则,不得掺杂个人主观与偏见的因素。由于个人的年龄、职业与受教育程度可作为确定其退休时间与预期收入,因此贷款人员可将年龄、职业与受教育程度作为评估个人未来收入的重要参数。

一般来说,个人的预期收入是其贷款的主要还款来源,用贷款购买的资产作担保用于第二还款来源。

2. 检验性信用分析系统

检验性信用分析的基本思路是赋予个人特征的不同方面以不同的分值,将分值之和同预先确定的接受或拒绝标准相比较,低于这一分值标准,则不能接受个人消费贷款申请。

银行的资信评分系统是根据个人特征来计分值的,累计之和就是其信用总分值。例如,对住宅所有权或租住权方面,拥有住宅所有权的个人为40分,租住权为8分;对受教育程度方面,博士为10分,硕士为8分,学士为7分;对持有流动性资产方面,贷款/存款比率越低,其分值越大,反之则越小;对于职业来说,国家公务员与专业人员的分值较高,失业与低收入者的分值较低;为现有雇主工作的时间越长,分值越高;居住时间越长且稳定,分值越高。银行资信评分时,禁止将种族、肤色、宗教信仰、出生国及迁移状况等纳入资信评分系统。

与判断性信用分析系统不同,检验性信用分析系统更全面地反映个人的资信状况,也比较客观。但它也存在两个缺陷:一是所运用的数据是基于个人的现在记录；二是不能准确反映其未来的资信状况。

3. 判断性与检验性信用分析系统

比较判断性与检验性两种分析系统在评估个人贷款申请中的有效性，关键在于这两类系统预测个人信誉度的能力。如果可以准确预测个人的信誉差别，银行贷款的偿还就有了可靠保障，从而可减少贷款风险。但是这两类系统各有其优缺点。

经验性系统根据个人特征的不同方面以不同的分值，从而反映它们重要性上的差异，也避免了贷款人员对贷款政策的繁杂的解释工作，但该系统仅涉及现在与信誉度有关的个人特征，当经济环境发生重大变化时，则无法判断个人预期收入的变化。判断性系统可以衡量一些不能用数据表示的因素，这些因素的客观性与稳定性是个人消费贷款发放的管理控制因素，同时也考虑到目前的经济环境与未来的变化对个人预期收入的变化。但它不能同时考虑多种信誉特征，有时它所考虑的因素可能是违反法规的要求，涉及个人众多特征的政策很难传达与管理，给贷款人员执行贷款政策增加难度。

鉴于上述两类系统的缺陷，在实践中，银行将判断性信用分析系统与检验性信用分析系统结合使用。检验性分析系统将那些信誉度绝对高与信誉度明显不佳的个人区分开来，然后采用判断性分析系统评估目前和未来环境变化对个人产生的影响，这样，银行将有效控制贷款发放的数量与贷款损失的金额。

（二）个人消费贷款的信用评估

1. 偿债意愿

评估个人偿债意愿主要是考察其品德。银行通过面谈和过去的信用记录来证实个人偿还贷款的意愿。例如，银行直接或间接地了解个人受教育程度、与雇主或同事之间的关系，违反法规的情况、婚姻状况以及过去信用消费是否做到按时还款等。银行在证实这些信息的真实性基础上受理个人消费贷款申请。

2. 偿债能力

偿债能力是指个人未来偿还贷款的潜力。这一潜力主要反映在以下几个方面：

（1）职业与收入。职业稳定和收入逐步增长是个人未来偿债能力的重要参数，银行在接受个人贷款申请时，一般要求书面提供职业和个人可支配收入状况，包括兼职收入。例如，书面证明自己目前学历、职位类型、工作年限和月实际收入的多少等。在分期付款中，月薪的多少直接决定银行给予个人消费贷款的数量、期限和月还款数量。一般来说，家庭每月薪水要大于每月正常平均消费金额和月还款金额之和，这是银行满足个人消费贷款要求的基本条件。

（2）家庭财产状况。个人家庭财产状况分为两部分：一部分是银行存款、股票和债券等流动性资产;另一部分是现有的不动产,如住宅、汽车等。这两类财产是衡量个人未来偿还贷款的重要指标。对于个人循环贷款、信用卡透支以及家庭财产贷款尤为重要,是银行重点考察的对象,也是银行考核给予个人信用融资额多少的标准。对于购买住宅等不动产所申请的贷款,家庭财产状况也是银行衡量个人每月还款能力的辅助指标。如果个人能够给银行提供经过证实的家庭财产的实际价值,那么银行可以满足个人合理的贷款需求,如增加贷款和月还款金额等。

(3) 债务状况。个人债务状况也是银行所关注的一项。因为有些人有可能是用借入的资金购买部分家庭财产,如新婚夫妇就有可能采用借入资金购买家庭财产。银行对债务状况的考察完全取决于个人的品德,因为家庭债务调查极为困难,有时可能出现违反法规的现象,弄不好会影响银行信誉以及银行与消费者之间的关系。

衡量偿债能力通常是考察家庭月度收入,特别是月度薪水收入。银行采用月度债务与月度收入指标确定每月为偿还贷款的数量,即:

$$月债务与月度收入比率 = \frac{月度债务支出}{月度收入} \times 100\% \leqslant 50\%$$

银行要求每月债务支出不能超过每月收入的 50%,年总收入应为年偿还贷款金额的 2 倍以上。

3. 抵押品

个人消费贷款一般都需要抵押品。不同类型的个人消费贷款对抵押品的要求也不同。信用卡透支无需提供抵押品,根据持卡人的信用记录来确定透支消费金额。分期付款的消费贷款通常是购买不动产与耐用消费品,抵押品是购买这些商品的本身,按照所购买商品实际价值的 50%~70% 作为贷款金额。对家庭财产贷款视个人信誉度与还款意愿而决定是否要求个人提供抵押品。如果家庭财产贷款是为个人提供的循环信贷限额时,只要借款人能够充分证明自己的偿还能力,以家庭财产作这种贷款的担保,银行就提供信用贷款。

第三节　贷　款　定　价

一、贷款定价原则

贷款是商业银行主要的核心盈利性资产。银行通过贷款定价来补偿贷款的风险与其使用资金的成本,从而保证承销贷款所获取的净收益。贷款定价是指如何确定贷款价格。在确定贷款价格时,商业银行必须遵循以下几项原则。

(一) 贷款收益最大化

银行贷款成本包括支付的利息与贷款有关的费用,在确定贷款价格时必须将这些成本因素考虑进去,否则贷款成本就会超过它的收益,银行盈利性最大化目标就无法实现。因此,贷款收益最大化与银行盈利性最大化的目标是一致的。在通常情况下,贷款需求量与贷款价格成反比关系。即贷款价格越高,贷款需求量就越少;反之,贷款价格越低,贷款需求量越多。银行大部分收益来源于贷款收益,而贷款收益的大小取决于贷款价格与贷款数量这两项因素。因此,贷款价格的合理性将决定贷款收益目标的实现。

(二) 扩大市场份额

扩大市场份额是任何一家银行实现其价值与提高其地位所采取的手段。市场份额扩大,就意味着银行今后能以最低成本取得资金来源并获取稳定的收益。因此,贷款定价要有利于扩大市场份额。

(三) 保障贷款质量

银行在承销贷款中遇到的严重风险是贷款定价不能弥补贷款风险与其资金成本、营运成本和损失准备金。如果贷款价格提高,固然可以部分弥补上述损失,但是,借款企业只有从事高风险收益项目,才能补偿所支付的贷款高价格,否则贷款的本息将无法保证按期归还,贷款损失就不可避免。因此,在确定贷款价格时,首先要考虑贷款的质量,以确保贷款安全。

(四) 维护银行的声誉

贷款是银行同客户联系的基础,也是巩固银行与客户之间所有关系的重要条件。如果银行在贷款定价结构上为客户留下较大的自由空间,就将提高客户对银行的信任度,客户将乐意接受银行其他方面的服务,为银行带来派生存款和服务性收入。因此,贷款定价弹性制将会吸引大量回头客来接受银行为其提供的其他金融服务。这样,信誉好、资金需求量大的客户就能为银行带来大量的非利息收入。

此外,在确定贷款价格时,客户的视角也是银行所关注的问题。对于中小客户来说,他们往往不太关心一项贷款价格的高低,而更关心自己是否有资格获得贷款以及获得贷款后每月的偿还金额,但大客户则会更加关注一项贷款的成本。

二、贷款价格构成

(一) 贷款利率

在贷款数量与期限一定的条件下,贷款利息收入取决于贷款利率的高低。因此,贷款利率是贷款定价的主要对象。银行贷款利率包括以下内容。

1. 基础利率

基础利率是由货币市场上的成本确定的。银行对基础利率的调整参照短期公开市场利率,也意味着信贷条件的松紧。基础利率是确定其他贷款利率的基础。只有那些信用卓著的大客户才能享受银行所提供的基础利率,或在基础利率基础上打一定的折扣。大多数中小银行追随资金雄厚的大银行所确定的基础利率。

2. 浮动利率

由于货币市场利率波动异常剧烈,银行把浮动利率作为贷款定价的基础必须要与货币市场利率的波动密切相关。如果银行继续采用固定利率贷款,那么不可避免地会遭受利率风险所带来的损失。

3. 固定利率

在固定利率贷款安排下,银行与客户签订提前偿还贷款的惩罚措施,以弥补客户在利率下降时提前还款而给银行造成的意外损失。

4. 浮动利率的上限与下限

浮动利率的上限与下限是为了保护银行与客户免受不正常的利率波动之害而设定的。

(二) 服务费收入

服务费收入是指银行在贷款安排中,有机会收取的承诺费、提前支付罚款以及交易费。承诺费是指银行承诺按照贷款申请得到批准时所确定的条件来发放贷款所面临的损失。交易费是指向借款人收取的调查费、抵押品存放费、贷款发放费与收回费等。

(三) 隐性价格

隐性价格是指为了保障贷款安全性与提高贷款收益,对借款人的行为作出某种限制性规定。这种限制性规定间接地增加了借款人的贷款成本与银行贷款收益,如补偿性余额和储备金要求,这两种方法直接减少了借款人的实际使用贷款金额,间接地提高了贷款利率。

三、贷款定价模型

（一）利差定价模型

这一定价模型认为，贷款利率一般是用银行资金成本之间的利差来表示的。银行资金成本包括存款与其他资金来源的加权平均成本、发放贷款的服务费，在此基础上加上预计补偿贷款违约风险成本和预计每一贷款项目的利润率就得出贷款利率，即：

$$\underset{\text{利率}}{\text{贷款}} = \underset{\text{源的加权平均成本}}{\text{存款与其他资金来}} + \underset{\text{的服务费}}{\text{发放贷款}} + \underset{\text{违约风险成本}}{\text{预计补偿贷款}} + \underset{\text{项目的利润率}}{\text{预计每一贷款}}$$

例如，假设银行向某家企业发放 500 万美元的贷款，银行所筹集的 500 万美元的加权平均成本为 6%，发放 500 万美元贷款的服务费为 0.5%，预计补偿贷款违约风险成本为 1%，预计该项贷款的利润水平为 2%，则银行发放该笔 500 万美元贷款利率为 9.5%（6%＋0.5%＋1%＋2%）。

利差定价模型关键在于精确计算银行存款与其他资金来源的加权平均成本，而加权平均成本是根据历史数据测算出来的，这在一定程度上存在偏差，纠正这一偏差最好的办法就是以发行可转让定期存单筹集发放贷款的资金。发行可转让定期存单的利率就是发放贷款资金的边际成本。采用发放贷款资金的边际成本来确定贷款利率是最好的方法。

（二）价格领导模型

价格领导模型是根据借款企业的资信状况、贷款金额、期限、担保等各方面的条件，在基础利率基础上相加一定利息率 x 或相乘一定比率 x 来确定贷款价格。用公式表示为：

$$\text{贷款利率} = \text{基础利率} + x$$
$$\text{贷款利率} = \text{基础利率} \times (1+x) \tag{7.1}$$

这里的基础利率是指短期公开市场的利率，如伦敦同业拆借利率、中央银行贴现率、90 天存单利率等。一般来说，银行只对最值得信赖的客户提供基础利率。x 用百分率表示借款人支付的违约风险溢价与期限风险溢价。在我国，基础利率由中央银行确定。商业银行根据贷款企业的资信状况在中央银行规定的基础利率基础上相乘一定比率得出贷款利率。

当银行使用浮动利率时，同样地以基础利率为基础，采用相乘法或相加法得出贷款利率就不一样。当利率上升时,基础利率相乘法得出贷款利率要比基础利率相加法上涨得更快;当利率下降时,基础利率相乘法得出贷款利率要比基础利率相加法下降得更快。

例如,假设基础利率为10%,银行在此基础上相加2%或相乘20%,则贷款利率都为12%,即10%+2%=12%或10%×(1+20%)=12%。如果市场利率上升到13%,采用相加法贷款利率为15%(13%+2%),采用相乘法则贷款利率为15.6%[13%×(1+20%)]。

(三) 成本-收益定价模型

这一定价模型由三个步骤组成:① 在多种利率与费用水平下估算贷款将产生的收入。② 估算银行的可贷资金净额(减去借款人承诺在银行保有的存款并加上存款准备金)。③ 用估算的贷款收入除以借款人实际使用的贷款资金估算出贷款的税前收益。下面我们通过实例来说明这一定价模型。

例如,假设一位客户需要1 000万美元的贷款,但客户实际只按照合同的20%利率使用了800万美元。如果银行要求的承诺费为1%,补偿余额的存款利率为5%,存款准备金率为10%。根据以上条件,则有:

估算的贷款收入:

$$800×20\%+200×1\%=162(万美元)$$

估算客户使用的资金:

$$800-(800×20\%+200×5\%)+(800×20\%+200×5\%)×10\%=647(万美元)$$

估算贷款的税前收益:

$$162÷647×100\%=25\%$$

可见,银行管理者必须判定25%以上的贷款税前收益才能补偿银行的筹资成本。

(四) 补偿余额定价模型

所谓补偿余额,是指借款人必须应银行的要求将按贷款额度的一定比率回存银行并不得动用的那部分贷款。补偿余额提高了企业的实际贷款成本,因为补偿余额的存款利率低于贷款利率。因此,补偿余额要求作为银行贷款的一项额外的收入来源,并且创造了更稳定的存款供给,缓解了银行流动性风险。

假设银行贷款基础利率为 i,风险溢价为 m,贷款服务费为 f,补偿余额比率为 b,存款利率为 d,存款准备金率为 r,则贷出单位贷款资金收益率 k 应为:

$$k=\frac{f+(i+m)-b×d}{1-b×(1-r)} \tag{7.2}$$

例如,假设银行发放一笔期限为 1 年 100 万美元的贷款,贷款基础利率为 10%,风险溢价为 2%,服务费为 1%,补偿余额为贷款资金的 10%,存款利率为 5%,存款准备金率为 10%,则贷出 1 美元的收益率为:

$$k=\frac{0.01+0.1+0.02-0.1\times0.05}{1-0.1\times(1-0.1)}=13.7\%$$

需要注意的是,随着信贷市场竞争的加剧,大多数银行不要求客户提供补偿余额。目前,银行要求客户提供补偿余额,大部分采用定期存单形式,减少了借款客户的实际贷款成本。

四、住房抵押贷款偿还及方式

住房抵押贷款与企业贷款一样,个人支付的贷款利率是以基础利率为基础,加上风险溢价率和银行预计的利润率。但住房抵押贷款一般采用分期付款方式还款,其还款方式与企业贷款不同。目前,住房抵押贷款的还款方式主要有以下几种。

(一) 本金固定法

这一还款方法是每期还本数额固定,但每期支付的利息随着本金的减少而递减。其计算公式为:

$$F_t=\frac{P}{n}+P\times\frac{n-(t-1)}{n}\times i \tag{7.3}$$

式中:F_t 表示每期偿还的本金与利息;P 表示贷款本金;n 表示偿还次数;t 表示偿还的序号;i 表示贷款年利率。

例如,假设一位消费者向银行申请一笔年利率为 16% 的 1 年期 10 万美元贷款用于购买房屋,每季度偿还一次,则每季度应付的本息为:

第一季度:

$$F_1=\frac{10}{4}+10\times\frac{4-(1-1)}{4}\times16\%\times\frac{1}{4}=2.5+0.4=2.9(\text{万美元})$$

第二季度:

$$F_2=\frac{10}{4}+10\times\frac{4-(2-1)}{4}\times16\%\times\frac{1}{4}=2.5+0.3=2.8(\text{万美元})$$

第三季度:

$$F_3=\frac{10}{4}+10\times\frac{4-(3-1)}{4}\times16\%\times\frac{1}{4}=2.5+0.2=2.7(\text{万美元})$$

第四季度：

$$F_4 = \frac{10}{4} + 10 \times \frac{4-(4-1)}{4} \times 16\% \times \frac{1}{4} = 2.5 + 0.1 = 2.6(万美元)$$

该消费者实际支付的利息 1 万美元，而不是 1.6 万美元。可见，在本金固定法下，随着贷款偿还接近到期日，消费者节约了利息支出。

(二) 本息固定法

这一还款方法计算出的每期本金与利息之和是固定的，但本金随着还款次数的增加而逐渐增加，利息却逐渐减少。其计算公式为：

$$F = P \times \frac{i \times (1+i)^n}{(1+i)^n - 1} \tag{7.4}$$

式中：F 表示每期偿还的本金与利息；P 表示贷款本金；n 表示偿还次数，i 表示贷款年利率。

如上例中，10 万美元消费贷款每季度偿还一次，年利率为 16%，每次还款本金与利息之和的数额应为：

$$F = 10 \times \frac{4\% \times (1+4\%)^4}{(1+4\%)^4 - 1} = 2.755(万美元)$$

每季度还款利息和本金分别为：
第一季度：
利息为：$10 \times 4\% = 0.4$(万美元)
本金为：$2.755 - 0.40 = 2.355$(万美元)
第二季度：
利息为：$(10 - 2.355) \times 4\% = 0.306$(万美元)
本金为：$2.755 - 0.306 = 2.449$(万美元)
第三季度：
利息为：$(10 - 4.804) \times 4\% = 0.208$(万美元)
本金为：$2.755 - 0.208 = 2.547$(万美元)
第四季度：
利息为：$(10 - 7.351) \times 4\% = 0.106$(万美元)
本金为：$2.755 - 0.106 = 2.649$(万美元)

该消费者实际支付的利息是 1.02 万美元，也不是 1.6 万美元，但比本金固定法多支出 200 美元。可见，本金固定法还款方式比本息固定法合算。如果考虑到现金时间价值，它们的结果是一样的。

住房抵押贷款一般是按月分期付款的。个人住房抵押贷款每月支付的计算公式为：

$$F = P \times \frac{\frac{i}{12} \times \left(1 + \frac{i}{12}\right)^n}{\left(1 + \frac{i}{12}\right)^n - 1} \tag{7.5}$$

式中：F 表示每月偿还的本金与利息；P 表示贷款本金；n 表示贷款月数；i 表示贷款年利率。

例如，假设一位客户为了购买新的住宅向银行贷款 5 万美元，期限为 25 年，即 300 个月，年利率为 12%，则该客户每月应支付的金额为：

$$F = 50\,000 \times \frac{\frac{12\%}{12} \times \left(1 + \frac{12\%}{12}\right)^{300}}{\left(1 + \frac{12\%}{12}\right)^{300} - 1} = 526.6（美元）$$

于是，在固定利率抵押贷款下，该客户需在 25 年中每月支付 526.6 美元，25 年内所支付的利息总额为 107 985 美元，加上本金 5 万美元，该客户应支付 157 985 美元。

假设上例中采用浮动利率抵押贷款，1 年后利率由原来的 12% 上升为 13%，1 年后这笔贷款余额为 49 663 美元，则该客户的月支付为：

$$F = 49\,663 \times \frac{\frac{13\%}{12} \times \left(1 + \frac{13\%}{12}\right)^{24 \times 12}}{\left(1 + \frac{13\%}{12}\right)^{24 \times 12} - 1} = 563.3（美元）$$

可见，尽管支付了 1 年本息，但利率上升反而导致客户每月支付增加了，即多增加 36.7 美元。因为在抵押贷款初期，大部分是支付利息而不是本金，贷款的期限越长，初期支付的利息越多。在上例中，1 年后本金仅支付了 337 美元，利息却支付了 5 982.2 美元。

（三）比例还本法

比例还本法是指在贷款期限内，按年约定还本比例，其中 1 年中每月还本额相等，每月按月计算应还本息。其计算公式为：

$$F = \frac{A_n \times P}{12} + \left\{ P - [12 \times (n-1) + (M-1)] \times P_n \right\} \times i \tag{7.6}$$

式中：F 表示每月偿还的本金与利息；P 表示贷款本金；P_n 表示每年的月还款本金；n 表示贷款年数；A_n 表示每年还本比例（$\sum A_n = 100\%$）；i 表示贷款月利率；M

表示每年已还款月数。

这种方法在欧洲国家使用较多,而且规定第一年的每月还本比例限定不低于30%。

(四) 等比还款法

等比还款法是指在贷款期限内,逐年按同一比例递增贷款偿还额,且每年年内各月以相等的偿还额偿还贷款本金和利息。其计算公式为:

$$F_t = F_1 \times (1+D)^{t-1} \qquad F_1 = \frac{\frac{P}{12} \times [(1+i)^n \times (D-i)]}{(1+D)^n - (1+i)^n} \tag{7.7}$$

式中:F_1 表示第一年每月偿还的本金与利息;P 表示贷款本金;D 表示等比例递增率;n 表示贷款年数;F_t 表示第 t 年的月还款额;i 表示贷款月利率;t 表示还款期内的某年。

此方法关键是确定等比例递增率 D 和第一年月偿还的本金与利息 F_1。与前三种方法相比,该种方法计算比较复杂。目前,我国银行住房按揭贷款通常采用本金固定法和本息固定法这两种方法来计算消费者每月偿还贷款。因为采用这两种方法便于银行处理利率调整、提前还款、逾期罚息等方面的问题。

为了避免银行在消费贷款利息计算上要花招,保护消费者利益,各国金融监管当局对分期付款的消费贷款利息计算都有严格的规定。例如,美国 1969 年通过的《贷款真实法案》(Truth-in-Lending Act)规定:贷款条件必须公开,银行必须给每一位个人借款者提供一份标明关于所计划的贷款年百分率(annual percentage rate,简称 APR)的结果。APR 考虑了贷款以多快的速度被偿还以及客户在整个贷款期内所能真实使用的实际贷款额。

(五) "78 规则"

"78 规则"基于 12 个月数字之和,即 $1+2+3+\cdots+10+11+12=78$。它主要用于客户贷款提前还款时,银行获取与贷款相关联的某些费用来弥补因客户提前还款给银行造成的损失。由于贷款初期未偿还金额最高,且银行贷款初期成本要弥补整个还款期限的,以及提前还款将减少银行应收未付账款并增加与应收未付账款相关的财务费用成本,因此提前还款违约金的确定也要考虑贷款没有被偿还的时期和与应收未付账款相关的财务费用,以及与贷款相关的融资费用。提前还款行为本身会导致贷款的实际定价过低,使银行实现贷款扩张计划的净收益存在不确定性,其结果有可能使根据贷款合同价格确定的银行净收益减少或变为负数。就有关利率风险来说,如果银行通过发行类似平均期限的债券方式将其消费贷款组合进行掉期保值,那么利率下降可能引发不期而至的提前还款和不适当的利率敏感性差异。

提前还款违约金是银行贷款的财务费用。当贷款被提前偿还时,每月的银行财务费用应为整个贷款期限内位数数额的比例,对于一项 12 个月的贷款,位数的数额为 78,银行第一个月财务费用应为第十二个月财务费用的 12 倍,即第一个月财务费用为总费用的 12/78,第二个月是 11/78,以此类推,第十二个月则为 1/78。例如,如果客户第四个月提前偿付贷款,银行将获取违约金为 57.69%{[1−(12+11+10)÷78]×100%}。

客户折扣率的确定也要遵循"78 规则"。折扣率必须根据分期付款次数而定,并根据提前付款时间的变化而不同。当银行要决定一位客户从提前支付一笔分期贷款中获取的利息折扣,将贷款偿还剩余的月份相加求和,并除以 78。例如,如果一位客户向银行申请一笔 12 个月分期付款的 1 年贷款,而客户要求在 8 个月后还清贷款,则这位客户获取该笔贷款的总融资费用为 12.82%[(1+2+3+4)÷78×100%]。这 12.82%作为利息折扣而返还给客户。银行拥有该笔贷款财务费用 87.18%的权利。

需要注意的是,消费贷款定价的非利率因素主要是减少或改变违约风险,如信用保险、预付保证金、迟延付款费和担保条件等。信用保险是一种额外的费用负担,这种费用负担在消费贷款中被强制执行,并为银行提供一种重要的收入来源。保费收入通常是根据贷款初期总金额而不是减少后的贷款余额计算的,而现实中大多数消费贷款都会度过贷款期,保险索赔并不经常发生,信用保险有助于减少贷款损失。预付保证金和担保条件主要是弱化违约风险,消费贷款的预付保证金和担保条件的要求越高,违约风险越小,但这些要求的增加也许会在减少违约风险的同时也减少了消费贷款的需求和平均规模。迟延付款费鼓励消费者按时履行还款义务,有助于减少消费者付款成本和避免潜在损失。

在我国,借款人要求提前还款的,应在贷款合同履行 1 年以后提出,且提前还款金额不得少于贷款合同约定的 6 个月的应还款额,并应至少在约定还款日前 15 个银行工作日书面通知银行,经银行同意后即为不可撤销。目前,还没有明确规定提前还款需交违约金。如果借款人不能按约定的时间归还贷款本息,银行将对逾期贷款部分按日计收罚息。借款人不能按时支付贷款利息时,银行将对借款人未支付的利息计收复利。如遇中国人民银行调整贷款利率与逾期贷款罚息标准,则按调整后的标准执行。

(六)信用卡的定价

在信用卡的定价过程中,银行一般把循环贷款限额的银行成本、搜集客户最新贷款限额的信息成本和对未清偿余额的罚息,加上特约商户的折扣费并减去奖赏持卡人的折扣费来确定信用卡的价格。一般来说,信用卡定价只要能弥补银行循环贷款的成本,其价格要比分期贷款价格低。但是信用卡对未清偿余额罚息很高,以及当市场利率普遍下降时,信用卡未清偿余额的利率并没有降低,这一点对持卡人是不公平的。

随着消费者教育程度与收入的提高,为了避免支付财务费用,而不保有信用卡循环余额,他们将信用卡作为便利的支付工具,而不是获取信贷的工具。于是,银行必须依靠从循环信用卡使用者处获取更多收入来补偿向那些非循环信用卡使用者提供的免费服务。

借记卡的定价要比贷记卡定价低得多,关键因素在于借记卡不存在未清偿余额,并且银行无需每月向使用者开出结算单,而贷记卡则要对未清偿余额罚息并每月向使用者开出结算单。因为借记卡是以电子方式借记使用者的存款账户,贷记商户的账户,因此必须有足够的存款余额才能使用借记卡消费,不能融资消费。

第四节 贷款违约风险管理

一、贷款违约风险的情形

贷款违约风险是指借款人没有按约定的要求偿还贷款的事件。银行衡量贷款违约风险时,首先要对违约发生的可能性加以界定,然后对其发生的可能性进行评估,为银行管理者采取措施提供依据并减少违约风险的发生。

借款人发生违约的情形有:

(1)没有按时履行支付义务的付款违约,即在一笔约定的贷款到期日后没有按时偿还贷款。

(2)违反了一项约定事项,违反了一项约定属于一种"技术"的违约。例如,超过了事先规定的财务比率上限和下限等行为。尽管一些技术违约并不会威胁到贷款的安全,但它在一定程度上表明借款人信用质量出了问题,有可能造成贷款无法按时收回,影响了银行流动性安排。

(3)经济违约。它是指借款人资产的经济价值低于未清偿债务价值时的状态。资产的经济价值是指预期未来价值贴现到现在的价值,并随着市场条件的变化而变动。如过渡的通货膨胀、利率与汇率的不稳定等都会导致资产价值低于负债价值。如果资产价值低于负债价值时,借款人到期会无法偿还贷款。

(4)法律诉讼违约。它是指借款人因经济纠纷而卷入法律诉讼,使借款人出现破产倒闭的可能性,最终贷款无法按期偿还。

二、违约风险模型

银行采用许多不同的模型评估贷款违约风险,这些模型从相对定性到高度定量不尽相同,但是这些模型并不是相互排斥的,银行可以采用一种以上的模型对贷款违约风险进行评估。

(一)借款人质量模型

银行对借款人质量评估所考虑的因素是:借款人因素和市场因素。

1. 借款人因素

(1)品德。借款人的品德是从借款人历史还款记录来考察的。如果借款人的历史还款情况良好,每一次借款都能按约定条件完成,就会增加借款人对银行的吸引力,容易使借贷双方之间长期的主顾关系形成一种有关借款和偿还的隐性契约。这种隐性契约超出了借贷双方关系所基于的正式显性法律契约。银行对借款人品德的评价,是在长时间内通过偿还贷款观察到的行为。品德自身的价值形成了对规模较小的、新的借款人的不利影响。正因为这一原因,银行对规模较小的、新的借款人提出要求较高的贷款条件,目的是降低贷款违约概率。

(2)财务杠杆。借款人财务杠杆的高低影响到其违约的概率。这是因为大量的债务增加了借款人利息负担并对其现金流量中的绝大部分形成了索偿权。一般来说,财务杠杆越高,借款人违约率越高;相反,则借款人违约率越低。如图 7-1 所示。

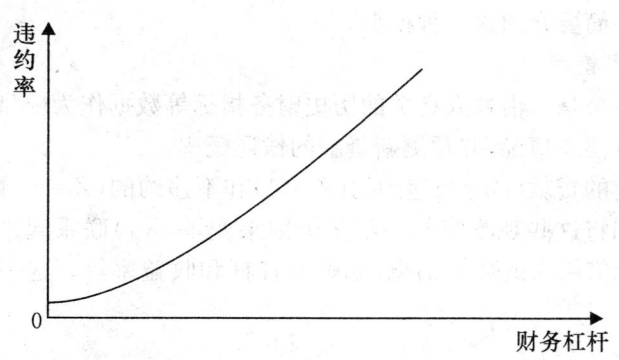

图 7-1 违约概率与财务杠杆之间的关系

由于存在财务杠杆效应,收益现金流高度的流动性增加了任何特定资本结构下借款人不能满足贷款本息支付这种情况的概率。高财务杠杆的借款人随着贷款本息的增加有可能出现破产风险,其贷款违约风险极高。

2. 市场因素

(1)经济周期。借款人所处经济周期中的阶段对银行评价其违约概率是十分重要的。例如,在经济萧条时期,生产汽车与住宅这些耐用品的企业比生产食品这些必需品的企业表现差,这样生产耐用品的借款人特别容易出现违约风险。

(2)利率水平。市场利率水平越高,银行贷款融资成本也就越高,银行为了补偿贷款成本必然提高贷款价格,增加借款人利息负担,其违约率也就上升。同时,高利率也会刺激借款人从事高风险项目以及刺激具有风险的客户来借款。因此,银行必须认识到高利率与高贷款风险之间的关系。

(二)信用评分模型

上面我们仅从定性角度对借款人因素和市场因素来描述借款人违约的概率,但在实际贷款决策中,并不单纯以主观的方式来考察借款人违约风险,而是以一种更客观或定量的方式对这些因素加以权衡,这就是信用评分模型的意义所在。信用评分模型用观测到的借款人有关的经济与财务数据,计算出借款人违约的概率并将借款人分成不同的信用等级。通过对借款人不同的信用等级,银行能够从数量上确定哪些因素对解释违约风险重要和评估这些因素的相对程度,及时改进对违约风险的评价,进而更好地筛选出问题贷款的申请者。

为了更好地使用信用评分模型,银行必须确定借款人违约风险的客观经济性与财务计量值,待计量数据确定之后,采用数理统计方法对违约风险的概率或违约风险的等级进行评分。

信用评分模型包括如下三种模型:线性概率模型、Logit 模型以及线性判别式模型。下面我们简要介绍这三种模型。

1. 线性概率模型

线性概率模型是将借款人有关的历史财务指标等数据作为模型的输入数据来解释以前的贷款偿还情况,并预测新贷款的偿还概率。

我们将以前的贷款(i)分为违约的($Z_i=1$)和不违约的($Z_i=0$)两个观察组,然后通过线性回归将这些观测值与一组 j 个因果变量(X_{ij})联系起来。这组因果变量反映了第 j 个借款人的数量信息,如财务杠杆和收益率等。这一线性回归估计模型为:

$$Z_i = \sum_{j=i}^{n} \beta_j \times X_{ij} + U \tag{7.8}$$

式中:β_j 表示在解释以前偿还历史中第 j 个变量被估计的重要程度;U 表示估计中的误差。

如果我们得到估算的 β_j 值，并将其与未来借款人所观测到的 X_{ij} 值相乘，就可以得出未来借款人的预期值。该值被解释为借款人违约的概率：$E(Z_i)=(1-p_i)$，其中 p_i 是贷款偿还的概率。

这种方法的优点在于只要知道目前借款人的 X_{ij}，就可得出未来借款人的预期值，但缺点在于所预计的违约概率经常处于 0～1 这个区间之外。下面所讨论的 Logit 模型就可以弥补线性概率模型这一缺陷。该模型将违约概率的预计区限定在 0～1 之间。

2. Logit 模型

Logit 模型是将贷款违约概率的预计区限定在 0～1 之间，并假设违约概率按照如下函数呈对数（logistically）分布：

$$F(Z_i)=\frac{1}{1+e^{-Z_i}} \tag{7.9}$$

式中：e 表示指数；$F(Z_i)$ 表示贷款违约的累计概率；Z_i 是一个估计值，它是以一种与线性概率模型类似方式通过回归得出的。

我们只要从回归模型中得出未来借款人 Z_i 的估计值，然后将其代入公式（7.9）就得出 $F(Z_i)$ 值。这一模型的缺点在于假设违约的累计概率呈现出一种反映对数函数的特定的函数形式。

3. 线性判别式模型

线性判别式模型将借款人划分为高违约风险与低违约风险两类。具体做法是：将所观测到的借款人的多种财务指标数值（X_i）与这些指标的权数相乘的和得出指标变量值，其中权数是以历史违约借款人相对于不违约借款人的经验数据，Z 是借款人违约风险等级的计量值。Z 值越高，借款人违约风险的等级越低，即借款人属于低违约风险的等级；相反，则借款人违约风险的等级越高，即借款人属于高违约风险的等级。

例如，美国某家上市企业的线性判别式模型表达式为：

$$Z=1.2X_1+1.4X_2+3.3X_3+0.6X_4+1.0X_5$$

式中：X_1 表示流动资产与总资产比率；X_2 表示留存利润与总资产比率；X_3 表示税前利润与总资产比率；X_4 表示股票市值与长期负债账面比率；X_5 表示销售总额与总资产比率。

使用线性判别式模型作违约风险评估时，存在的问题有：一是该模型仅仅将借款人区分为两个极端情况，即违约和不违约。事实上，借款人存在不同程度的违约行为。二是权数完全取决于银行管理者经验数据，难免带有主观行为，准确性较差。

(三) 违约概率模型

违约风险是根据一定时期内违约发生的概率来衡量的。我们假设银行对 1 年期贷款要求的预期收益率 k 至少等于 1 年期国库券的无风险收益率 i，p 为借款人的贷款本息被完全偿还的概率，$1-p$ 则为违约的概率，就存在如下的等式：

$$p \times (1+k) = 1+i \tag{7.10}$$

如果贷款预期收益率为 15%，国库券收益率为 10%，银行认为该笔贷款被偿还的概率应为：

$$P = \frac{1+i}{1+K} = \frac{1+0.10}{1+0.15} = 95.7\%$$

那么该笔贷款违约概率为 4.3%。银行就会要求 5% 的风险溢价，即：

$$\Phi = k - i = 15\% - 10\% = 5\%$$

可见，随着偿还概率的下降，违约概率就会增加，银行所要求的风险溢价相应也就提高。在实践中，如果借款人违约，并不是所有贷款的本息完全损失了。银行在发放贷款时，按照借款人信用等级要求有一定比例的抵押品，即使借款人破产倒闭也可以得到部分的偿还。我们假设 γ 为借款人违约时，银行通过处理抵押品或破产获得偿还金额占贷款本息之和的比率，这样银行会将贷款的期望收益率以如下方式设定，并等于国库券的收益率，即：

$$p \times (1+k) + \gamma \times (1+k) \times (1-p) = 1+i \tag{7.11}$$

这里的 $\gamma \times (1+k) \times (1-p)$ 表示借款人违约时银行预期得到偿付的金额。我们将公式（7.11）进行转换可得出贷款收益率与无风险收益率之间的风险溢价（$\Phi = k - i$）为：

$$\Phi = k - i = \frac{1+i}{\gamma + p - p \times \gamma} - 1 + i \tag{7.12}$$

如果无风险收益率 $i = 10\%$，偿还率 $p = 95.7\%$，银行期望在发生借款人违约时得到承诺收入 $\gamma = 90\%$，则风险溢价 $\Phi = 4.7\%$。可见，借款人违约时银行得到承诺收入越高，银行所要求的风险溢价也就越低。因此，抵押担保质量的高低直接关系到借款人发生违约时银行所得到的承诺收入，也决定了银行所要求的风险溢价。风险溢价与抵押担保比率之间完全可以替代，从图 7-2 中可以看到它们之间的替代关系。

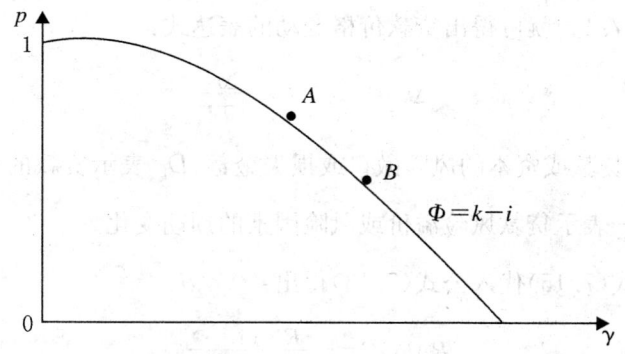

图 7-2 风险溢价与抵押担保之间的替代关系

其中,$\Phi=k-i$ 表示风险溢价曲线;γ 表示贷款抵押担保比例,此比例意味着违约时银行获取承诺收入占贷款本息的比例;p 表示贷款被偿还的概率。A 点具有 $\gamma=70\%$、$p=80\%$ 的抵押担保贷款与 B 点具有 $\gamma=80\%$、$p=70\%$ 的抵押担保贷款,有着相同的必要风险溢价。抵押担保比例 γ 的增加是违约风险 p 的下降的直接替代,即 γ 与 p 是完全相互替代的。因此,抵押担保的要求是一个控制违约风险的重要方法,银行在设定必要的贷款利率过程中,它作为一个风险溢价的直接替代。

(四) 资本风险调整收益率模型

资本风险调整收益率(risk adjusted return on capital,简称 RAROC)模型是基于市场数据来评估违约风险。它是由美国信孚银行开发出来的,现已被银行用于评估贷款违约风险的有效工具之一。

资本风险调整收益率模型的基本思路为:不是评价实际的或承诺的贷款年度现金流,而是银行对预期贷款收入与贷款风险作出权衡。这样,用贷款收入(R)与贷款风险(ΔL)或资本风险之间的比率来衡量 $RAROC$ 的计量值,即有:

$$RAROC=\frac{某项贷款的年收入}{贷款风险或资本风险}=\frac{R}{\Delta L} \tag{7.13}$$

如果当某项贷款的 $RAROC$ 高于银行资本的基准成本时,则该项贷款才能被批准。此外,资本风险调整收益率模型也可以评估现有的贷款,当现有某项贷款的 $RAROC$ 低于银行的标准时,银行将会试图调整该项贷款的期限,使之再次得以盈利。

$RAROC$ 估算中的一个问题是贷款风险的计量,即 ΔL 值。根据持续期概念,贷款市值变动率 $\left(\dfrac{\Delta L}{L}\right)$ 与贷款的持续期 D_L 和利率冲击大小 $\left(\dfrac{\Delta r}{1+r}\right)$ 有关,即:

$$\frac{\Delta L}{L}=-D_L\times\frac{\Delta r}{1+r} \tag{7.14}$$

根据公式(7.14)就可得出贷款价格变动的表达式：

$$\Delta L = -D_L \times L \times \frac{\Delta r}{1+r} \tag{7.15}$$

式中：ΔL 表示贷款或资本的风险敞口或损失金额；D_L 表示贷款的持续期；L 表示贷款金额；$\frac{\Delta r}{1+r}$ 表示贷款风险溢价或风险因素的预期变化。

我们将公式(7.15)代入公式(7.13)得出：

$$RAROC = -\frac{R \times (1+r)}{D_L \times L \times \Delta r} \tag{7.16}$$

公式(7.16)是资本风险调整收益率的估算值。在这一公式中，贷款的持续期、收入与金额很容易得出，最难估算的是贷款风险溢价的变动值 Δr。因为贷款风险溢价的公开信息很少，一般采用信息公开的公司债券市场数据来估算这种风险溢价。具体做法是：先从信用评级机构获取借款人的信用等级，然后分析上一年该信用等级所有交易债券风险溢价的变化并得出债券收益率的变动值。

例如，假设某项 AAA 信用等级借款人，其债券目前利率水平为 10%，利率变动值为 1.1%，贷款的持续期为 3 年，金额为 100 万美元，则该项贷款风险估算值为：

$$\Delta L = -3 \times 1\,000\,000 \times 0.011 \div 1.1 = -30\,000(美元)$$

如果该借款人信用质量下降，所造成的贷款市值的变化为 3 万美元，相对 100 万美元来说，其风险很小。

为了确定该笔贷款是否值得，假设贷款收入为 4 000 美元，则该项贷款的 $RAROC$ 为：

$$RAROC = \frac{4\,000}{30\,000} = 13.3\%$$

如果 13.3% 的资本风险调整收益率超过银行的 $RAROC$ 标准，该项贷款将会被批准；如果低于这一标准，则该项贷款将会被拒绝，或者要求借款人支付更高的贷款利率和费用，以便将 $RAROC$ 增加到可以接受的水平。

另外，有些银行对 $RAROC$ 计算公式进行变形，分子采用每一单位贷款的年收入，分母采用未预期贷款损失率与违约贷款金额损失比例之积，即：

$$RAROC = \frac{每一单位贷款的年收入}{未预期贷款损失率 \times 违约贷款损失比例} \tag{7.17}$$

假设 1 美元贷款的年收入为 0.004 美元，贷款损失率为 4%，由于违约导致贷款本息不能收回的比率为贷款本息的 80%，则：

$$RAROC = \frac{0.004}{0.04 \times 0.80} = 12.5\%$$

（五）违约风险的期权模型

近年来，银行将布莱克（Black）、斯科尔斯（Scholes）和默顿（Merton）的期权定价模型运用到违约风险溢价中，直接估算出银行向借款人作出风险贷款的市场价值。其表达式为：

$$F(\tau) = Be^{-i\tau} \times \left[\left(\frac{1}{d} \right) \times N(h_1) + N(h_2) \right] \tag{7.18}$$

式中：τ 表示至贷款到期所剩余的时间；d 表示计量为 $\dfrac{Be^{-i\tau}}{A}$ 的借款人的财务杠杆，其中债务市场价值是按无风险利率 i 确定的；$N(h)$ 是从标准正态分布统计表中计算出的数值；$h_1 = -\dfrac{\left[\frac{1}{2\sigma^2\tau} - \ln d \right]}{\sigma \sqrt{\tau}}$，$h_2 = -\left[\dfrac{\frac{1}{2\sigma^2\tau} + \ln d}{\sigma \sqrt{\tau}} \right]$，其中，$\sigma^2$ 表示借款人资产风险的计量值，它是借款人基础资产价值改变率的方差。

那么，银行向借款人收取的均衡违约风险溢价为：

$$k(\tau) - i = \left(\frac{-1}{\tau} \right) \times \ln \left[N(h_2) + \left(\frac{1}{d} \right) \times N(h_1) \right] \tag{7.19}$$

式中：$k(\tau)$ 表示风险贷款的收益率；ln 表示自然对数；i 表示与贷款到期期限相同的国库券收益率。

这样，银行应随着 d 和 σ^2 的变化，即随着财务杠杆率与资产风险的变化，及时调整必要的风险溢价。只要 d 和 σ^2 增加，银行就会要求更高的风险溢价。

第五节　不良贷款管理

只要存在贷款业务，就会有不良贷款。任何一家银行都不可能完全避免不良贷款并由此造成的贷款损失。但是，如果银行加强贷款管理，及时发现不良贷款，然后采取有效的措施，就可以最大限度地避免不良贷款的增加。

一、不良贷款概念

不良贷款是指客户未能按照约定期限偿还的贷款。根据国际上通行的贷款质量五级分类法，贷款质量可分为正常贷款、关注贷款、次级贷款、可疑贷款和损失贷款五类,其中后三类为不良贷款。

(一) 正常贷款

正常贷款是指按期还本付息的贷款,且风险在银行控制范围内。这类贷款违约的概率为零。提取的贷款损失准备金为零。

(二) 关注贷款

关注贷款是指借款人虽能履行合同,但由于经营上的失误,可能造成银行贷款质量的恶化,因此需要银行特别加以关注,随时了解借款人财务状况的贷款。这类贷款违约的概率为 2%,提取的贷款损失准备金为 2%。

(三) 次级贷款

次级贷款是指借款人的还款能力以及抵押担保都不足以保证贷款本息的完全偿还,银行贷款损失发生的可能性较大的贷款。这类贷款违约的概率为 20%,提取的贷款损失准备金为 20%。

(四) 可疑贷款

可疑贷款是指贷款无法全部收回,即使拍卖抵押品也无法全部收回的贷款。这类贷款违约的概率为 50%,提取的贷款损失准备金为 50%。

(五) 损失贷款

损失贷款是指银行通过各种努力(包括诉诸法律)都无法收回或剩余价值极少的贷款。银行对此类贷款采用注销或冲账的方式加以处理。这类贷款违约的概率为 100%,提取的贷款损失准备金为 100%。

二、不良贷款产生的原因

造成不良贷款产生的原因是多方面的,但主要是由借款人的还款能力和还款意愿决定的。具体来说,有以下几方面的原因。

(一) 银行方面的原因

1. 贷前调查欠佳

避免不良贷款关键的第一步就是贷前认真调查。通过贷款面谈和财务分析详细了解借款人财务状况和以往的还款能力,从整体把握借款人的经营绩效,以防所获取的信息不充分给贷款决策造成错误的决定。银行贷款人员可能因主顾关系受到威胁或朋友之情，提出一些与借款人财务状况有关的尖锐的试探性问题，这方面的失误，可能给不良贷款埋下伏笔。

2. 不恰当的贷款结构安排

造成不良贷款的另一个原因是银行未能合理安排贷款结构。如果银行不了解借款人与其现金流量循环，那么，它所安排的贷款结构往往会出现问题。如果缺乏这方面的信息，银行很难预测借款人未来的资金需求并选择恰当的贷款类型、数量和偿还条件。对借款人来说，不论财务状况如何，都会发现自己很难偿还那些与自己的现金流量不匹配的债务。

3. 抵押品设置不当

抵押品设置不合理也是造成不良贷款主要原因之一。尽管抵押品作为贷款的支持，但银行没有对抵押品的所有权、价值和适销性以及环境风险进行有效的评估，仅仅是对抵押品进行草率的观察，就有可能使贷款第二偿还源得不到保障。

4. 不完备的贷款监督

如果贷款人员能够密切跟踪所发放的贷款的话，不良贷款就有可能避免。由于银行所建立的内控体系不完善，仅仅从借款人书面材料监督贷款执行情况，而不是深入去了解借款人对贷款的使用状况，那么不良贷款是不可避免的。因为如果借款人不诚实或商业环境发生变化，银行就会受到虚假材料的欺骗。

（二）借款人方面的原因

1. 缺乏管理力度

借款人缺乏管理能力这一因素在贷款得到批准时可能并不明显。为了达到一定的管理力度，借款人必须具备的基本条件是：有最终的决策者、有产品开发与营销专家以及精明的财务管理者。同类企业面对同样的市场环境，在经营方面时好时坏，其关键的因素在于管理力度不足。

2. 产品与服务退化

当借款人的产品与服务的定价不再具有竞争力或其质量出现不稳定的状况时，不良贷款就会产生。因为这方面存在的问题，无法保证有足够的现金流量来满足贷款偿还。如果有些借款人出于投机取巧，在产品质量上钻空子，那将会更糟糕。

3. 糟糕的市场营销和财务控制

借款人要有一整套行之有效的市场营销网，才能保证销售额与利润额的上升，满足偿还贷款的现金流量。具有良好的财务控制的借款人有能力监控应收账款、存货、产品质量和日常费用开支。如果借款人缺乏适当的财务控制,那么,不足的存货数量可能会长期不被发现,应收账款长期不能及时清偿,这些都会对借款人的获利能力和偿债能力构成威胁,不良贷款就会产生。

(三) 外部环境因素

1. 经济因素

经济不景气以及税收和利率方面的变化导致借款人偿债能力下降,不良贷款就会发生。例如,在经济衰退时期,许多企业都会解决销售迟缓、成本增加以及利率上升所引起的现金流量问题。

2. 市场竞争与技术水平

市场竞争加剧导致生产同类产品的借款人销售额下降、成本上升等,都会影响借款人的利润增加和偿还贷款能力的下降。

在高科技行业,当一位竞争者引进一项更先进的技术设备时,其他同类的企业获利能力就会受到影响。因此,借款人必须通过使用技术先进的设备来提高生产效率和产品质量,否则就会面临技术上的滞后。

3. 环境因素

如强制提高最低工资标准,执行更加严格的保健、安全和环境污染控制规则以及自然灾害等,都会影响借款人的生产成本和偿还贷款能力。

三、不良贷款对银行的影响

不良贷款必然会使银行承担某种不必要的成本。最明显的成本是一项不良贷款最终导致一笔资产的注销或冲账,这样银行的贷款本息被损失掉了。但是,损失贷款所占不良贷款比例并不是很高,否则,银行就会倒闭破产。大多数不良贷款给银行带来的损害主要有以下几个方面。

(一) 声誉的损害

银行业的基础建立在信用之上。只有当银行有良好的声誉,才能吸引大量的存款客户与投资者。因为当一家银行的存款客户与投资者相信它有能力审慎经营时,这家银行才能吸收到发放贷款与投资的资金。如果一家银行存在着大量的不良贷款,将损害银行在客户和投资者心目中的形象,这样,银行吸收存款与资本的能力就会下降,必然削弱其获利能力,影响银行的生存与发展。如果这家银行的不良贷款产生于银行急于发展的迫切心理而不是信用质量,那么它就会赢得"轻易发放贷款"的名声,从而吸引众多信用质量较差的客户,导致不良贷款进一步增加。

(二) 费用支出增加

不良贷款增加的银行必然导致行政支出、监管费用和法律诉讼费用的增加,从而增加银行的经营成本,削弱其竞争力。因为大量不良贷款的产生,银行必须花时间与借款人打交道,找出产生不良贷款的原因。同时,在处理不良贷款的过程中,有时需要聘请评估师、咨询专家和其他方面的专家,所有这些都会增加银行行政支付。

如果不良贷款最终不得不在谈判桌上或破产法庭中解决,那么银行在换回贷款损失时,就会支付一大笔律师费和诉讼费。若这些费用太高或超过了处理不良贷款所获取的资金,银行就会提前接受一种大打折扣的不良贷款解决方案,大部分贷款被损失掉了。此外,银行在处理不良贷款时,有可能成为被告。如果这一情况发生,银行除了支付一笔数量相当大的诉讼费外,还可能影响到银行声誉。诉讼的失败,则意味着银行支付大量的赔偿金,如果赔偿金超过银行资本,银行只好宣布破产。

拥有大量不良贷款的银行可能会受到监管当局更为严格的监督与控制。银行需要定期向监管当局提交特殊的报告,这些费用也由银行自行承担。

(三) 违反诚信与公平交易原则

商业银行负有一种不言自明的义务,那就是公平合理地对待客户。这种义务超越于贷款合同的书面条款之外。即使银行完全按照合同条款去做,它仍然有可能被判定为不合理地利用了合同赋予它的权利。例如,如果银行在没有正式通知的情况下拒绝让客户动用一笔贷款额度,那么该客户就必须有一项正当的理由来为自己的行为辩护。比如,这位客户目前有一笔逾期仍未偿还的贷款,但是,如果贷款人员出于个人原因而采取这种行动,那么就有可能使银行承担支付赔偿的责任。

四、不良贷款的预警信号

贷款不会在一夜之间变成不良贷款。在信用质量恶化之前,往往会出现许多预警信号。如果能够及时发现这些预警信号,并且采取相应的措施来阻止不良贷款的发展,就会最大限度地减少银行的损失。

(一) 非财务性预警信号

来自借款人的非财务性预警信号主要包括:

（1）决策人的行为方式和个人习惯发生了变化。

（2）其他贷款人提供的不利于借款人的法律依据。

（3）管理层、所有权人事的变动。

（4）与贸易供给方关系的恶化，流失了财务状况良好的客户。

（5）丧失了主要产品系列、专利权、分配权。

（6）高风险投机行为，如冒险参与企业并购、新企业投资等。

（7）改变季节性贷款需求时间。

（8）不遵守贷款合同的基本要求，如不能按期向银行提供报表。

（9）管理上缺乏明显的连续性。

（10）劳资关系恶化。

（11）在回应低迷的市场或不景气的经济状况时反应迟缓。

（12）没有及时更新或淘汰过时的厂房与设备。

（13）在企业融资中出现其他贷款人，新贷款提供更优的抵押品。

（14）没有支付保险费而终止保险。

（二）财务性预警信号

来自借款人的财务性预警信号主要包括：

（1）现金头寸恶化以及现金流量出现异常。

（2）延长应收账款的收款期。

（3）应收账款的数量及其占资产的比重急剧增长。

（4）存货数量显著增长，存货周转率明显下降。

（5）流动比率下降以及债务比重上升。

（6）较高的无形资产含量以及资产滞留严重。

（7）为了编制报表而重新对资产估价。

（8）收入与补贴不正常，如非生产性支出急剧上升。

（9）销售量增长而利润下降。

（10）坏账损失程度严重，准备金的大幅度增加。

（11）与利润相比，总资产增长过快。

（12）资产负债结构出现重大变化。

（13）不合格的审计以及财务管理人员变动。

（14）对固定资产或流动资产需求不良的财务规划。

上述这些预警信号，银行可以通过借款人呈送的财务报表获取，也可以通过与借款人的职工、律师、保险经纪人、会计和管理者打交道获取，还可以通过其他机构以及供给商、销售商和股东等获取。银行一旦获取这些与贷款偿还能力相关的预警信号,就要及时分析出现这一现象的原因,并向借款人证实,要求其作出合理的解释。如果银行认定的这些预警信号损害了贷款安全,就应及时采取措施补救,尽量减少贷款损失。

五、不良贷款的处理

一旦一笔贷款确定为不良贷款,银行就应在与借款人接触之前检查贷款并采取行动计划。在某些情况下,谨慎的做法是:把账户从最初的贷款人员手中移交给另一位与借款人不熟悉的贷款人员负责,或者移交给专门负责处理不良贷款的部门,然后调查不良贷款产生的原因并提出处理意见。对不良贷款的处理主要有以下几种。

(一)不良贷款展期

银行对不良贷款进行检查后,认为借款人由于某种客观原因造成贷款不能按期偿还,但通过借款人努力有可能偿还贷款,这时借贷双方应采取紧密合作的态度,对不良贷款进行适当的展期,这对双方都有利。在贷款展期过程中,银行应随时了解借款人的财务状况和保证还款现金流量的变动趋势,并要求借款人追加抵押品或寻找有实力的企业作为担保人。

(二)抵押品清算

如果银行希望节省与借款人继续合作所需的时间和资源的话,或者借款人无法满足继续合作的条件,清算抵押品就是解决不良贷款的另一种方式。通过清算抵押品,银行可以摆脱借款人财务状况继续恶化的风险。虽然清算抵押品是银行挽回贷款损失的最有效方式,但是,抵押品的价值稳定性、可销性以及借款人合作态度都会给银行造成某种程度的损失,有时会面临恶化银企关系、流失客户的风险。

(三)申请法律裁决,依法收贷

如果是信用贷款,或清算抵押品无法偿还贷款,甚至在清算抵押品时借款人采取不合作的态度,贷款银行就可以通过法律裁决,要求借款人或担保人承担还贷的责任。但是,对银行来说,法律裁定收回贷款并不轻松,即使银行赢得诉讼,贷款的偿还因借款人故意拖延等不合作态度,消耗了大量时间与费用。如果因法律诉讼导致银行成为被告,银行将会卷入旷日持久的诉讼之中,并且负担大量的律师费与诉讼费。

(四)破产索赔的可能性

银行的清偿行动可能会迫使借款人通过申请破产来寻求法院的保护。其后果是清偿贷款的时间将会被延长而不是缩短。即使是在清偿可能不会对借款人的经营产生实质性影响的情况下,它也会引起其他债权人对借款人的担心,并促使他们采取相应的法律行动,甚至使债务人破产。银行有可能成为其他债权人的起诉对象,这些债权人认为银行清偿行动是非法的,或者要求银行对他们的债权利益进行赔偿。即便所有的判决都对银行有利,但它也将负担可观的法律费用。因此,破产索赔对银行来说,是解决不良贷款的最不理想的途径。在多数情况下,银行都会愿意通过其他途径挽回贷款损失。当一项不良贷款被确定不能收回时,银行只好采取贷款损失准备金冲销。

第六节 案 例 分 析

【案例 7-1】 个人住房组合贷款

一、背景情况

　　小王看中了上海普陀区某开发商提供的一套 100 平方米住房,房价为 2 万元/平方米,房款为 200 万元。小王是上海某公司设计工程师,家庭月收入 3 万元,年龄为 30 岁。他是首次购买商品房,按规定申请个人住房贷款必须首付 30%,即 60 万元,余下的 140 万元打算向银行申请优惠利率组合贷款,即公积金贷款 40 万元,商业贷款 100 万元,并且按本息固定法的还款方式每月还款,贷款期限 20 年。银行提供的首次购房商业贷款年利率为 7.2%,公积金贷款年利率为 5.4%。

二、分析

40 万元公积金贷款的每月还款额:

$$F=P\times\frac{\frac{i}{12}\times\left(1+\frac{i}{12}\right)^{n}}{\left(1+\frac{i}{12}\right)^{n}-1}=400\,000\times\frac{\frac{5.4\%}{12}\times\left(1+\frac{5.4\%}{12}\right)^{20\times12}}{\left(1+\frac{5.4\%}{12}\right)^{20\times12}-1}=2\,729.01(元)$$

100 万元商业贷款的每月还款额:

$$F=P\times\frac{\frac{i}{12}\times\left(1+\frac{i}{12}\right)^{n}}{\left(1+\frac{i}{12}\right)^{n}-1}=1\,000\,000\times\frac{\frac{7.2\%}{12}\times\left(1+\frac{7.2\%}{12}\right)^{20\times12}}{\left(1+\frac{7.2\%}{12}\right)^{20\times12}-1}=7\,873.49(元)$$

小王每月还款本息总额为 10 602.5 元(7 873.49+2 729.01)。

三、问题

(1) 小王贷款要求是否满足银行按揭贷款的条件?

(2) 如果小王选择本金固定法,那么,小王第一个月还款为多少? 并分析哪一种还款方式最好。

(3) 如果小王把商业贷款期限由原来的 20 年变更为 15 年,那么银行是否会同意? 请说明理由。

【案例 7-2】　勒伯木制品公司贷款申请[①]

一、背景情况

埃瑞克·勒伯太忙了,以至于他都没有时间考虑企业是否成功。1998 年春天,他对勒伯木制品公司进行审视,发现公司的利润增长令人乐观,销售在稳定增长,大部分利润留在了企业。环境的变化使勒伯先生意识到他应当与银行发生业务联系。

1998 年年初,公司向新墨西哥州阿尔伯克基市的南山谷州立银行借入将近 125 000 美元,但大约 1 月后,公司发现现金出现了短缺。但南山谷州立银行已经达到了它的贷款限额,无法再满足大的贷款需求。一个朋友建议勒伯去寻求新墨西哥州的化学国民银行,它是一家大银行,最近收购新墨西哥州一家银行进入阿尔伯克基市场。勒伯先生与化学国民银行第一次会面是比较顺利的,这个信贷员对本地市场很有经验,勒伯先生决定申请金额为 325 000 美元的贷款。这次会面后,化学国民银行开始对勒伯木制品公司与勒伯本人展开信用调查。

二、业务特征

勒伯与他的合伙人安德鲁·墨菲先生于 1988 年创立勒伯木制品公司(LMP)。1994 年,勒伯挤出墨菲成为 LMP 唯一的业主。公司的业务是生产木制品,并将其

---

① 乔治·H·汉普尔:《银行管理教程与案例》,中国人民大学出版社 2002 年版,第 452 页。

批发给制造商,从而供给整个新墨西哥州与男科罗拉多州部分地区的零售商。对大宗购买,LMP 公司给予一定折扣,销售期为 30 天。勒伯通过严格管理营运费用与争取大宗销售进行价格竞争,他的产品大部分用于家庭装修与重建。LMP 公司在 4~9 月的销售额占全年的 55%~60%。表 7-1 反映了 LMP 公司从 1995—1997 年以及 1998 年第一季度的比较性收支报告。

表 7-1 LMP 1995—1997 年度及 1998 年第一季度的收支报告

金额单位:千美元

时间 \ 项目	1995 年	1996 年	1997 年	1998 年 1~3 月
销售净额	1 924	2 288	3 065	806
产品销售成本				
期初存货额	289	252	367	468
购买额	1 589	2 200	2 779	874
	1 877	2 452	3 146	1 342
期末存货额	252	367	468	634
商品销售成本	1 625	2 085	2 678	708
毛利	299	203	387	98
营业费用	99	125	189	52
净营业利润	200	78	198	46
加上:购买折旧	13	13	13	3
	213	91	211	49
扣除:销售折旧	42	47	73	21
净利润	171	44	138	28
业主提取额	0	0	73	15

勒伯先生本人很年轻,是一位很有声望的企业家。供应商告诉信贷员勒伯先生工作勤奋,他的大部分时间花在企业经营上。虽然他没有大学学历,但他学习了会计等经营管理方面的知识。有一位精明的会计师协助勒伯先生的工作,有大量熟悉生产与销售人员。勒伯先生主要个人资产包括 1985 年建造的住宅和 1 辆新的汽车,目前住宅抵押价值达 350 000 美元,除此之外,他还购买了 5 万美元的普通人寿保险,受益人是他的妻子。

三、调查结果

银行同 LMP 公司客户与供应商的讨论等一系列调查表明公司的产品市场十分稳定,销售前景很乐观。银行认为,LMP 公司 1998 年销售额在 330 万～420 万美元之间。银行还特别关注了公司的债务状况与流动比率。过去几年中存货周转率很高,债务拖欠则十分低。表 7-2 反映了比较性的资产负债表数据。根据过去的经验,银行认为贸易的购买期为 10 天。供应商对信誉好的客户会开出 60 天的票据,但并不情愿。信贷员对 LMP 公司的贷款还存在几个疑问:

(1) 企业的盈利十分好,勒伯先生为什么需要这么多的贷款? 通过评估勒伯先生的贷款需求,银行认为 1998 年 LMP 公司资产负债表中的销售额在 330 万～420 万美元之间。

(2) 信贷员希望了解 LMP 公司对资金的历史需求,于是他设计了 LMP 公司近几年的现金流量表。

(3) 公司虽然盈利很好,但在经营与融资方面可能还存在一些问题,于是信贷员借助财务指标分析预测公司的强弱与发展趋势。

(4) 信贷员是否应当在向银行贷款委员会推荐这一贷款时设计一个贷款组合呢? 如果可以,这一贷款的期限与条件应当是怎样的呢?

表 7-2　LMP1995—1997 年度及 1998 年第一季度的资产负债表

金额单位:　美元

时间 项目	1995 年	1996 年	1997 年	1998 年 1～3 月
资产				
现金	146	733	9 256	3 479
扣除坏账储备应收账款	149 037	232 406	285 184	335 122
存货	252 213	367 682	466 848	633 511
流动资产总额	401 396	600 821	761 288	972 112
扣除折旧储备的不动产	15 504	19 781	29 718	26 939
预付款	0	0	0	6 749
总资产	416 900	620 602	791 006	1 005 795
负债				

（续表）

时间 项目	1995 年	1996 年	1997 年	1998 年 1~3 月
应付票据——银行	0	0	0	124 800
应付票据——雇员奖金	0	0	0	12 584
应付票据——墨菲	83 200	0	0	0
应付票据——贸易	0	0	0	170 994
应付账款	149 396	355 480	450 941	359 674
应付费用	0	8 944	18 704	2 345
流动性总负债	232 596	364 424	469 646	670 397
净值	184 304	256 178	321 360	335 398
总负债与净值	416 900	620 602	791 006	1 005 795

本章基本概念

短期贷款　定期贷款　消费贷款　贷款承诺　违约风险　信用分析　贷款政策　贷款定价　分期付款　基础利率　不良贷款　补偿余额　本金固定法　本息固定法　价格领导定价法　成本收益定价法　信用卡　78 规则

本 章 思 考 题

1. 信用的 5C 标准是什么？
2. 企业贷款与消费贷款的信用评估有哪些不同？
3. 简述贷款定价原则与贷款价格的构成。
4. 简述违约风险的计量模型。
5. 不良贷款产生的成因以及处理方法有哪些？
6. 简述消费贷款的特点，以及我国银行发展此项业务的意义。
7. 简述新形势下的我国银行不良贷款控制方法。

第 八 章

商业银行证券投资管理

证券投资是现代商业银行获取收益的另一个重要途径。商业银行从事证券投资，不仅能获取收益，而且能够在证券市场上迅速变现，满足银行流动性需求。证券投资相比贷款而言，它的灵活性使其成为调节银行资产负债表利率敏感性的有效工具，并且通过价格手段影响客户。

第一节　商业银行证券投资概述

一、商业银行证券投资的目的

商业银行买卖固定收益性的有价证券，目的是满足其流动性、安全性与盈利性的要求，是增加收益、降低经营风险和保持资产流动性的重要手段。

（一）获取收益

商业银行证券投资可以创造收益。因为证券的交易费用与管理费用都要低于发放的贷款，于是证券投资对银行净收益的贡献要大于对总收入的贡献。目前，美国规模较大的商业银行30％以上的净收益来源于证券投资。证券投资收益来源于利息收入和证券增值收入两部分。利息收入是银行购买证券后，按照证券发行时确定的利率从证券发行人那里获取的收入。这种利息收入有两种形式：一种是根据证券上标明的利率，按照规定的日期从发行人手中获取的利息收入；另一种是通过贴现方式获取，发行人在证券拍卖时按照面值打一定的折扣向投资者拍卖，到期日按照面值赎回,其折扣就是利息收入。以贴现方式获取利息收入通常是短期证券。证券增值收入是指银行通过低买高卖证券的价差收入。例如,当银行预期市场利率下降时,证券价格就会上升,这时银行将低买的证券卖出,就获取证券增值收入。当然,证券增值收入存在一定的风险性。如果高价买入证券,市场利率处在上升时期,这时银行为了满足贷款需求,就有可能低价出售证券,导致证券增值收入为负数。

(二)流动性管理

大多数银行购买证券出于流动性管理目的,将购买的证券作为补充流动性资产。因为证券投资是银行主动性资产,银行在满足流动性需求时,可以随时在市场上出售变现,而贷款是银行被动性资产,合同条款制约着它的变现。

(三)管理利率风险

利用证券投资组合来管理利率风险,是现代商业银行为防范利率风险所采取的主要手段。因为证券流动性极高,可以迅速买卖,所以银行通过持有证券并进行组合就可以及时调整资产负债表利率敏感性,规避利率风险。倘若预期利率下降,银行可以迅速增加固定收益性的证券,使敏感性资产小于敏感性负债,保持利率敏感性负缺口。而贷款调整的被动性与时滞性,无法及时调整资产负债表利率敏感性。

(四)消除信用风险

由于证券发行人都是信用等级极高的债务人,并且他们的信用等级都是通过公开市场来进行评估的,银行很容易获取证券的风险级别,从而使银行在从事证券投资时很少遭遇违约风险。就同一家企业申请贷款与发行证券来说,其证券的信用风险最小。即便不是同一家企业,证券的风险级别高于优质贷款的中等风险级别。

(五)风险资本管理

银行利用证券组合进行风险资本管理,提高资本充足率,满足监管部门对风险资本的要求。因为银行持有的大部分证券,特别是政府债券,其风险权数极低,降低了总加权风险资产额,避免了较高资本规定对资产规模的约束,有利于资产增长。

此外,银行证券投资支持了政府平衡财政预算,活跃了公开市场业务,有利于市场利率合理与公正,并且银行根据客户与监管当局要求调整资产负债表。

二、商业银行证券投资的对象

银行证券投资主要包括政府债券、市政债券、金融债券与政府支持的重点建设项目债券、公司债券以及其他证券，很少涉及公司权益投资，如公司股票。

（一）政府债券

政府债券又称财政债券。它是商业银行证券投资的主要对象。政府债券发行的目的是平衡财政预算和其他方面的支付转移。这类债券又分为国库券、中期债券与长期债券。

1. 国库券

国库券(treasury bills)是指期限在 1 年以内的政府短期债券。国库券通常采用拍卖的方式发行，按照票面值打一定折扣出售，兑现时按照票面值支付，投资者所获取的收益便是票面值与折扣价格之间的差额，即国库券的收益。由于国库券期限短、流动性高、不存在信用风险、可以免税，因此很受商业银行的欢迎。它是银行最大买主，一般占银行持有债券的 50% 以上。银行持有国库券的目的是流动性管理以及作为向中央银行贷款的担保品。

银行直接从财政部或在市场上购买国库券，并为国库券创造了一个持续有效的市场，这一市场决定的利率成为无风险利率水平，其他债券利率的确定均参照这一利率标准。其利率计算公式为：

$$国库券利率或贴现率 = \frac{票面价值 - 购买价格}{票面价值} \times \frac{360}{到期天数} \times 100\% \qquad (8.1)$$

例如，假设某家银行以 98 元的价格购买 3 个月期面值为 100 元的国库券，则该种国库券的贴现率为：

$$贴现率 = \frac{100 - 98}{100} \times \frac{360}{90} \times 100\% = 8\%$$

2. 中期债券与长期债券

在美国，中期债券(treasury notes)的期限为 1~10 年，面值最小为 1 万美元，每半年支付一次利息，多数以持有人或登记注册的形式获取；长期债券(treasury bonds)的期限在 10 年以上，以持有人或登记注册的形式获取，每半年支付一次利息。由于这两种债券期限较长，收益较高，银行购买这些债券的目的是获取收入。在选择中长期债券的期限时，主要考虑证券组合的要求与利率风险的预期。

中期和长期债券的承销方式有两种：一种与国库券一样进行拍卖，谁出的价格高,就卖给谁;另一种是认购,在认购之前,财政部先确定债券销售的数量、期限和收益率等,然后向外界公布进行认购。值得注意的是,所有政府债券都是不能提前赎回的,至到期日方可兑现。

(二)市政债券

市政债券(municipal securities)又称地方政府债券。地方政府对资金日益需求的增长促进了市政债券市场的迅速发展。在美国,这种债券的收益不必交纳联邦收入所得税,也可免除州所得税的义务,因此它也受到商业银行的欢迎,商业银行成为主要买家。市政债券主要有以下几种。

1. 官方的住宅类债券

官方的住宅类债券是地方的住宅机构为了建设低价住宅而发行的市政债券。这类债券由美国政府提供担保,因此信用较高,基本上没有信用风险,很受银行的欢迎。

2. 普通责任债券

如果一个社区的所有财产的税收收入能够用于支付债务,则由地方政府出面作担保,并承诺以税收来保证债务支付,就可以发行普通责任债券。由于这种债券偿还依赖于发行人的税收收入,因此银行对这种债券的买卖取决于发行人未来经济增长的情况。

3. 收益债券

收益债券是为某一项公共事业或项目建设筹集资金而发行的债券。其支付来源于公共事业或项目的预期收益。这类债券不需要地方政府担保。因为这些公共事业或项目,如公路、机场、教育、医院等都会有良好的预期收入。银行往往通过对所建设的项目进行评估来决定是否购买这种债券。

(三)金融债券与政府支持的重点建设项目债券

1. 金融债券

金融债券是由中央政府所属的金融机构发行的债券,一般由中央政府担保,基本上没有信用风险。这种债券利率较高,期限较长,银行出于证券投资组合与获取收益的目的进行购买。在我国,中国人民银行和三种政策性银行发行金融债券。国有银行是此类债券的最大买家。

2. 项目债券

项目债券是国家为了建设重点项目筹资而发行的债券,其利率较高,偿还债券的本息来源于所建设重点项目的预期收入,由中央政府间接担保。银行购买这种债券时,往往要对发行人未来预期收入进行评估,然后决定是否购买。一般来说,银行出于支持政府的重点项目建设,都会积极购买,特别是向这些重点项目建设融资的银行。

(四) 公司债券

公司债券是由私人公司发行的债务工具,其利率最高,信用风险最大,一般都是可赎回的。银行购买这类债券,取决于发行人的信用等级以及赎回的便利性。因此,银行购买这类债券时特别关注违约风险,而不是收益。当然,银行购买公司债券可以享受税前纳税,直接进入营业成本,也会出于证券投资组合购买信用等级较高的公司债券。

三、商业银行证券承销

(一) 证券承销的方式

证券承销是指银行依照协议包销或代销发行人的证券而获取手续费的行为。证券承销的方式有:

(1) 全额包销。它是指银行将发行人的证券按照协议全额购买,然后向市场投资者出售的一种承销方式。采用包销方式,银行要承担全部发行风险,并获取很高的手续费用。

(2) 助销又称余额包销。它是指银行按照规定的发行额和发行条件,在约定期限内向市场投资者出售证券,到销售截止日,如果投资者实际认购总额低于预先发行总额,则未出售的证券由银行负责认购的一种承销方式。采用助销方式,银行也要承担部分发行风险,获取的手续费用低于全额包销的手续费用。

(3) 代销。它是指银行代理发行人发售其新发行的证券,在发行结束时将未发售的证券全部退还发行人的一种承销方式。采用代销方式,银行不承担发行风险,并获取较低的手续费用。

(二) 商业银行承销证券的原因

商业银行经营承销证券业务,主要原因是:

(1) 获取承销手续费用,增加经营收入。在证券承销中,通常发行人将新发行的证券打一定比率的折扣后卖给承销银行,银行按照承销价格发售,获取一定差价作为手续费收入。

(2) 从证券买卖中获取收益。在证券包销中,银行将未发售的证券在市场上以高价卖出,获取差价收益,但价差收益存在着风险。

(3) 按批发价格为自己的关系客户获得所需的证券,可促进银企关系。

(4) 树立社会形象。能够承销国库券的承销商通常是大型商业银行,它们在承销证券的过程中扩大了银行的声誉和影响,提高了自己在客户心目中的地位,增加了无形资产。

第二节 证券投资的收益与风险

商业银行证券投资首要关注的问题是证券投资收益与风险的状况。证券投资的收益与风险是形影相随的,收益与风险呈正向关系,收益越高,风险越大。因此,商业银行必须科学、细致地分析与了解证券投资中收益与风险之间的相互关系,才能在证券投资中控制风险,获取合理的收益。

一、证券收益率的计算

证券收益率与证券利率既有联系,又有区别。证券利率是指证券年利息收入与证券面值的比率,即票面收益率。但证券收益率不仅仅是指利息收入,它还包括证券买卖的盈亏和证券利息再投资所得到的收益。因此,证券收益率是全面衡量证券投资回报大小的指标。

(一) 附息票的证券收益率计算

1. 当期收益率的计算

在证券的收益中,只考虑利息收入的收益率称为当期收益率。其计算公式为:

$$当期收益率 = \frac{年利息收入}{市场价格} \times 100\% \qquad (8.2)$$

例如,假设一张面值 1 000 元的债券,票面年利率为 8%,市场价格为 950 元,期限为 1 年,则该债券的当期收益率为:

$$当期收益率 = \frac{1\,000 \times 0.08}{950} \times 100\% = 8.4\%$$

如果市场价格等于票面值时,当期收益率就等于票面收益率。如果投资者主要关心的是比较不同证券的收益流量,则计算当期收益率十分有用。但它忽略了证券到期时实现的资本损益,不能反映不同期限的证券在收益率上的差别,因而不能全面反映投资者的收益。

2. 单利到期收益率的计算

在证券收益的计算中,如果既考虑利息收入,又考虑证券买卖的资本损益,则采用单利到期收益率更能准确地反映投资者的收益。单利到期收益率的计算公式为：

$$单利到期收益率 = \frac{年利息 + (面值 - 市价) \div 偿还期限}{(面值 + 市价) \div 2} \times 100\% \qquad (8.3)$$

例如，假设一张面值 1 000 元的债券，票面年利率为 8%，市场价格为 950 元，期限 10 年，则该债券的单利到期收益率为：

$$单利到期收益率 = \frac{80 + (1\,000 - 950) \div 10}{(1\,000 + 950) \div 2} \times 100\% = 8.72\%$$

例如，假设一张面值 1 000 元的债券，票面年利率为 9%，市场价格为 1 069 元，期限 10 年，则该债券的到期与当期收益率分别为：

$$单利到期收益率 = \frac{90 + (1\,000 - 1\,069) \div 10}{(1\,000 + 1\,060) \div 2} \times 100\% = 8.03\%$$

$$当期收益率 = \frac{90}{1\,069} \times 100\% = 8.42\%$$

可见，在比较不同期限、不同价格及票面利率的债券的收益率时，采用到期收益率的计算更为准确。

3. 复利到期收益率的计算

如果考虑到利息再投资所获取的收入，就需要采用复利到期收益率的计算。其计算公式为：

$$P_0 = \sum_{t=1}^{n} \frac{CF_t}{(1+r)^t} + \frac{P_n}{(1+r)^n} \qquad (8.4)$$

式中：P_0 表示债券的现行价格；CF_t 表示投资者在第 t 期收到的现金流量；n 表示最后一笔现金流的支付时间；r 表示期限内的收益率；P_n 表示按票面值赎回债券应支付的现金流；t 表示现金流量发生距离现在的时间。

在实际运用中，这一计算公式太复杂，如果每年现金流量相等时，则可以将这一计算公式简化为：

$$r \approx \frac{CF_t + (P_n - P_0) \div n}{(P_n + P_0) \div 2} \qquad (8.5)$$

（二）贴现债券收益率的计算

贴现债券以折扣方式发行，到期后按票面值偿还，因此它在整个持续期不再支付利息。这种债券收益率的计算方法与附息票的证券收益率的计算方法不同。

（1）1 年以内偿还的贴现债券收益率的计算公式为：

$$最终收益率=\frac{(偿还价格-购买价格)\div偿还期限}{购买价格}\times100\% \qquad (8.6)$$

（2）偿还期限为 1 年以上的贴现债券复利计算公式为：

$$复利最终收益率=\sqrt[t]{\frac{P}{F}}-1\times100\% \qquad (8.7)$$

式中：t 表示债券的残存年限；F 表示债券购买价格；P 表示债券的偿还价格。

例如，假设一张面值 100 元的债券，拍卖价格为 75 元，期限 3.25 年，则该债券的收益率为：

$$复利最终收益率=\sqrt[3.25]{\frac{100}{75}}-1\times100\%=9.26\%$$

（三）有关证券收益率的几个经验法

（1）市场利率与证券价格成反比关系。当市场利率上升时，证券价格就会下跌，而它的收益率也会上升。

（2）短期证券收益率比长期证券收益率波动要大。因为中央银行通过国库券的买卖来实施货币政策时，必然导致商业银行通过短期证券的买卖来调整准备金头寸，影响短期证券价格的变动，进而引起其收益率的波动。而长期证券价格对这一行为反应比较迟缓，不会立即引起它的收益率波动。

（3）长期证券的价格比短期证券的价格更不稳定。一般来说，预期市场利率上升，期限越长的证券价格下跌幅度越大，它的资本收益越多，这是因为期限风险需要资本损益来补偿。

（4）息票效应。在一定期限下，息票利率越低，市场价格对收益的变化越敏感。这是因为低息证券的总收益大多采取偿还本金的方式，而不是在到期日支付利息。

二、证券收益率曲线

（一）收益率曲线分析

银行管理者在选择具体的证券投资时，必须确定哪种证券期限最能满足银行的收益与风险目标，分析证券收益率曲线，有助于制定投资策略。我们以证券收益率为纵坐标，证券期限为横坐标。曲线上的任何一点都是某一期限和某一到期收益率的组合。图 8-1 是三种不同的收益曲线。

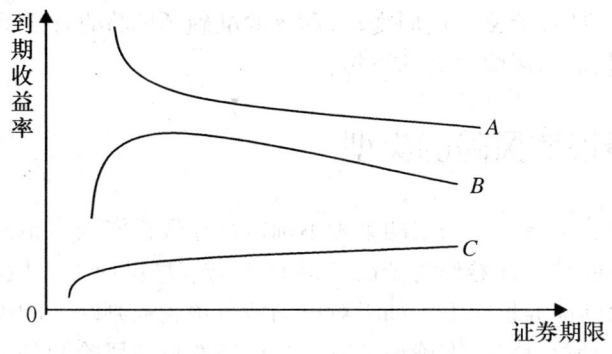

图 8-1 三种不同收益曲线

其中,C 显示的是一种向上倾斜的收益率曲线,表示期限越长的证券收益率越高;A 显示的是一种向下倾斜的收益率曲线,表示期限越长的证券收益率越低。B 显示的是一种隆起的收益率曲线,表示期限相对较短的证券,收益率与期限成正向关系;期限相对较长的证券,收益率与期限成反向关系。

从历史观点来看,在经济周期中的不同时期上可以观察到这三种收益率曲线。在经济萧条时期,利率水平较低,人们预期未来经济条件将会改善,因此长期利率将会上升,证券收益率呈上升倾斜的趋势(C),长期收益率高于短期收益率。在经济繁荣时期,利率水平较高,人们预期利率将会下降,证券收益率曲线呈向下倾斜的趋势(A),短期收益率高于长期收益率。在经济扩张时期,当市场利率在短期内上升时,证券收益率曲线会突然上升,然后又出现长期下降,因为只有投资者确认市场利率上升,证券价格才会下跌,并且期限较短的证券其价格下跌的速度更快,故证券收益率曲线呈隆起的趋势(B)。

(二) 收益率曲线与投资策略

在经济萧条时期,证券收益率是向上倾斜的(C)。银行投资策略是:投资高收益率的长期证券以增加收入,购买短期证券以获取流动性,或者当长期证券价格上升时,将持有的长期证券出售,获取收入,再购买短期证券来满足未来贷款需求。因为这一时期,银行的流动性压力小,而贷款选择较困难,银行投资高收益率的证券,以便在证券价格上升时卖出,这样既可获取收入,又能满足经济复苏时对贷款的需求。

在经济繁荣时期,证券收益率是向下倾斜的(A)。银行投资策略是:卖出高收益率的长期证券获取流动性,满足贷款需求;或者将长期证券卖出,购买短期证券。因为这一时期,银行的流动性压力大,贷款需求旺盛,银行卖出长期证券来满足贷款需求;而银行购买短期证券,在未来利率下降时,可获取更大的投资收益。

利用证券收益率曲线进行投资决策时,关键在于预测未来市场利率变动方向。

我们知道,利率与证券价格呈反向变动,利率的准确预期将直接关系到银行投资组合,关系到权衡收益与风险之间的目标。

三、证券投资风险的类型

证券投资风险是指由于未来的某种不确定性导致投资的本金和预期收益减少或蒙受损失的可能性。证券作为金融产品对市场信息反应更为敏感,市场信息的变化会迅速反映到证券价格上。如果对市场信息预测或判断上的失误将直接导致证券投资的损失,那么科学、准确地了解与分析证券投资风险则是证券投资能否成功的关键。证券投资风险包括系统风险与非系统风险两种。

(一)系统风险

系统风险是指由于社会、政治、经济等某种全局性的因素变化而引起的投资收益的可能变动,进而导致投资收益蒙受损失。系统风险包括以下几种。

1. 政治风险

政治风险主要指国家政局的变动、重要领导人的人事变动以及体制与制度方面的重大变动给证券市场带来的冲击,进而导致证券价格剧烈变动的风险。这种风险往往是突发的、不可预测的,对证券市场影响巨大。

2. 市场风险

市场风险是指由于证券市场行情变动而产生的风险。市场风险来源于投资者对市场的心理预期,而这种心理预期有些是理性的,有些是非理性的。非理性的市场心理预期来源于市场上的各种传言,即所谓的噪音信息(noise information)。市场上各种传言不论是真是假,一旦这种与基本面无关的传言在市场中逐步扩散,从而对投资者的预期会产生作用,引起证券价格波动。传言对投资者产生的预期越大,证券价格将大幅度波动;反之,传言对投资者产生的预期越小,则证券价格波动的幅度越小。一旦被证实传言虚假,证券价格将回归到它的原来的均衡价格。

理性的市场心理预期是投资者根据目前所获得可利用的信息对未来的证券市场价格变化所作出的合理预期,而这一预期是根据基本分析或技术分析得出的,实现的机会很大。如果,这一预期将在市场持续下去,会使更多的投资者加入这一预期的行列,则此预期将成为市场上的主导力量,从而使证券价格大幅度波动,有可能使证券价格长期、持续地偏离其原来的价格水平。因此,投资者对未来证券市场行情持有的态度是产生市场风险的主要原因。当然,行业周期变化使得证券价格往往偏离其真实价值,产生了市场风险。

3. 利率风险

利率风险是指市场利率变动引起投资收益减少或遭受损失的风险。利率的变动与证券价格的变动及证券的到期日密切相关。证券价格变动的程度主要取决于证券的利息收益。一般来说，市场利率预期上升必然引起证券价格下跌；反之，则上升。利率风险还包括再投资风险，短期投资所承受的再投资风险相对更大。此外，利率变动使证券的支付模式会发生变化。例如，利率下跌时会导致债务人在债务到期前提前偿付债务。市场利率不仅会因市场因素自发变动，而且会因金融政策因素导致利率的变动。因此，规避利率风险的最好办法就是进行证券持续期分析和利率掉期。

4. 购买力风险

购买力风险又称通货膨胀风险。它是指由于货币贬值使投资者实际收益水平下降所带来的风险。所有证券都承担购买力风险，当证券投资收回本息的现金流入小于购买证券时付出的现金流时，投资者就发生了购买力的损失。

利率风险与购买力风险是很难区分的，因为市场利率中包含了购买力风险溢价，因而投资者对货币贬值的预期也会对利率产生影响。在存在购买力风险溢价的情况下，证券投资的实际收益率与名义收益率及购买力风险溢价存在下面的关系式：

$$r_r = \frac{1+r}{1+\pi} - 1 = r - \pi \tag{8.8}$$

式中：r_r 表示证券的实际收益率；r 表示证券的名义收益率；π 表示购买力风险溢价，即通货膨胀率。

可见，通货膨胀率越高，投资者就会要求更高的证券名义收益率来补偿购买力风险溢价以保持实际收益率不变。对于一些可赎回的证券，当投资者预期货币贬值，有可能提前要求支付本息时，要采取措施，防止购买力风险对自己未来的投资收益进行侵蚀。

（二）非系统风险

非系统风险是指由于某一行业或某一公司所特有的因素变化而使其证券价格受到影响，进而给投资者带来投资此类证券的投资收益损失。非系统风险包括以下几种。

1. 行业风险

行业风险是指由于证券发行人所处行业特征而引起该证券价格和投资收益变动的风险。不同的行业在国民经济中所处的地位不同，与经济周期波动的相关程度也不同，因此不同的行业既能给投资者带来特有的收益，也会产生程度不同的风险。如果投资者准确把握了行业的特征，就可能最大限度地规避行业风险。

2. 违约风险

违约风险又称信用风险。它是指证券发行人不能按时支付本息,从而使投资者蒙受损失的风险。违约风险是投资者最忌讳、也是最大的证券投资风险。因此,投资者在购买证券时必须了解证券发行人的信用等级。

3. 财务风险

财务风险是指证券发行人的财务状况恶化导致投资者投资收益下降的风险。股票投资的财务风险直接关系到未来红利支付情况。

四、证券投资风险的计量

为了有效控制投资风险,必须对所投资的证券风险进行计量分析。对证券风险计量分析常用的方法主要有以下几种。

(一) 方差与标准差

之所以采用方差与标准差来计量证券的风险,这是因为方差与标准差是反映证券的未来实际收益与其预期收益的偏离程度。投资风险通常是指未来实际收益与预期收益之间偏离的程度。而当证券投资预期收益呈对称分布或近似对称分布状态时,其风险也呈对称分布或近似对称分布状态,所以方差与标准差恰好反映了这种偏离的程度。方差与标准差越大,说明证券的未来实际收益分布状态与预期收益分布状态越分散,偏离的程度越大,其损失程度也越大,即风险越大;方差与标准差越小,说明证券的未来实际收益分布状态越接近于预期收益分布状态,偏离的程度越小,损失程度也就越小,即风险越小。方差与标准差的计算公式为:

$$\sigma^2 = \sum_{i=1}^{n} P_i \times [R_i - E(R)]^2$$

$$\sigma = \sqrt{\sum_{i=1}^{n} P_i \times [R_i - E(R)]^2} \tag{8.9}$$

式中:σ^2 表示方差;σ 表示标准差;P_i 表示各种预期值可能发生的概率;R_i 表示各种实际收益;$E(R)$ 表示收益的期望值;n 表示各种实际收益的个数。

利用证券各年收益率的资料来计算其方差或标准差,就可以得出各年收益率的变动大小,从而计量证券投资的风险程度,投资者以此作为投资决策的参考。

(二) βeta 系数法

βeta 系数法是反映某种证券与整个证券市场相对风险大小的指标。由于外部信息会使整个证券市场产生波动,但不同的证券波动的程度是不同的,因此采用

$beta$ 系数法就是计量某种证券受市场影响而产生的价格波动性的大小，以衡量其风险程度。$beta$ 系数法计量风险方法来源于统计上的回归分析，是用投资收益率与该单一因素所构成的回归模型，通过最小二乘法求出 β 值。其计算公式为：

$$\beta_i = \frac{\mathrm{cov}R_i \times R_m}{\sigma_m^2} \tag{8.10}$$

式中：σ_m^2 表示证券指数的方差；$\mathrm{cov}R_i \times R_m$ 表示 R_i 与 R_m 的协方差；R_i 表示证券的收益率；R_m 表示证券指数的收益率。

β 值大小，反映了单个证券对市场变化的敏感性，说明其系统风险的大小。如果证券 A 的 β 值为 1.5，表明若证券市场上升 10%，则该证券将上升 15%；反之，该证券将下跌 15%。当某种证券的 β 值小于 1 时，表明该种证券的风险小于市场总风险；反之，β 值大于 1 时，表明该种证券的风险大于市场总风险。

方差或标准差和 $beta$ 系数都是反映证券风险程度的指标，但它们之间有着明显的差别。方差或标准差表示的是证券实际收益在不同时期变动的程度，其比较的基础是证券的预期收益；$beta$ 系数是表示某一种证券相对整个证券市场波动的程度，其比较的标准是证券指数的波动程度。

第三节　证券投资组合管理

商业银行作为机构投资者，会把资金投放到不同品种的证券中，形成自己独特的投资组合，以达到分散风险、获取稳定收益的目的。因此，商业银行必须掌握证券投资组合理论、方法以及如何评估投资组合绩效的方法。

一、现代证券投资组合模型

1952 年，哈里·马克维茨发表了《证券组合选择》的论文，该文标志着现代证券组合理论的诞生。后来，各国学者创立了众多的有关证券投资组合模型，形成了一套现代证券投资组合模型。

（一）马克维茨均值方差模型

1. 基本模型

马克维茨认为，如果要从所有可能的证券组合中选择一个最佳的证券组合进行投资，投资者应该实现两个相互制约的目标，即预期收益率最大化和风险最小化之间的某种平衡。

　　马克维茨在提出证券组合选择方法时,假设投资者以预期收益率来衡量未来实际收益率的总水平,以收益率的方差或标准差来衡量收益率的风险,因而投资者在决策中只关心投资的预期收益率和方差。同时他认为,投资者都是厌恶风险的,即投资者总是希望预期收益越高越好,尽量避免承担风险。

　　马克维茨认为,证券组合的预期收益率是由组合中各种证券的预期收益率加权平均数构成。其表达式为:

$$E(R_p)=\sum_{i=1}^{n}W_i\times E(R_i) \tag{8.11}$$

式中:$E(R_p)$ 表示证券组合的预期收益率;$E(R_i)$ 表示证券组合中第 i 个证券的预期收益率;W_i 表示第 i 个证券在组合中所占的比重;n 表示组合中的证券个数。

　　如果证券组合中只有两种证券,那么,我们就可以得出两种证券组成的证券组合所包含的风险为:

$$\sigma^2[E(R_p)]=W_A^2\times\sigma^2[E(R_A)]+W_B^2\times\sigma^2[E(R_B)]+2W_A\times W_B\times\mathrm{cov}[E(R_A),E(R_B)] \tag{8.12}$$

式中:$\sigma^2[E(R_p)]$ 表示证券组合的风险;$\sigma^2[E(R_A)]$、$\sigma^2[E(R_B)]$ 分别表示 A、B 两种证券各自的方差;W_A、W_B 分别表示 A、B 两种证券在组合中所占的比重;$\mathrm{cov}[E(R_A),E(R_B)]$ 分别表示 A、B 两种证券的协方差。

　　同理,可以推导出 n 种证券组合的风险(方差)。其表达式为:

$$\sigma^2[E(R_p)]=\sum_{i,j=1}^{n}W_i\times W_j\times\mathrm{cov}[E(R_i),E(R_j)] \tag{8.13}$$

　　公式(8.13)的算术根就是 n 种证券组合的标准差。其表达式为:

$$\sigma[E(R_p)]=\sqrt{\sum_{i,j=1}^{n}W_i\times W_j\times\mathrm{cov}[E(R_i),E(R_j)]} \tag{8.14}$$

式中:$\sigma[E(R_p)]$ 表示 n 种证券组合的标准差。

　　从公式(8.14)可以推知,证券组合的总风险总是小于单个证券的风险,并且证券组合中证券个数越多,其总风险也就越小。投资者可以根据自己对证券的收益与风险偏好进行最优证券组合,以期获取预期收益率最大化和风险最小化。

　　2. 有效边界

　　在马克维茨的均值方差模型中,由于投资者被假定偏好预期收益率而厌恶风险,因此在给定相同方差水平的那些证券组合中,投资者选择预期收益率最高;但在给定相同预期收益率水平的组合中,投资者会选择方差最小的组合。这些选择会导致一个所谓有效边界的产生。

　　有效边界是以标准差为横轴,预期收益率为纵轴,在各种风险水平之上,预期收益率最大点的轨迹,即该轨迹上任何一点都代表一个有效证券组合。

假设市场上只有 A、B 两种证券,那么由 A、B 两种证券组合将会位于连接 A 与 B 的直线或某一条弯曲的曲线上,如图 8-2 所示。

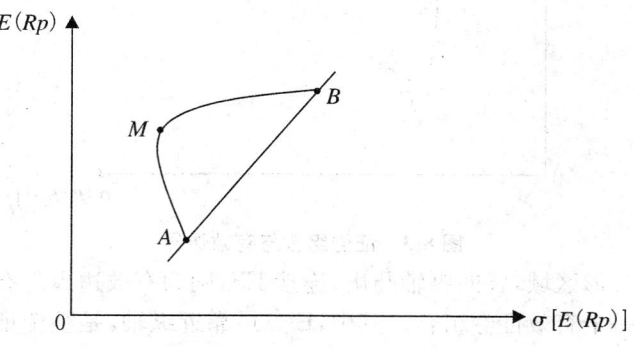

图 8-2　两种证券组合与有效边界

曲线弯曲程度是由 A 与 B 两种证券的预期收益率之间的相关系数 ρ 决定,这一相关系数 ρ 是表示两种证券之间相关程度及方向的系数,即 $\rho = \dfrac{\text{cov}[E(R_A), E(R_B)]}{\sigma[E(R_A)], \sigma[E(R_B)]}$,它总是介于 -1 和 1 之间。如果 $\rho>0$,表明 A 与 B 两种证券的收益率有同方向变动倾向;如果 $\rho<0$,表明 A 与 B 两种证券的收益率有反方向变动倾向;如果 $\rho=0$,表明 A 与 B 两种证券的收益率没有联动关系。而 $\rho=1$ 时,则两种证券完全同方向变动;$\rho=-1$ 时,则两种证券完全反方向变动。由于 ρ 由 A 与 B 的关系所决定,A 与 B 的组合形成的直线或曲线也由 A 与 B 的关系所决定,而与建立的具体组合无关。但不同组合在直线或曲线上的位置与具体组合中投资于 A 与 B 的比例有关。

根据马克维茨的均值方差模型,各种证券预期收益率之间的相关程度越小,其风险就越小。但各种证券预期收益率之间完全相关或完全不相关是很少见的,即 $\rho=0$ 或 $\rho=\pm1$,而 ρ 介于 -1 与 1 之间是一种常态。为了说明的方便,假设 A 与 B 两种证券的预期收益率的相关系数 $\rho=0$,那么,曲线 AMB 就表示,在相同预期收益率下,位于这条曲线上的各种证券组合的标准差均小于其他任何证券组合或单一证券的标准差。AMB 曲线上有一个最靠近纵轴的凸出点 M,M 点是整个证券组合有效集合中标准差最小的证券组合,而曲线上的 B 点是最远离纵轴的一点,B 点是整个证券组合有效集合中标准差最大的证券组合。连接 MB 的曲线就是有效边界。有效边界曲线上的任何一点都表示一个有效证券组合。

上述是假定两种证券有效边界的概念。但证券增加至三种以上,而各证券均具有风险时,证券组合不是以一条曲线而是以一个区域来表示,如图 8-3 所示。证

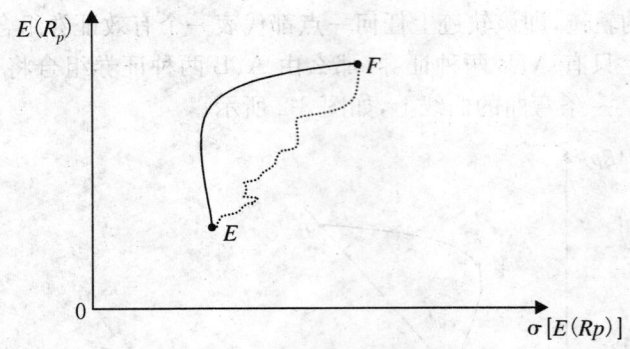

图 8-3　证券组合与有效边界

券组合呈一半月形区域,皆向纵轴凸出,连接 EF,则为有效边界。有效边界上的任何一点都表示一个有效证券组合。其中,E 点最靠近纵轴,是整个证券组合有效集合中标准差最小的点,即风险最小;F 点最远离纵轴,是整个证券组合有效集合中标准差最大的点,即风险最大。有效边界以外的各种证券组合都属于非有效的。因此,商业银行应当在曲线上进行选择。

3. 最优证券组合的选择

根据有效边界模型,每一个投资者都会在有效边界上选择一个证券组合来达到规避风险和预期收益最大化的双重要求,但由于投资者偏好态度上存在着差异,他们会选择有效边界上不同的证券组合,投资者根据自身的偏好态度拥有自己的无差异曲线。通过无差异曲线,投资者能够对任何证券之间的满足程度作出比较,以便选择自己最满意的证券组合,而最满意的证券组合则是一组无差异曲线中一条无差异曲线与有效边界相切点 M,如图 8-4 所示。对于面临相同有效边界,不同的投资者的无差异曲线是不同的,其最优证券组合也不同。E 点是一个极力规避风险投资者的最优证券组合选择,但其获取预期收益也就很低;F 点是一个愿意承担高风险投资者的最优证券组合选择, 因为这一点较高的预期收益可以补偿增加

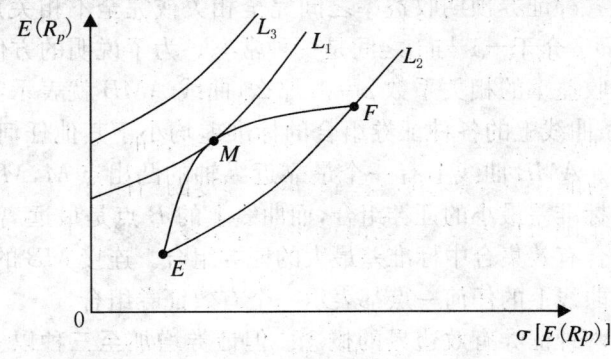

图 8-4　最优证券组合曲线

的风险;而 M 点能够同时满足投资者规避风险并获取预期收益最大化的双重要求,故 M 点是投资者最优证券组合的选择点。

(二)资本资产定价模型

根据最优证券组合的选择模型,投资者总会找到适合自己的最优证券组合。当市场所有理性投资者按照上述方法投资时,证券市场处于均衡状态,但证券的均衡价格应如何确定呢?资本资产定价模型正是要回答这一问题的。

资本资产定价模型(the capital asset pricing model,简称 CAPM)是识别预期收益率与风险值 β 系数之间确定关系的模型。它最初是由美国学者夏普(Sharpe)于 1964 年创立的,后经美国学者林特(Linter)和摩森(Mossin)进一步完善。

1. CAPM 的假设条件

CAPM 的假设条件可概括为三个:

(1)投资者都依据组合的预期收益率和标准差选择证券组合。

(2)证券市场完全有效。

(3)投资者对证券的收益和风险及证券之间的相关性具有完全相同的预期。

2. 证券特线模型

CAPM 的一个重要结论是:证券组合的预期收益率由无风险收益率和超额预期收益率两部分构成,其中超额预期收益率是由与市场有关及与市场无关的两部分构成。用公式表示为:

$$E(R_i)-R_f=\alpha_i+\beta_i\times[E(R_m)-R_f]+\varepsilon_i \tag{8.15}$$

式中：$E(R_i)$ 表示证券组合 i 的预期收益率;R_f 表示无风险收益率;$\beta_i\times[E(R_m)-R_f]$ 表示证券组合的超额收益率;$E(R_m)$ 表示证券市场的预期收益率;α_i 表示证券组合超额收益中非市场部分的期望值,它是 $E(R_i)-R_f$ 关于 $E(R_m)-R_f$ 的回归模型中的截距项,被称为证券 i 的 α 系数;ε_i 表示实际收益的非市场部分与期望值的误差,它是一个随机误差,其期望值为零;β_i 表示组合的 β 系数,它是测定证券期望收益率相对市场证券组合期望收益率的敏感程度的指标。

由于 ε_i 是一个随机误差变量,它的期望值等于零,则公式(8.15)变为:

$$E(R_i)-R_f=\alpha_i+\beta_i\times[E(R_m)-R_f] \tag{8.16}$$

当证券市场处于均衡状态时,非市场部分的期望值 α_i 为零,证券组合的期望收益率与由 β_i 系数所测定风险之间存在的表达式为:

$$E(R_i)-R_f=\beta_i\times[E(R_m)-R_f] \tag{8.17}$$

公式(8.16)与公式(8.17)可用图 8-5 表示。从图 8-5 中可知,系数 α_i 是曲线 L_1 的截距项,它具有特别重要的意义:反映了实际市场中证券 i 的预期收益率与资本资产定价模型中证券 i 的均衡期望收益率之间的差异。作为这种差异大小的计量,α_i 反映了市场证券价格被误定的程度。当 $\alpha_i>0$ 时,市场对证券 i 的收益率的预期高于均衡的期望收益率,表明市场证券价格偏低;当 $\alpha_i<0$ 时,市场对证券 i 的收益率的预期低于均衡的期望收益率,表明市场证券价格偏高。同时,当 $\beta_i=0$ 时,证券的预期收益率等于无风险收益率,即组合中的证券 i 是无风险证券。当 $\beta_i=1$ 时,代入公式(8.17),则有 $E(R_i)=E(R_m)$,表明证券 i 的预期收益率等于市场的预期收益率。因此,只要知道无风险证券的收益率 R_f,市场组合的收益率 $E(R_m)$ 和组合的 β 系数,就可以得出证券组合的预期收益率。其中,R_f 为短期国库券的收益率,$E(R_m)$ 可以通过市场组合数来估算,而 β 系数可以以组合中各证券 β 系数平均得出。

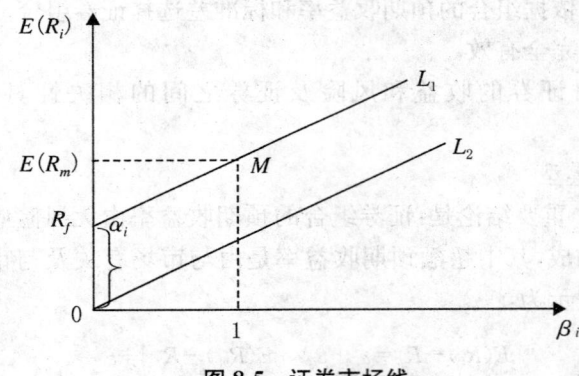

图 8-5 证券市场线

图 8-5 中,横轴表示证券组合的 β_i 系数,纵轴表示证券组合的期望收益率,曲线 L_1 表示 α_i 不为零的曲线,曲线 L_2 表示 α_i 为零的曲线。

(三) 资本资产套利模型

在实践中,证券的实际收益率不仅受市场总体的影响,而且受其他经济因素变动的影响,同时资本资产定价模型在实证检验中缺乏有力的支持。于是,罗斯便对 CAPM 模型进行了发展,提出了资本资产套利理论(the arbitrage pricing theory,简称 APT)模型。

APT 模型仍然是一个描述为什么不同证券具有不同的期望收益率的均衡模型。但此模型不必假设投资者仅根据期望收益率与标准差来选择证券组合,它所描述的均衡状态是投资者必须承担投资风险,无需额外资金就能获取套利收益的机会。这种均衡状态可以通过投资者在非均衡状态套利的运用而最终使得套利机会消失来实现。下面我们简要地讨论有关因素模型。

1. 因素模型

因素模型是 1963 年美国学者夏普提出的。该模型为解决马克维茨模型运用于大规模市场时的计量问题提供了行之有效的途径。因素模型分为单因素模型和多因素模型。

（1）单因素模型。如果市场只受到一种因素的影响，每一种证券对该因素变动的敏感性可用如下表达式来描述：

$$R_{it} = \alpha_i + b_i \times F_t + \varepsilon_{it} \tag{8.18}$$

式中：R_{it} 表示证券 i 在 t 期的实际收益率；b_i 表示证券 i 对因素 F 的敏感性；F_t 表示 t 期的单因素预期值；ε_{it} 表示证券 i 在 t 期的随机误差，它的期望值为零。

根据单因素模型，证券 i 的期望收益率可表述为：

$$E(R_i) = \alpha_i + b_i \times E(F) \tag{8.19}$$

由于公式（8.19）对任何时期 t 都适用，因而可以忽略时间指标 t。

（2）多因素模型。一般来说，某种证券收益率会受到众多因素的影响，多因素模型可以在单因素模型基础上进行扩展。其表达式为：

$$R_{it} = \alpha_i + b_{i1} \times F_{t1} + \cdots + b_{ik} \times F_{tk} + \varepsilon_{it} \tag{8.20}$$

式中：$b_{i1}, \cdots, b_{ik}$ 表示证券 i 对 k 个因素的敏感性；$F_{i1}, \cdots, F_{ik}$ 表示 k 个因素在 t 期的预期值。

利用多因素模型，证券 i 的期望收益率可表述为：

$$E(R_i) = \alpha_i + b_{i1} \times E(F_1) + \cdots + b_{ik} \times E(F_k) \tag{8.21}$$

根据马克维茨模型估算出方差以及各因素间的协方差，并导出有效边界，从而对给定的无风险收益率就可以确定出最优证券组合。同样，证券组合使得因素风险平均化，非因素风险减少并趋于零。

2. APT 模型

APT 模型的一个基本假设是证券收益率由因素模型完全一样的过程产生，但并不要求明确这些因素的个数和内容。APT 模型所要讨论的问题是：如果每个投资者对因素模型有相同的估计，那么在均衡状态下，各种证券取得不同的期望收益率的原因是什么？

由于 APT 模型认为均衡状态是指市场不存在套利机会的状态，套利仅指投资者利用同一证券的不同价格来赚取无风险利润的行为。然而，APT 模型中所指的套利还包括那些"相似的证券或证券组合间"的交易行为。这里的相似性由广泛影响价格的因素来揭示。因为因素模型表明,具有相同因素敏感性的证券或证券组合的收益率除非因素影响以外将以相同的方式运动,因而具有相同敏感性的证券或证券组合应提供相同的期望收益率。故这里的套利行为是指具有相同的因素敏感性而具有不同的期望收益率之间的交易行为。通过套利投资可以在不增加因素风险的情况下获取收益。

根据 APT 模型中的特征,一个套利投资组合应满足以下三个条件的证券组合:

(1) 实施套利投资组合不需额外资金,即各证券的权数满足以下条件:

$$W_1 + W_2 + \cdots + W_n = 0 \tag{8.22}$$

(2) 套利投资组合不承担因素风险,即对任何因素的敏感性都为零:

$$W_1 \times b_{1i} + W_2 \times b_{2i} + \cdots + W_n \times b_{ni} = 0 \tag{8.23}$$

(3) 套利投资组合要有正的期望收益率:

$$W_1 \times E(R_1) + W_2 \times E(R_2) + \cdots + W_n \times E(R_n) > 0 \tag{8.24}$$

通过建立套利投资组合,投资者将原有证券投资组合转变为新的组合。新的组合在没有增加额外资金和因素风险的情况下,增加了组合的期望收益率。APT 模型认为,当存在这种机会时,投资者会利用这种机会。一旦投资者这样做时,会改变证券价格结构,使这种机会逐渐消失,从而使证券市场达到均衡。

当证券市场存在套利机会时,投资者便会改变对原有这种证券持有的比例。当投资者都这样做时,买卖证券行为导致市场存在的套利机会就逐渐消失,最终各种证券价格自动回归。当市场不存在这种套利机会时,市场便达成了均衡状态,此时证券期望收益率完全由它所承担的因素风险来决定。承担相同因素风险的证券或证券组合都应该具有相同期望收益率,这时期望收益率与因素风险的关系由期望收益率关于因素敏感性的线性函数来反映,即有:

$$E(R_i) = \lambda_0 + \lambda_1 \times b_{i1} + \lambda_2 \times b_{i2} + \cdots + \lambda_k \times b_{ik} \tag{8.25}$$

这一表达式成为资本资产套利定价方程式。如果取证券 i 为国库券,则其期望收益率等于无风险收益率 R_f,它对各因素敏感性为零,即 $\lambda_0 = R_f$。此外,每一个 λ_k 的含义也十分明显,它表示对因素 F_k 具有单位敏感性的因素溢价。

3. CAPM 模型与 APT 模型的区别

首先,CAPM 假设投资者仅以预期收益率和标准差作为理性分析的基础,以及证券市场完全有效,所有投资者具有完全相同的预期,所以最终证券在市场均衡时被合理地定价。APT 只是假定证券收益率由因素模型完全一样的过程而产生,它没有要求投资者一定按照收益与风险间的准则选择投资组合,说明影响组合的因素是多样化的,并对每一种因素都设置 β 系数,表示该因素对组合收益的影响以及在市场上不存在无风险套利机会时如何定价的问题。但 APT 模型没有明确说明影响证券收益的因素情况和影响程度的大小。其次,CAPM 模型中,所有投资者面临不合理的定价时,都会按照相同的方法、准则改变或调整投资组合,但这种调整投资组合仍在原有的有效边界上进行。市场在所有投资者共同行动下最终又重新回归均衡状态。APT 模型并没有强调所有投资者都会改变投资组合并与行为准则一致,它只是说明投资者面临不合理的定价,只要市场存在套利机会,就会改变原有组合,最终导致市场套利机会逐渐消失并达到均衡状态。

二、证券组合管理的方式

(一)被动性证券组合管理

为了减少证券的利率风险并实现既定收益目标而建立的证券组合,称为被动性证券组合管理,相应的组合称为有免疫性的组合。被动性证券组合管理是建立在证券市场有效的这一假设基础上的,因为在有效证券市场上每一证券都被进行了正确的定价,投资者无法通过掌握有关价格变动的信息从中获取超额收益。在有效市场上,几乎所有投资者都以有效的途径、相同的投资方式进行投资,最终总会使证券的收益率与其具有的风险相匹配,市场达到均衡状态。

1. 证券的持续期

由于决定证券利率风险大小的因素包括偿还期限和票面利率,因此需要找到某种简单的方法,准确直观地反映出证券价格的利率风险程度。这种简单的方法便是持续期。一般来说,证券的持续期越长,对利率的变动越敏感,其利率风险也就越大;证券的持续期越短,对利率敏感性越低。因为当票面利率不变时,当市场利率上升或下降时,期限长的证券的现金流就将减少或增加。

2. 免疫性证券组合管理

由于银行很难准确预期市场利率的变动,无法根据利率的变动进行主动调整组合中的各种证券比例,于是,一种规避利率风险的被动性证券组合管理方式,即免疫性证券组合管理应运而生。

为了说明这种管理方式,首先我们看单一支付情形。债务人为了在到期日能够一次性偿还债权人的本息,就必须在该期限内积累相当于偿还本息的现金。债务人可能去购买证券,但无论证券组合的到期日是否与他的投资期限相同,潜在的利率风险都会影响到证券组合的收益再投资收入和证券的市场价格,即利率与证券价格呈反方向变动,而与证券的收益再投资的收入呈同方向变动,从而导致债务人无法实现积累偿还债权人的本息。只有当这种证券组合持续期恰好等于投资期限，并且来自这种证券组合的现金流量的现值等于未来偿还债务的现值时，无论市场利率如何变化，债务人才能按期偿还其债务。这一例子说明，为了使证券组合对利率风险具有免疫性，银行证券组合的计划到期期限等于其持续期，并利用现金流量匹配策略，证券组合由利率变动而引起的利率风险就可以抵消证券收益再投资风险，从而使银行证券组合获得了免疫性。

根据持续期概念，证券市值变动率$\left(\dfrac{\Delta P}{P}\right)$与证券的持续期$D_S$和市场利率冲击$\left(\dfrac{\Delta r}{1+r}\right)$有关，据此证券免疫性含义可由下列表达式来表示：

$$H = D_S = -\frac{\dfrac{\Delta P}{P}}{\dfrac{\Delta i}{1+i}} \tag{8.26}$$

式中：ΔP表示证券的风险敞口或损益金额；P表示证券的市场价格；H表示证券组合计划到期期限；$\left(\dfrac{\Delta i}{1+i}\right)$表示市场利率风险溢价或利率风险的预期变化。

免疫性概念是银行进行被动性证券组合管理的基础。以此方式建立的证券组合称为有免疫性的组合，有利于银行提高证券组合的质量。

(二) 主动性证券管理

在实践中，由于证券市场的有效性并不十分理想以及利率的不确定性，证券价格存在不合理的定价。主动性证券组合管理就是敢于承担市场风险，寻找不合理定价的证券，并力求通过对市场利率变化的趋势来预测有利的市场机会，从而获得超额收益。主动性证券组合管理主要有以下几种类型。

1. 水平分析法

这种方法认为，证券持有期的收益率在一定程度上取决于证券初期和期末的价格以及息票利率。由于证券初期价格和息票利率是事先可知的，因此证券持有期收益率的大小在于对期末价格的估算上，并以此来确定现行证券市场价格是偏高还是偏低。因为相对于既定的期末价格估算来说，如果证券市场价格偏低，则其预期收益率相对较高；反之，其预期收益率相对较低。

在水平分析中，证券的货币收益由三项构成：收益率变动额、息票利息额和利息再投资收益。即为：

证券的货币收益＝收益率变动额＋息票利息额＋利息再投资收益

在这三项中，收益率变动额是不确定的，因此要对它进行估算。通过估算收益率变动额发生的概率,可以判断出证券的风险,从而为银行的投资决策提供依据。可见,对未来收益率的预测是水平分析法的关键。

2. 证券掉换

证券掉换是通过对证券未来收益率预测来主动进行掉换证券品种,从而达到有效证券组合的一种证券组合管理方法。证券掉换的基本思想是用定价较低的证券来替换定价过高的证券。在决定是否对两种不同收益率的证券进行掉换时,应以市场在短期内不会纠正不合理定价的证券的判断为依据,否则可能导致证券掉换组合失败。证券掉换方法主要有:

(1)替代掉换。它是将一种证券与另一种相似的证券进行掉换,目的是为了获取暂时的价格优势。这种价格优势可能是由于市场供需关系不平衡造成的。

(2)市场内部价差掉换。当市场上的两种证券之间存在着一定的收益差额,且该差额有可能发生变化时,就可以进行市场内部价差掉换,即卖出一种证券的同时买入另一种证券,以期获取较高的持有期收益率。

(3)利率预期掉换。它是指利用利率预期的变化进行证券掉换,以期获取更高的收益。例如,当预期利率上升时,用相同金额的短期证券来替换长期证券,因为长期证券在一定的收益率提高的情况下,利率预期上升,其价格下跌幅度较大;当预期利率下降时,用相同金额的长期证券来替换短期证券,因为长期证券在收益率降低的情况下,利率预期下降,其价格上升幅度较大。

(4)纯收益率掉换。它着眼于长期的收益率变动,而不愿意对短期内的未来收益率或收益率差价作任何预测,用那些长期收益率较高的证券替换掉那些长期收益率较低的证券。

3. 应急免疫法

这种方法实际上是兼有主动性与被动性证券组合管理的方法。其做法是:如果主动管理可以获取有利的结果,那么对证券组合采用主动性管理。但是,一旦出现不利的结果,证券组合可以立即成为免疫性组合。证券组合进行应急免疫方法的目的是获取一个比免疫性证券组合的收益率更高的收益率。在该方法中,为了保障证券资产的安全性,一般都规定有一个应急免疫方法的证券组合市值与免疫性证券组合所需金额的固定差额。如果应急免疫方法证券组合的市场价值与免疫性证券组合所需金额的差额大于该固定差额,银行管理者则可以继续进行主动性管理;否则,就必须使该证券组合成为免疫性组合。

4. 骑乘收益率曲线

这种管理方法的目的在于证券的流动性。其做法是购买短期固定收益证券并持有这类证券,到期后进行再投资。如果证券收益率曲线向上倾斜并保持上升的态势而不发生变化,即长期证券的收益率持续高于短期证券收益率。若此条件满足,就可以采取骑乘收益率曲线的方式进行投资,即购买长期证券并持有到期日,以期获得较高的固定收益。

三、证券投资组合绩效评价

银行都期望自己的证券组合产生高的收益率,但高的收益率可能来自管理者的高超的投资技巧,或者是来自市场运气,而市场运气则意味着管理者冒着高的投资风险。因此,在测量证券组合的绩效时,必须区分高的收益究竟是来自管理者个人的技巧还是来自冒险。为了评价管理者个人的投资绩效,必须使风险测量方法不受市场及所承担风险水平的影响,即采取风险调整的绩效测量方法。这种方法必须对风险性质以及收益与风险之间的关系作出假定,同时必须假定证券按照一个已知的定价模型来定价。下面我们介绍几种风险调整测量方法。

(一)詹森指数

詹森(Janson)指数是以证券市场线为基础,指数定义为证券组合的预期收益率与位于证券市场线上的证券组合的预期收益率之差。其计算公式为:

$$J_p = E(R_p) - \{R_f + [E(R_m) - R_f] \times \beta_p\} \tag{8.27}$$

式中: J_p 表示证券组合的詹森指数; $E(R_p)$ 表示证券组合的预期收益率; $\{R_f + [E(R_m) - R_f] \times \beta_p\}$ 表示位于证券市场线上的证券组合的预期收益率。

如果詹森指数为正数,即 $J_p > 0$,则证券组合位于证券市场线之上,此时就有超额收益,表明此组合绩效良好;如果詹森指数为负数,即 $J_p < 0$,则证券组合位于证券市场线之下,表明此组合实际收益率低于其理论收益率,组合的绩效不佳。可见,詹森指数仅包含了系统风险,并没有包括非系统风险。换言之,证券组合中的非系统风险无法采用詹森指数来测量。

(二)特雷诺指数

特雷诺(Treymor)指数是以获利机会来评价绩效的。它实际上是每单位风险获取的溢价,风险是以证券组合的 β 系数来测量的,因此特雷诺指数考虑到单位系统风险所带来的超额预期收益率的大小,但没有考虑到组合中非系统风险的大小。其计算公式为:

$$T_p = \frac{E(R_p) - R_f}{\beta_p} \tag{8.28}$$

式中: T_p 表示证券组合的特雷诺指数。特雷诺指数越大,单位风险溢价越高,组合绩效越好。

（三）夏普指数

夏普（Sharpe）指数是以证券组合的风险溢价除以标准差来计算的。其计算公式为：

$$S_p = \frac{E(R_p) - R_f}{\sigma_p} \tag{8.29}$$

式中：S_p 表示证券组合的夏普指数；σ_p 表示组合的风险。

由于 σ_p 中包含了系统风险和非系统风险，因此夏普指数不仅考虑了系统风险，而且还包含了非系统风险。夏普指数越大，单位风险溢价越高，组合绩效越好。在评价组合绩效时，可以将管理者组合的夏普指数与市场组合的夏普指数相比较。前者高，表明该管理者经营得比市场好；前者低，表明该管理者经营得比市场差。

比较这三种指数，我们发现，詹森指数和特雷诺指数将注意力集中在市场系统风险以及组合产生超额收益的能力（绩效的深度）上，但忽视了在多种证券上产生综合的超额收益能力（绩效的广度）。其中，特雷诺指数注意到组合获取超额收益的机会，它对证券组合的吸引力有较好的评价。夏普指数吸收了前者的优点，对组合绩效的深度与广度作出了综合评价。

在实际操作中，以上三种指数的计算公式中的变量应根据实际情况选取平均值或估计值。例如，σ_p 与 β_p 值根据市场统计数据进行计算后得出它们的估计值，而 R_m 与 R_f 则直接从统计数据中选取平均值。

第四节　证券投资分析

证券投资分析包括基本分析和技术分析两种，其中基本分析是分析证券价格中长期走势方向的，而技术分析是分析证券价格短期波动的。下面我们简要地介绍这两种分析方法。

一、基本分析

基本分析是指从国民收入状况、市场利率变动、物价水平变动、货币供给量的增减情况、预期心理、经济增长率、公共政策以及不可预期的新闻事件等决定证券市场价格的基本因素来分析证券价格走势的方式。基本分析强调经济总量的变化和公共政策对证券价格所产生的影响。因此，银行关注的重点是分析这些基本因素是如何影响证券价格走势的。从事基本分析的管理者必须具备丰富的专业知识、投资经验以及最新最重要的有关经济数据,同时还必须具有数理统计方面的知识。因为基本分析通常运用计量经济模型来分析经济总量的变化对证券价格的影响程度。近年来,在证券价格预测方面的计算机的广泛运用,通过计量模型来预测证券价格的变化,一方面节约了管理者相当多的计算时间,另一方面也使基本分析变得更为复杂。目前,以计量模型来预测证券价格的变动已被国内外学术研究机构和政府有关部门所采用。国际性大银行、财务管理顾问公司以及相关的金融机构也采用计量模型来预测证券价格的走势或者为其他投资者提供此方面的咨询服务。

二、技术分析

技术分析认为所有影响证券价格的因素都会反映在证券价格和证券的成交量上,因此只要用过去的证券价格和证券成交量的变动走势就可以预测未来证券价格变动的走势。

(一) 技术分析与基本分析的主要区别

(1) 技术分析重点分析证券价格短期走势的规律,找出最佳的买入点或卖出点;基本分析在于分析证券的内在投资价值以及证券价格中长期走势的规律,决定投资证券是否值得。

(2) 技术分析直接从证券价格自身所形成的历史轨迹入手,根据证券价格走势图形所反映出来的证券供求状况、价格和成交量等市场信息因素对证券价格走势作出分析,从而预测未来证券价格走势的趋势;基本分析是从影响证券价格的政治经济以及不可预期的新闻事件等因素入手,采用计量模型分析这些基本因素如何决定证券价格走势的。

(3) 技术分析的主要目的在于判断未来证券价格涨跌的趋势;基本分析的主要目的在于判断未来证券价格水平的高低。

(4) 从事技术分析的投资者无需掌握经济金融方面的专业知识以及最新的经济情报,因此简单的技术分析投资者基本能掌握;而基本分析的投资者必须具备丰富的经济金融专业知识、投资经验以及最新、最重要的有关经济总量的数据,同时还必须具有数理统计方面的知识。

(二) 技术分析的前提条件

(1) 证券价格反映一切,即市场行情能够使经济、政治及预期心理等影响证券价格的所有基本因素的变化都会真实而充分地反映在证券价格的走势中。

（2）历史会重演，即历史会不断地循环往复。因为技术分析人士通过对证券价格的各种形态图表进行分析后发现，各种形态图表常有惊人的相似之处。

（3）证券价格按一定的趋势发生变化。投资者可以发现这一变化趋势并利用它来预测未来证券价格变化，据此来指导自己的投资实践。

（三）技术分析的方法

1. 图表分析

图表分析是将证券价格的变化以图形表示，即把证券价格过去一段时间内的变化系统地记录下来而形成的一条曲线轨迹。图表分析注重证券价格过去走势的轨迹分析，并利用过去证券价格走势的轨迹来预测证券价格未来可能行走的轨迹。技术分析所利用的图表主要包括柱状图表、点数图和移动平均图三种。这些图表绘制比较简单，也容易学习和掌握。以柱状图表为例，只要将每天证券价格变动的开市价、最高价、最低价、收市价按照时间序列进行绘制，即以证券价格为纵坐标，以时间为横坐标绘制每天证券价格变动的开市价、最高价、最低价、收市价并形成一个柱状图形，经过一段时间后，就会出现一些高低错落、波浪起伏的柱状图表。这些图表反映了过去市场证券价格走势情况和市场气氛。

2. 趋势分析

趋势分析是根据证券价格的历史资料而绘成的各式各样的图表，反映了过去趋势线和新的趋势线，从而可以找出证券价格上升或下跌的通道、支撑点或线、阻力点或线，寻找最佳买入点或卖出点。通过趋势分析可以发现证券价格变动的转折点，这些转折点也是市场反转形态。这些反转形态主要有头肩形、双重顶（底）形、三角形、圆顶（底）形、反转旗形、缺口形和锲形等。掌握这些形态的变化规律，有助于投资者把握买卖时机，尽可能扩大收益，避免损失。

3. 移动平均线分析

移动平均线分析是将过去一段时间内证券价格收市价相加，根据需要将证券价格收市价相加之和除以天数得出一个均值，然后以此均值为纵坐标，以时间为横坐标绘制出一条移动平均线。移动平均线可以是多种多样的，一般有以每5天、10天、20天、30天以及半年计算的平均线。移动平均线包含的天数越多，曲线越平缓，证券价格走势就越缓慢；移动平均线包含的天数越少，曲线则越陡峭，证券价格走势越急迫。

运用移动平均线来预测证券价格的走势，应以移动平均线为参考标准，当市场价格越过移动平均线并在其上方时，投资者可考虑入市买入；当移动平均线保持平稳上升态势时，投资者应继续持仓；当移动平均线出现明显的转跌信号时，投资者方可平仓获利了结。移动平均线最大的优点是：投资者能够辨认出证券价格长期走势的趋势，无论投资者买入或卖出证券。当移动平均线向着自己有利的方向发展时，投资者就应该继续持仓；而当移动平均线出现掉头时，投资者方可平仓。只有这样，投资者才能在多变的证券市场中获得利润。

本章基本概念

国库券　地方债券　金融债券　公司债券　包销　代销　收益率曲线　证券组合　基本分析　技术分析

本 章 思 考 题

1. 商业银行证券投资的目的和对象有哪些？
2. 简述证券收益率计算方法以及它们的优劣。
3. 简述证券投资风险的类型以及计量的方法。
4. 应如何理解证券投资收益与风险之间的关系？
5. 简述现代证券组合模型。
6. 简述证券组合管理方式。
7. 简述证券投资基本分析与技术分析的不同点。

第九章

商业银行其他业务管理

国际业务、中间业务和私人银行业务是商业银行传统业务发展的延伸,都是为了适应市场的需求发展起来的新兴业务。银行的客户从事国际贸易与国际投资,而银行也被要求提供相关的国际业务服务;客户对信用多元化的需求,推动了银行中间业务和私人银行业务等金融服务业务的发展。

第一节 国际业务管理

国际业务是指商业银行开展的跨国界银行业务。它包括国际贸易融资、国际贷款和外汇交易业务三大类。

一、银行业务国际化的原因

银行业务国际化是银行发展的一种历史趋势。由于当今经济金融的日益全球化和自由化,商业银行不再与国际金融市场完全隔绝。商业银行为了适应客户对信用多样化的需求,积极开展跨国业务,以此来扩大自己的获利空间,谋求更大的发展。商业银行业务国际化的原因有以下几方面。

(一) 国际业务是国际贸易的延伸

银行开展国际业务要追溯到中世纪意大利,当时意大利曾经在国际银行业中独领风骚,这与意大利在国际贸易中占有主导地位密切相关。到了 19 世纪,随着英国工业革命的成功,英国经济与对外贸易获得了飞速发展,伦敦成为世界金融中心,英国的商业银行被称为清算银行,分支机构遍布海内外,目的是为了适应国际贸易的清算,这就促进了英国国际贸易的发展。但当时商业银行的国际业务仅局限于国际贸易融资与清算。直到第二次世界大战结束后,特别是 20 世纪 60 年代中期,银行国际业务从由国际贸易需求所推动的被动发展转变为主动地在国际范围内寻求发展。

20 世纪六七十年代,由于世界经济形势相对稳定,各国不断降低关税和减少关税壁垒,再加上科学技术快速发展,使得西方国家生产能力大幅度提高。这些因素进一步推动了国际贸易的发展,从而导致有实力的国内银行纷纷将国内业务转向国际业务,并且为了适应这方面的需要,在国外设立其分支机构。

(二)国际资本流动

国际资本的流动也是银行业务国际化的一个重要原因。20 世纪 60 年代的利率和汇率相对稳定,国际金融市场流动性充裕,这意味着国际清偿力过剩。跨国公司大量过剩的资本在国外积极寻求良好的投资场所,而银行也跟随其后到投资场所设立分支机构为跨国公司提供金融服务。银行跟随它们的国内公司客户到国外开拓市场这一动机从某种程度上说是防御性的。因为银行希望通过这种方式强化与那些需要国际业务服务的国内公司的关系,况且银行也认为即使在国外的环境下,它们也能比当地的银行更了解客户需求,能更高效地为它们提供服务。

(三)国际清算支付体系的高效率和业务基础的多元化

国际金融市场的发展以及高效率的支付体系,为商业银行实现业务基础的多样化创造了条件。例如,欧洲货币市场、债券市场和借贷市场为商业银行提供发放特征与国内贷款不同的国外贷款。这种贷款需求可以在一定程度上抵消国内贷款需求波动的影响,有助于银行总体收益的稳定,又能及时满足贷款需求的流动性,减轻银行流动性的压力,有利于银行安全经营。国际银行间的电子清算支付系统高效率地节约了银行资金各国间流动的时间与成本,提高了资金使用效率。这种高效、快捷、低成本的各国银行间的清算支付系统,为商业银行开展国际业务、实现业务基础多样化创造了条件。

二、国际贸易融资

国际贸易融资又称进出口融资。它是指直接为进出口贸易的融资。它是银行国际融资中的一个重要组成部分。在国际贸易中,通过商业银行的资金融通占到进出口融资的 80％以上。从进出口商品的生产、采购、打包、仓储一直到出运的每一个阶段,以及与进出口相关的制单、签约、开证、承兑和议付等每一项贸易环节,银行都提供各种形式的融资便利。进出口融资种类较多,归结起来,主要包括以下几种。

(一) 出口信贷

出口信贷是商业银行为了支持国内商品与劳务出口而向国内出口商或国外进口商提供低息贷款的一种融资形式。一般来说,银行发放这种贷款时,政府有关部门都给予利息补贴并提供担保,从而使这种贷款利率低于一般性的贷款,吸引了大量的进出口商。商业银行办理出口信贷主要有卖方信贷和买方信贷两种形式。

1. 卖方信贷

卖方信贷是由出口国银行向本国出口商提供的中长期贷款。这种贷款通常是在延期付款或赊销的贸易方式中提供的。具体做法是:首先出口商以延期付款或赊销方式向进口商出售大型成套设备,然后出口商向本国的银行申请相当于延期付款金额的贷款,待进口商向出口商分期付款后,再用其偿还银行贷款。在采用延期付款方式买卖商品时,按惯例进口商一般要支付 15％的定金,因此银行提供的贷款不会超过出口商品总价值的 85％。如果出口商申请贷款金额特别大,银行可以牵头组织银团来提供贷款。

由于把卖方信贷的资金提供给出口商,出口商必然将利息打入商品价格里,这样进口商就不易掌握商品的实际价值,增加了进出口商交易的难度,所以这种贷款方式使用较少。

2. 买方信贷

买方信贷是由出口国银行向国外进口商或进口国银行提供的中长期贷款。具体做法是:进出口商签订贸易合同并要求进口商支付 15％的定金,其余 85％的货款由进口商与出口商所在地银行签订贷款合同。进口商取得贷款后,以现汇付款条件支付出口商的货款;进口商按照贷款合同分期偿还银行贷款。如果申请贷款金额特别大,银行可以牵头组织银团来提供贷款。买方信贷也可以直接由出口商所在地银行贷给进口商所在地银行,然后再由后者转贷给进口商,进口商则以现汇付款方式付给出口商。

由于买方信贷直接贷给进口商或进口商所在地银行,进出口商在贸易交易中不涉及信贷问题,这样有利于进口商准确掌握商品实际价值,也有利于出口商专心致志地组织货源,而对于银行来说,也开拓了国际业务,因而受到进口商或其所在地银行的欢迎。

（二）进出口押汇融资

1. 进口押汇融资

进口押汇融资是指商业银行为进口商开立信用证的过程。进出口商签订贸易合同后，进口商请求银行开立向出口商保证付款的文件，即信用证。进口商通过信用证的开立，可以延期付款，不必在出口商发货之前支付货款，即便在出口商发货后，也要等到货物单据到手再履行付款义务。这样做的好处是：进口商可以减少资金占用时间，而出口商因有银行保证付款的文件，可以接受延期付款的条件。

商业信用证流程如下：

（1）进出口双方签订贸易合同，并规定货款用信用证支付。

（2）进口商根据贸易合同向当地银行申请开立信用证，该行称为开证行。

（3）进口地银行审查后同意开证，并寄送出口地银行，该行称为通知行或保付行。

（4）通知行将信用证交与出口商，但出口商在审查无误后才予以接受。

（5）出口商交货取得全部单据，在信用证有效期内，送请出口地银行议付，该行称为议付行（议付行一般是原来的通知行）。议付行审查后将货款垫付出口商，并获取全部单据。

（6）议付行将单据寄送开证行，要求其偿付垫付的货款。

（7）开证行将全部单据交与进口商，并要求其支付货款。

2. 出口押汇融资

出口押汇融资是指商业银行对出口商提供资金融通的过程。当出口商依据贸易合同条款发货并取得各种单据（如提单、保险单和发票等）后，可根据有关条款向进口商开出汇票，将汇票连同各种单据向银行申请贴现，经银行审查同意后，向出口商发放贴现后的票款，银行凭货运单据转向进口商收回贷款本息。这种国际业务具有贴现与汇款两种内容。因为银行凭货物单据与汇票向出口商发放贴现贷款，而从进口商收货付款这一点来看，则类似于汇款关系，故这种融资方式称为"押汇"。当然，如果进口商拒绝付款，贴现银行有权要求出口商归还贴现贷款。

（三）短期贸易贷款

1. 信用贷款

信用贷款是给进出口商提供无担保的商业贷款，申请的条件取决于进出口商的信用等级。这类贷款也可以采用透支的方式，即进出口商在贷款行开立存款账户,进出口商直接在其存款账户按规定透支额度进行透支。

2. 出口打包贷款

出口打包贷款是指银行凭信用证以出口商品为抵押向出口商提供的一种短期贷款。这种贷款的抵押物是尚在打包中的出口商品,故称为打包贷款。打包贷款的金额一般为出口商品价值的 $50\% \sim 70\%$ 。

出口商借入打包贷款后,很快将货物装船运出,取得各种单据后即向进口商开立汇票,并且向原来的贷款行申请贴现,将以前的打包贷款归还。如果在打包贷款中,出口商不按规定履行义务,则贷款行有权处理抵押品。

(四) 保理

保理又称应收账款买断业务。它是指银行或保理公司购买出口商的应收账款从而取得贷款资金的一种银行业务。在从事保理业务时,银行一方面代替出口商向进口商收取货款,另一方面又向出口商保证收款,因而在一定程度上对出口商的货款收回给予保险。保理业务的特点是:其一,出口商将出口单据卖断给商业银行或保理公司,该机构对出口商无追索权,从而承担信贷风险。其二,银行承担资信调查、托收、催款中代办会计处理手续,对出口商提供内容广泛的金融服务。其三,对出口商来说,加快了资金周转,节约了管理赊账的财务费用,但成本极高。对银行来说,除了获取一定手续费外,还可以获得可观的利息收入。因此,对那些不了解进口商或赊销金额较大的出口商来说,保理业务是一项颇具吸引力的业务。

保理业务流程如下:

(1) 出口商与开展保理业务的出口地银行签订保理合同,并向其提供进口商所在地名称及出口货物金额等。

(2) 出口地银行与办理保理业务的进口地银行进行联系,委托其对进口商的资信进行调查。

(3) 进口地银行向出口地银行反馈有关进口商的信息,同时提供其愿意承担的保理金额。

(4) 进出口双方签订贸易合同,但金额不能超过保理额度。

(5) 出口商交货,获取全部单据,然后开立汇票连同全部单据交与出口地银行。

(6) 出口地银行将上述单据寄送进口地银行。

(7) 进口地银行向进口商催款,并向出口地银行付款。

(8) 出口地银行向出口商付款。通常是在出口货物发送 90 天后,才执行这一业务。

（五）福费廷

福费廷（forfeiting）是指在延期付款的大型设备贸易中，出口商把经进口商承兑的、期限在半年以上的远期汇票无追索权地出售给出口地银行，提前取得现款的一种银行业务。这种业务又称包买票据。

福费廷的特点是：出口商使用此项融资业务时必须与进口商协商，出口商签发的远期汇票必须经进口地银行担保。对银行来说，银行承担此项业务可以获取多项收入，如贴现利息、承担费和罚款。其中，罚款是指如果出口商不能在约定的时间内向出口地银行进行票据贴现，就要按照双方的约定金额向进口地银行支付罚款。对出口商来说，可以将票据包买的一切费用转嫁给进口商，因而既能快速回收货款，又能免受任何追索处罚，非常有利。对进口商来说，可以获取较长时间的资金融通，但费用较高，且对有关的票据转让缺乏控制权。可见，福费廷业务对进口商最不利，一般无法通过其他途径获得信贷时，才接受福费廷融资方式。

在现代金融市场上，福费廷业务已与远期交易、期货期权、货币互换等金融衍生产品结合起来，使其能够更好地消化和分散风险，增强吸引力，也便于银行在这方面的投资。

三、国际贷款

国际贷款是指商业银行在各国间发放贷款的业务。它是商业银行业务国际化的重要标志以及获取国际业务收益的根本途径。

（一）国际贷款的特点

国际贷款是一项极其复杂的业务活动。从本质上讲，国际贷款与国内贷款是完全一致的。但是，由于借款人身份以及地位不同，影响了银行具体的贷款方式。在不同的国家或地区，贷款活动的方式也不同。因此，国际贷款具有如下一些有别于国内贷款的特点。

1. 风险较大

国际贷款面临的风险包括国家风险、信用风险和市场风险等，因此，银行从事国际贷款时，必须了解外国的法律、税收、会计和财政金融制度，预测中长期的政治经济前景，以及外国政府对公司的所有权和参与公司的情况和程度。

2. 贷款数量较大

国际贷款很少是小额贷款，基本上是大额贷款，每一笔贷款业务都给银行的流动性带来较大的压力。因此，从事国际贷款的银行都是实力雄厚、规模较大的国际性银行,规模较小的银行很难承担国际贷款。只有国际活跃性银行,才能满足发放巨额贷款的流动性需求。

3. 贷款限制条件少

在很多情况下,商业银行对国际贷款的用途不作明确的、特殊的限制,借款人可较为灵活地使用国际贷款。

4. 采用担保人方式

国际贷款通常由政府、国际机构组织等作为贷款担保人,商品抵押担保比较少见。商业银行为了规避违约风险,也往往要求借款人提供担保人。由于跨国间的评估抵押品价值以及处理抵押品十分困难,因而大部分国际贷款需要当地中央政府、中央银行、世界银行等国际组织进行担保。

(二) 国际贷款类型

1. 对外国公司贷款

商业银行对外国公司的贷款方式主要包括:

(1) 对外国公司子公司的贷款。这种贷款包括:本国货币或欧洲货币的短期贷款,如支付税收或股息以及因发行债务资本的过渡性贷款;本国货币或欧洲货币的中期贷款,如厂房建设、设备购买等。

(2) 项目招标贷款。与银行关系密切的客户和潜在客户为了参与世界范围内的大型项目建设,积极参与此类项目的招标活动。在招标开价中,这些客户提供中期融资方式,这样银行就会与客户密切合作,就一项建设项目联合招标,以期获得贷款的委托书,从中获利。

(3) 项目贷款。它是指对国外的大型项目或国内的跨国公司项目提供的资金融通。如水力发电公司、液化天然气以及与项目有关的大型成套设备等。

(4) 国外买方融资。它是指为国外买主提供的资金融通。它主要有以下几种形式:票据的贴现以及保理业务;对买主直接提供各种期限贷款;为政府的出口信贷担保机构提供贷款等。

2. 对外国银行的贷款

商业银行对外国银行的贷款主要包括:

(1) 银行同业存贷。它是指在银行同业市场上,将得到的银行同业存款再存入其他银行。一般来说,按配比原则进行的同业存贷,利润较少,而在错配交易基础上进行的同业存贷则利润丰厚。原因是:20世纪80年代以来,利率与汇率的剧烈波动,使得银行同业存贷发展迅速。

(2) 提供外汇资金。

(3) 对政府经营的银行、政府机构以及政府提供贷款。

（4）有附属抵押品担保的银行同业贷款。这类贷款表明银行已不能凭借自身的信誉借款，借款者必须提供附属抵押品才能获得借款。这里的附属抵押品是指国际上发行的一些票据。这些票据有二级转让市场，但没有实物担保，基本上类似于公司的债券。

（5）备用约定贷款。这种贷款只有在金融市场动荡不安时才有可能被采用。一般来说，规模较少的银行需要这种贷款。因为在金融市场动荡不安时，市场很难接受规模较小的银行，这样，银行就利用这种"支持性"贷款作为进入市场的跳板，直到它们被市场认可。

（三）银团贷款

国际银团贷款又称辛迪加贷款（Syndicated loans）。它是由一家银行牵头，多家银行参与，在一项贷款协议中按同一条件向同一个借款人发放的贷款。银团贷款对银行来说，最大的好处是：分散贷款风险，使中小银行有机会参与国际信贷市场，以便接触更多的客户，进一步开拓市场。银团贷款另一个好处是有助于提高银行的国际信誉与国际形象，为今后国际市场的拓展提供基础。

1. 银团贷款的特征

银团贷款的主要特征可归纳为以下几点：

（1）为单个借款客户提供巨额贷款。贷款的主要用途是弥补国际收支逆差以及重大的基础开发项目。

（2）贷款期限很长，一般为 10 年以上，因而对银行来说，其流动性差。

（3）银团贷款允许借款人通过银行竞争提供其特殊需要的贷款，贷款利率通常参照伦敦同业拆借利率，其利率确定是在伦敦同业拆借利率加上一定的息差。

（4）银团贷款通常选择国际上公认的国际货币，如欧洲美元、英镑、日元、欧元和瑞士法郎，但以欧洲美元最常见。

（5）银团贷款给牵头行带来丰厚的利润，但有关该贷款活动的技术问题由牵头行负责，参与行不需要专门的技术就可以分享利润。

2. 银团贷款的费用构成

一般来说，银团贷款中不存在隐性费用，主要是手续费，其费用极高，包括管理费、参与费、承诺费和代理费。借款人向牵头行支付 2% 的管理费，牵头行从管理费用中提取一定比率分摊到参与行。参与费是参与行支付给牵头行的费用，也是牵头行组织银团和管理贷款交易而得到的报酬。承诺费通常是为使用贷款余额而由借款人支付的费用，它的多少取决于使用贷款余额的多少。代理费则是代理行收取的费用，由借款人支付。

3. 银团贷款管理

银团贷款管理是指代理行如何安排贷款计划。银团贷款一旦签订,代理行就取代银团贷款的牵头行成为贷款交易活动的主角。在大多数情况下,代理行通常是牵头行的分支机构或同一机构。代理行的职责是:在贷款支付时,负责向参与行收取贷款资金;在贷款到期时,负责向提供贷款的银行支付本息。此外,代理行负责向参与行通报借款人的财务状况和其他的情况,并且监督借款人使用贷款的情况。

四、外汇交易业务

外汇交易是商业银行国际业务中最基本、最重要的业务。商业银行从事外汇交易,一方面是为满足客户货币兑换的需要而进行货币兑换活动;另一方面是商业银行为了自身资金头寸的调整,进行外汇交易以防范外汇风险,并从外汇交易中获取收益。

(一) 外汇与汇率

各国间经济往来所产生的债权和债务关系最终要通过结算的方式来了结,而这种结算方式与国内结算方式不同,必然涉及国际上公认的外国货币,即外汇,以及外国货币与本国货币之间的兑换率,即汇率。

1. 外汇的含义

"外汇"一词是国际汇兑(foreign exchange)的简称。它是指通过银行等金融机构把一国货币兑换成另一国货币的一种活动和行为。

在现实生活中,外汇是指能够自由兑换的外国货币,如美元(USD)、英镑(GBP)、欧元(EUR)、日元(JPY)、瑞士法郎(CHF)等外国现钞和铸币。它们是人们在日常生活中经常使用的货币,是外汇的重要组成部分和一般表现形式。

从外汇形态来看,包括外币现钞、外币存款、外币支付凭证和外币有价证券等。其中,外币现钞是指可兑换货币表示的货币现钞和铸币。目前,国际上公认的外币现钞包括美元、英镑、欧元、日元、瑞士法郎、港元(HKD)等 60 多个国家和地区发行的可自由兑换的货币。在外汇市场上,美元是基础货币,是银行买卖对象的货币。外币存款是指可兑换货币表示的银行存款。它包括外币的活期存款、储蓄存款和定期存款等。外币支付凭证是指以可兑换货币表示的各种金融工具。它包括汇票、支票、本票和信用卡等。外币有价证券是指以可兑换的外国货币表示的用以表明财产所有权或债权的凭证。它包括外币表示的股票、国库券、政府债券和公司债券等。

2. 汇率的含义及标价

汇率(exchange rate)是指两种不同货币之间的兑换率,或者是指一种货币表示另一种货币的价格。由于汇率是两个国家货币之间的兑换率,因此汇率的表达方式必须有一个明确的说明。汇率标价方法主要有以下两种:

(1) 直接标价法又称价格标价法。它是指以本国货币来表示一个单位外国货币的价格,或以本国货币的数量来标示外国货币的价格。在直接标价法下,一个单位的外国货币兑换的本国货币比以前多了,就说明汇率上升了,意味着外国货币升值,本国货币贬值。目前,直接标价法是各国在其本国外汇市场上主要的标价方式,一般将美元作为买卖对象的货币,以各国货币的数量来表示美元的价格。

(2) 间接标价法又称数量标价法。它是指一个单位的本国货币兑换多少外国货币,或以外国货币的数量来标示本国货币的价格。在间接标价法下,一个单位的本国货币兑换的外国货币比以前多了,说明汇率比以前上升了,意味着本国货币升值,外国货币贬值。可见,在不同标价法下,汇率上升还是下降,对本国货币价值的实际含义正好相反。目前,采用间接标价法的货币不多,主要有英国的英镑、澳大利亚的澳元、爱尔兰镑、新西兰元和欧元。

3. 汇率的种类

汇率的种类主要包括:

(1) 基础汇率和套算汇率。基础汇率又称直盘汇率。它是指本国货币与关键货币之间的兑换率。目前,各国在外汇市场上都将美元作为关键货币,仅报本国货币与美元之间的汇率。套算汇率又称交叉盘汇率。它是指两种货币之间的汇率是通过第三国货币套算出来的。一般来说,在外汇市场上只标示基础汇率,而套算汇率不标示并不对外公布。

(2) 买入汇率、卖出汇率和中间汇率。买入汇率是指即期外汇的买入价格。卖出汇率是指即期外汇的卖出价格。中间汇率是指即期外汇的买入价与卖出价的平均价。国际货币基金组织(IMF)所公布的各国汇率表中,均采用中间汇率,各国报刊上公布的汇率也是中间汇率。

在外汇市场上挂牌的外汇牌价一般列出即期外汇的买入汇率和卖出汇率,而且将基础货币的买入价写在前面,卖出价写在后面,并只写出买入价与卖出价不同的数值,省略买卖相同的数值,买卖价用"/"隔开。例如 USD/CNY = 6.8265/75,买卖相同的数值 6.82 就省略了,美元(USD)是基础货币,人民币(CNY)是报价货币。其中,6.8265 是报价银行买入 1USD 付给询价银行的最高价,也是询价银行卖出 1USD 的最低价;6.8275 是报价银行卖出 1USD 的最低价,也是询价银行买入 1USD 付的最高价。买入价与卖出价之间的差价就是报价银行买卖 1USD 外汇所赚取的收益,即 $6.8275-6.8265=0.0010$,或 10 个基点。

(3)电汇汇率、信汇汇率和票汇汇率。电汇汇率是指外汇银行以电报方式进行外汇买卖所使用的汇率。由于电报汇款速度快,费用高,因此电汇汇率最高。在当前市场汇率波动频繁的情况下,客户基本上采用电汇进行国际汇兑,因此电汇汇率是银行使用的基本汇率。目前银行与客户进行的外汇买卖所使用的汇率都是电汇汇率。我们所说的即期汇率是指电汇汇率。信汇汇率是指外汇银行以信函方式买卖外汇所使用的汇率。票汇汇率是指银行买卖外汇票据时所使用的汇率。因为信汇和票汇传递需要的时间比电汇长,银行要占用客户的资金头寸,占用的时间是信函或票据传递的时间减去电汇的 2 个营业日。因此,信汇汇率和票汇汇率比电汇汇率低。

(4)即期汇率和远期汇率。即期汇率是指外汇买卖成交后在 2 个营业日内办理交割所使用的汇率。远期汇率是指外汇买卖双方约定未来某一时间进行交割所使用的汇率。银行一般在即期汇率的基础上报出一个远期点数,该远期点数确定的理论基础是利率平价理论。

(二)外汇交易的方式

在国际外汇市场上,外汇交易的方式很多,产品与技术创新层出不穷,使得外汇交易手段日新月异。但是,基本的外汇交易方式有以下几种。

1. 即期交易

在国际外汇市场上,即期交易是最常见的交易方式,如果没有特殊指定日期,市场上的外汇交易都视为即期交易,它是外汇市场上的主导力量。商业银行在调拨资金、清算外汇头寸以及客户委托银行办理各种外汇业务常采用即期交易,如进出口收付汇、外汇汇款等。即期交易是指交易双方成交签约后在两个银行营业日内办理交割的外汇买卖。目前,路透社交易系统的即时报价以及在金融报刊中出现的报价都是即期汇率。即期汇率通常采用双向报价方式,即报价银行同时报出买入价和卖出价,并且买入价在左边,卖出价在右边,买卖价之间用"/"斜线隔开。例如,USD/CNY=6.8260/80,报价银行打算用 6.8260 元人民币买入美元,卖出 1 美元得 6.8280 元人民币。

在实务中,银行间的即期交易不报前 3 位大数,只报后 2 位小数,最小单位为 1 个基点,表示 0.0001,如上例中银行只报出 60/80。但银行与客户之间的即期交易,要报出完整的买卖汇价,即 6.8260/80。

即期交易的交割日又称结算日或起息日。它是指买卖双方相互交换货币资金的日期,此日也是双方的货币资金划拨到指定账户银行并开始计息日。即期交易的交割日一般采用 $T+2$ 的交割方式,与欧洲账户的结算同步,即成交后第二个银行营业日交割。无论是银行报出的买卖价格还是在金融报刊中出现的报价都是采用 $T+2$ 交割方式下的报价。在特殊情况下,交割日可以多于 2 个营业日,即如果结算地银行逢节假日,交割日必须顺延至其营业日。需要指出的是,2 个营业日是以成交地的时间为准而不是以结算地的时间为准。即期交易的结算方式主要有电汇、票汇和信汇三种。票汇和信汇的使用较少,大部分外汇交易的货币收付是采用电汇方式。电汇通常通过 CHIPS、SWIFT 完成货币资金的收付。

根据市场惯例,交割日必须是两种货币的发行国家或地区的各自银行营业日,并且遵循"价值补偿原则",即外汇交易的双方必须在同一时间内进行交割,以免任何一方因交割不同时而蒙受损失。

2. 远期交易

远期交易是指外汇交易合约成立时,双方并无外汇或本币的支付,而是双方约定于将来某一特定日期,以约定的汇率买卖外汇的交易。这种外汇交易因其交割日发生在即期交易的交割日之后,故称为远期交易。只要交割日发生在即期交割日之后的交易,都属于远期交易。

远期交易是为了适应消除国际贸易中外汇风险的要求而发展起来的。进出口商在报价完成到实际外汇支付之间通常有一段时间,而这段时间的汇率风险需要自己承担。如果进出口商在签订贸易合同时,便与银行进行购买或出售远期外汇来锁定汇率,就可以避免远期外汇因汇率变动所带来的损失。远期交易可以被用来创造一个投机头寸,投机者利用预期汇率与远期汇率不一致,通过与银行买卖远期外汇合约从中套利。商业银行与客户进行远期交易中扮演一个风险中介转嫁机构的角色,它通常通过远期掉期交易将客户转嫁的风险规避掉。

远期外汇因交割日不在标准的即期外汇交割日,在资金完全流动的情况下,远期汇率由两部分构成:一部分是即期汇率,另一部分是即期交割日与远期交割日之间的两种货币利率差。在资金不完全流动的情况下,远期汇率除了包含即期汇率和利率差外,还包含了对未来汇率的预期。在此情况下,套利的机会可能因市场资金不平衡而产生。

银行间远期汇率报价也采用双向报价,即同时报出买入价的掉期点数和卖出价的掉期点数。但银行与客户间的远期交易通常报出完整的远期汇率。远期掉期点数有升水和贴水两种。如果某一种货币的远期汇率高于即期汇率,则该种货币有远期升水,在即期汇率上相加远期升水得出相应的远期汇率;如果某一种货币的远期汇率低于即期汇率,则该种货币有远期贴水,在即期汇率上相减远期贴水得出相应的远期汇率。

远期外汇交割日是按月计算的而不是按天计算的,其交割日是在即期外汇交割日基础上确定的,即要确定远期外汇的交割日首先要确定即期外汇的交割日。因为远期外汇交割日就是即期外汇交割日之后的远期外汇合约规定期限的同一天。因此计算远期外汇交割日的一个简单方法是:对于今天发生的 3 个月远期交易,其交割日的计算首先要计算出即期外汇交割日,然后向后推 3 个月。如果计算出的远期交易的交割日恰好是银行休假日,则将交割日向后顺延至第一个合适的银行营业日期。但是,按照市场规则和会计记账原则,不能顺延至下一个月。如果远期交易的交割日算到了月底,而此时恰好是银行休假日,其交割日只能向前找到第一个合适的交割日。

如果一笔远期交易无法在约定到期日进行交割,则远期交易必须展期或注销。所谓展期,是指交易一方因某种原因推迟货币的实际收付日期而采取的一种技术处理。通常采取重新做一笔掉期交易来达到延长交割日的目的。换言之,做一笔与原来交易的金额相同而买卖方向相反的即期对远期掉期交易,使原来的远期合约被即期交易轧平,建立了新的远期合约,从而达到延长交割日的目的。所谓注销,是指做一笔与原来的远期合约金额相同、买卖相反、交割日相同的新的即期交易或远期交易,使新旧交易相互对冲的一种技术处理。按照外汇交易的惯例,交易双方必须遵守"一言为定"的原则,一旦达成交易,不能擅自撤销或变更。因此,申请注销的一方必须承担因汇率变动所造成的损失。

3. 掉期交易

掉期交易又称换汇交易。它是指买卖的货币与金额相同而方向相反,交割期限不同的两笔或两笔以上的外汇交易。换言之,在买进某种货币的同时卖出金额相同的该种货币,且买进和卖出货币的交割期限不同。从结构上看,外汇掉期交易与再回购协议十分相似,即期买进而远期卖出货币,实际上就是即期卖出而远期买进货币。

商业银行从事掉期交易的目的是轧平各货币因到期日不同所造成的资金缺口,以便规避汇率风险,所以掉期交易是银行从事资金调整和规避汇率风险常用的工具。由于买卖的货币与金额相同,货币的净头寸并未改变,所以不会有汇率变动的风险。

在掉期交易中,掉期点数就是掉期交易的价格,通常报价行只报掉期点数而不报即期汇率,在报出掉期点数时以货币的基点来表示买入价和卖出价。买入价表示报价行愿意卖出即期基础货币和买入远期基础货币的掉期点数,也是询价行愿意买入即期基础货币和卖出远期基础货币的掉期点数;卖出价表示报价行愿意买入即期基础货币和卖出远期基础货币的掉期点数,也是询价行愿意卖出即期基础货币和买入远期基础货币的掉期点数。例如,对于 USD/CHF1 月期掉期报价为20/30,给出报价的银行具体交易步骤如下:

	20	/	30
	即期卖出 USD		即期买入 USD
	远期买入 USD		远期卖出 USD

报价银行在报出掉期点数时,并不指明升贴水。对于升贴水的判断可根据掉期点数的正负值来判断。如果计算出的掉期点数为正的,则掉期点数按左小右大的顺序排列,表示基础货币有远期升水,采用相加计算出远期汇率;反之,如果计算出的掉期点数为负的,掉期点数去掉负号后按左大右小的顺序排列,表示基础货币有远期贴水,采用相减计算出远期汇率。

五、银行跨国经营风险管理

商业银行跨国经营的风险包括国家风险、违约风险、利率风险和外汇风险。其中,违约风险和利率风险的管理与国内贷款相同,这里就不再赘述。我们重点分析国家风险和外汇风险的管理。

(一)国家风险管理

1. 国家风险的含义与成因

国家风险是指银行在另一国的某个借款人发生业务往来时所承担的主权风险。主权风险是因国家实体具有受国际法保护的主权豁免而得名。这种主权风险可能使得银行面临两种风险,即贷款违约风险与转移风险。贷款违约风险是因债务国政府可能单方面拒绝或延期偿还贷款所遭受贷款的损失;转移风险是因债务国政府由于政治经济形势的变化实行外汇管制或歧视行为,导致无法将本币兑换成外汇,直接影响了银行偿还贷款的能力。在国内贷款中,因政府担保下出现违约拖欠,银行不得诉诸法律,也不能处理政府资产,因而造成银行资产的损失,这属于道德风险。

引起国家风险的原因主要是:一国的私人借款人由于本国政治经济形势的变化而无法偿还贷款;政府借款人不能或不愿意偿还其外债所承担的义务;私人或公共部门因政府担保下的违约拖欠。

2. 国家风险的评估

由于国家风险给银行造成巨大的损失,因此银行跨国贷款或投资必须对国家风险进行评估。对国家风险的评估:一是要分析一国的政治经济形势如何,该国如何取得国际收支,以及外汇储备减少或过度依赖外债和相关的外汇政策。因为这方面是直接导致该国政府出现拒绝偿还或拖欠贷款的原因。二是要分析上述的可能发生的变化以及变化的程度,如该国政治经济结构的迅速恶化,国际储备快速减少,有可能实施外汇歧视政策等。三是这些变化对于借款人向银行偿还贷款的能力产生何种影响,如请求政府保护等。

3. 国家风险的管理措施

国家风险评估的结果是银行跨国贷款时控制国家风险的依据,目的是减少或转移国家风险。银行对国家风险的管理措施是:

(1)确定风险暴露和国别限额。银行规避跨国违约风险,主要是确定风险暴露和国别限额。风险暴露是银行对某一特定国家的资产总额规定一个上限,即国别限额,这是信贷的警戒线。因为国别限额的大小与国家风险呈反比变动。在确定国别限额后,控制具体的风险暴露采用方法是资本风险调整收益率模型(RAROC)。这一方法参照的标准是无风险主权利率(如美国国库券利率)加风险升水,其中风险升水是银行对国家风险评估的估计值。如果某项跨国贷款的 RAROC 低于银行规定的标准,则银行应退出该项贷款业务。

(2)寻求第三者保证,转移国家风险。从事跨国贷款的银行,为减少损失,一般要求借款人所在政府的财政部和中央银行出面担保,或者本国政府担保,以便转移风险。从风险的程度来讲,银行所面临的主权风险相对较轻,大多数的违约风险是由借款人自身因素造成的。

(3)采用辛迪加贷款以及跨国贷款的多样化。当国际贷款数额巨大,无法得到第三者的担保时,采用银团贷款可以达到分散风险的目的。同时,跨国贷款组合的多样化也同样可实现分散贷款风险的目的。

(二)外汇风险管理

1. 外汇风险的类型

从事国际业务的银行一般面临的外汇风险包括交易风险、清算风险和违约风险。

(1)交易风险。它是指外汇交易后因汇率变动而导致银行可能遭受的损失。如即期交易中的差价损失,即买入价大于平仓时卖出价。

(2)清算风险。它是指在外汇交易中因一方未能按时履行交割义务而造成的损失。这种风险在远期交易中比较常见。

(3)违约风险。它是指在外汇交易中,由于客户或银行丧失履行交易合同的能力而可能导致的损失。

2. 外汇风险的评估

外汇风险的评估主要考虑三个要素:外汇风险敞口衡量、汇率变动与其他不确定性因素。

(1)外汇风险敞口的衡量。衡量某种货币的外汇风险敞口有两种方式:一种是净敞口头寸,另一种是总敞口头寸。净敞口头寸是指以外币计价的资产与负债(包括表外项目)的净头寸,以及真实货币(包括远期合约)的买入头寸与卖出头寸之间的净差额。某种货币的净敞口头寸用公式表示为:

$$NE_i = (A_i - L_i) + (CL_i - CS_i) \tag{9.1}$$

式中:NE_i 表示 i 货币的净敞口头寸;A_i 与 L_i 分别表示以 i 货币来计价的资产与负债;CL_i 与 CS_i 分别表示以 i 货币的购买与出售的头寸。

当一家银行的净货币头寸敞口为正数时,银行被认为持有该种货币的净头寸多头;当一家银行的净货币头寸敞口为负数时,银行被认为持有该种货币的净头寸空头。

货币的总敞口头寸可以由外币计价的资产与负债的持续期乘上各自的金额后所得乘积之间的差额,再加上该种货币买入头寸和卖出头寸与各自的持续期相乘所得乘积之间的差额。用公式表示为:

$$TE_i = (D_A \times A_i - D_L \times L_i) + (D_{CL} \times CL_i - D_{CS} \times CS_i) \tag{9.2}$$

式中:TE_i 表示 i 货币的总敞口头寸;D_A 与 D_L 分别表示以 i 货币来计价的资产与负债的持续期;D_{CL} 与 D_{CS} 分别表示以 i 货币的购买与出售头寸的持续期。

由于总风险敞口涉及持续期这一指标,因此,它描述了外币利率期限结构变化引起的风险的不同,以及未来汇率变动在时间安排上的不同。

(2)汇率变动。汇率变动直接影响到银行外汇风险敞口的变化,因此预测汇率对于外汇风险的管理特别重要。只有准确预测汇率变动的方向,才能及时调整外汇风险敞口,以及评估因汇率变动给银行带来的潜在损失。汇率预测是一件非常复杂的事,银行通过有关的汇率预测模型和技术手段来预测汇率变动的趋势,准确预测汇率的变动几乎是不可能的,因为汇率变动比利率变动更复杂,更难掌握。

(3)其他不确定性因素。这种不确定性因素主要来自清算风险和违约风险。这方面的评估将涉及具体的客户,因此对客户的信用评估尤为重要。这也是防范外汇风险的一个重要方面。

我们确定外汇风险的三个要素后,就可以依据下面的标准差公式衡量银行所面临的外汇风险。标准差计算公式为:

$$\sigma(\Delta v) = Q \times \sigma(\Delta s) + \sigma(\mu) \tag{9.3}$$

式中:Δv 表示外汇风险引起的资产与负债的变化;Δs 表示即期汇率的变化;Q 表示外汇敞口量;μ 表示其他不确定性因素。当汇率变动与外汇风险敞口同方向时,如果外币升值,同时净敞口头寸为正数,并且 $\mu=0$,则银行会因外币升值而获得收益;当汇率变动与外汇风险敞口反方向时,且其他条件相同,则银行会遭受外汇风险损失。

3. 外汇风险的管理策略

外汇风险的管理策略就是利用掉期交易及时调整外汇风险敞口,使净敞口头寸和总敞口头寸都保持为零。当今国际外汇市场交易量的85%以上,都是银行间的掉期交易的交易量。可见,外汇掉期交易是银行规避外汇风险的主要手段。当然,在银行外汇调整交易中,其他辅助手段也可以规避汇率风险,但相比较而言,外汇买卖的方式是银行规避外汇风险的主要方式。因为当今国际外汇市场已形成了全球统一,可以24小时全天候进行交易,以及快捷、高效的全球清算支付系统,大大地节约了世界范围内调度资金的时间和交易成本。

第二节　中间业务管理

中间业务(intermediary business)又称无风险的表外业务。它是指商业银行不运用或极少运用自己的资金资源,以中间人的身份替客户办理收付和其他事项,提供各类金融服务,从中收取手续费的业务。中间业务是商业银行在办理传统的资产与负债业务中衍生出来的,作为一种资产负债表外的占用银行资产极少的业务,它一般不反映在银行资产负债表上。中间业务的产生原因是:原来以存贷款为内容的双边信用无法满足客户多边信用的需要,以及金融竞争的加剧,金融监管的放松和银行经营风险的增加,这些外部环境的变化,成为商业银行推动中间业务发展的重要因素。

一、中间业务的特征与意义

(一)中间业务的特征

1. 不直接运用银行的资金资源

商业银行办理中间业务,一般不动用自己的资金,主要依靠自己的信誉、服务网络和金融信息,通过付出一定人力、物力和承担一定的经济责任,收取手续费和佣金,借此改变银行的当期损益和经营成本。

2. 一般不能直接反映在银行资产负债表上

中间业务很少涉及银行资产负债表内的经营活动,无需在银行财务报表的脚注中加以记载反映。因为中间业务的变化不仅对表内业务的数量没有影响,而且不构成银行的或有资产和或有负债,从而对表内业务的质量也不会产生任何影响。

3. 不直接占用客户的资金

银行在办理中间业务时通常是不直接占用而是间接占用客户的资金。以结算业务为例,银行办理结算在本质上是需要占用客户资金的,如先收后付的结算原则,使得银行间接占用了客户的资金。之所以形成间接占用,是由于不能及时清算的支付系统技术问题造成的。但随着结算技术手段的发展,这种情况将会逐渐减少。

4. 以手续费的形式获取收入,不直接承担经营风险

在中间业务的当事人中,银行作为中间人,是以受托人的身份接受客户委托,以收取手续费的形式获取收入。因此,银行处理中间业务不作为信用活动的一方,而是作为中间人,不直接承担相应的经营风险。

(二)商业银行发展中间业务的意义

1. 增强商业银行的盈利能力

由于外部竞争环境的变化,使得银行传统的存贷款利差越来越小,经营风险越来越大,与此同时,市场又为银行提供了无数的盈利机会。中间业务的涵盖面十分广泛,它反映了社会经济的迅速发展,客户对银行提出了多样化的服务要求。同时,又因中间业务是技术含量高、人才素质高、信息量大的业务,其手续费稳定,是银行可靠的收入来源。未来银行业的竞争,就是中间业务的竞争,谁能抢先进入和占领该市场,谁就拥有了市场和财富。

2. 分散银行的经营风险

由于金融自由化和全球化,以及金融市场竞争加剧和动荡不安,使银行风险呈上升趋势。银行为了降低风险,提高竞争力,纷纷通过兼并,通过规模效应来增强竞争实力,以及迅速缩小风险性资产的规模,扩大风险较小的中间金融服务业,掌握市场主动权。中间业务不可能一点风险也没有,如各种市场咨询、管理咨询和工程审理业务,如果银行不通过仔细分析而妄下结论,不但影响银行的信誉,而且会引发经济赔偿纠纷,造成银行的经济损失。但大多数中间业务是接受客户委托的业务,银行仅作为受托人,其风险主要是由委托人来承担。因此,中间业务具有分散银行风险的作用。

3. 有利于稳定和促进传统的存贷业务

大多数中间业务是传统存贷业务的延伸。例如,结算业务和代理业务基本上是原有客户在存贷业务基础上,要求银行提供其他金融服务业务。因此,银行能够给客户提供多方位的金融服务业务,有利于稳定存贷客户的长期关系,客户对银行依赖性也就越大。大力拓展中间业务,服务客户、吸引客户,可以对银行的传统存贷业务起到稳定与促进的作用。

4. 有利于塑造银行的社会形象

中间业务品种众多,联系面广,服务性强,有利于银行形象的塑造。发展中间业务不但给银行带来经济效益,而且给银行带来长远的社会效益。能够大量提供金融服务的银行,说明银行能够提供全方位、高质量的金融服务,也在一定程度上体现了银行在公众心目中具有良好的社会形象,从而对银行长远利益的发展奠定了基础。

5. 创新金融产品,开辟新的业务领域

中间业务产品最大的特点是种类多、范围广、无专利性,以及对经济发展的新形式、新要求反映敏感。银行只有根据客户的需求与偏好积极拓展、创新和开办新的业务品种,才能满足客户的需要,降低银行经营的成本。例如,大力发展非现金结算工具创新,如电子出纳机、信用卡和多用途电子货币等普及和推广,既提高负债业务支付系统的效率,又可以大大节约交易成本,从而提高市场的交易效率。目前,我国现金结算大量存在于各种交易场合,使得银行负债业务支付隐含着巨大的交易成本,如库存现金的维持、现金的投放和回笼及假币问题等。负债规模越大,现金交易的成本就越高。

6. 有利于充分利用银行的资源

能够提供金融服务的,往往是那些资金实力雄厚、网点与电子网络遍布全国各地甚至全球、拥有大量的金融信息库、具有高素质员工队伍和在客户中有较高声誉的银行。可以说,中间业务的开展,体现了银行的人力、财力和物力等资源的充分利用,将提高银行的经营效率。

二、结算业务

结算业务包括支付结算、国际结算和信用卡业务。其中后两种业务我们在有关的章节中已介绍过,这里就不再赘述。事实上,信用卡业务不属于中间业务,它是以银行提供短期消费信用为特征的一种赊销卡,是一种消费贷款行为。

(一) 支付结算的原则

支付结算是指银行代替各经济实体以货币对商品、劳务交易进行支付以及对债权和债务进行了结的一种结算方式。对银行来说,这是一项业务量最大、风险最小、收益稳定的传统的中间业务。根据我国中央银行于 1997 年 10 月颁布的《支付结算办法》规定:支付结算是指单位、个人在经济活动中使用票据、信用卡和汇兑、托收承付、委托收款等结算方式进行货币给付及其资金清算的行为。支付结算的原则包括以下几方面。

1. 恪守信用，履行付款

在结算过程中，一般有 3 个当事人参加，即收付双方和银行。交易双方必须事先约定收付的权利与义务，任何一方必须遵守事先达成的承诺，否则会受到银行谴责，甚至法律的制裁。银行也要督促交易双方履行承诺，并帮助它们选择恰当的交易方式，以保证准确、及时、低成本地进行转账。

2. 谁的钱进谁的账，由谁支配

在结算过程中，银行必须做到谁的钱进谁的账，由谁支配，严格按照收款人和付款人的账户进行转账，否则出现差错，一切责任由银行承担。同时，银行必须遵守保密原则，除了法律规定外，不得向任何人或单位泄露有关账户的信息。

3. 先收后付

在结算过程中，银行仅充当中间人的角色，只能接受收付双方当事人的指令进行资金的划拨，没有义务为支付结算账户垫资，必须坚持先收后付原则，即使支付双方都在同一家银行开户也要坚持这一原则。

（二）支付结算工具及结算方式

支付结算工具是指银行用于支付结算的各种票据和结算凭证。具体包括汇票、本票、支票、汇兑、委托收款和托收承付。结算方式是指货币收付的程序或方法。即货款、费用收付或资金划拨的过程或操作程序。

1. 汇票

汇票是指由出票人签发的、委托付款人在见票时或在指定日期支付确定的金额给收款人或持有人的票据。根据汇票签发人不同，将汇票分为银行汇票和商业汇票。

银行汇票是由银行作为出票人签发的汇票。其程序为：汇款人将款项交存当地银行后，由银行签发汇票，持票人持往他行办理转账。由于银行汇票的付款人一般是银行，因此，银行汇票流动性极高，使用面广泛。

商业汇票是由企业作为出票人签发的汇票。商业汇票是由收款人或付款人签发的、经承兑人承兑后并于到期日向收款人或被背书人支付款项的票据。根据承兑人的不同，商业汇票分为商业承兑汇票和银行承兑汇票。

商业承兑汇票的结算处理程序为：收款人根据合同发货后，签发商业汇票，交付款人承兑，然后委托开户银行凭汇票向付款人开户行托收，到期将付款的资金划拨到收款人开户行。

银行承兑汇票的结算处理程序为：交易双方签订合同，付款人签发汇票并交自己的开户行承兑，然后将经银行承兑的汇票交收款人，收款人据此向付款人发货，到期委托自己开户行收款。

2. 本票

本票是指由银行签发的、承诺自己在见票时无条件支付确定的金额给收款人或持票人的票据。由于本票是银行应存款人要求签发的,其付款人也是银行,因而银行本票都是见票即付的,视同现金,具有信誉度高、支付能力强的特点。

本票的结算程序为:存款人要求银行签发本票,收款人持本票到付款银行兑付本票即可。

3. 支票

支票是指由出票人签发的、委托办理支票存款业务的银行在见票时无条件确定的金额给收款人或持票人的票据。由于支票的当事人都是在同一城市的情形,因而它是最常用的一种结算方式。

4. 汇兑

汇兑是指汇款人委托银行将款项汇给异地某收款人的一种结算方式。汇兑有电汇、票汇和信汇三种方式。

5. 委托收款

委托收款是指收款人委托银行向付款人收取款项的一种结算方式。其结算处理程序为:收款人向银行提供相关的收款凭证,银行向付款人开户行寄送收款凭证,由付款人开户行通知付款人,付款人接到通知后,在规定 3 天内付款,然后由付款人开户行将款项划拨到收款人开户行并由其通知收款人。

6. 托收承付

托收承付是指根据购销合同由收款人发货后委托银行向异地付款人收取款项,而付款人在收到发货单后,向银行承诺付款,再由银行划拨资金的一种结算方式。在这种方式中,收付双方要有合同,并有良好的信誉,且要求收款人提供发货凭证。它与委托收款的区别是:有结算金额最低限额,验货付款期限为 10 天。

三、代理业务

代理业务是指银行接受委托人,以代理人的身份,代为办理委托人指定的经济事务。商业银行在办理委托人的事务中,依据双方约定的收费标准收取一定的手续费;同时,在委托人赋予的权限范围内所办理的事务,具有委托人自己办理的同等效力。

(一)代理收付款业务

代理收付款又称收付信托。它是指银行接受客户的委托,代为办理其规定款项的收付事宜。它是银行充分利用自己服务网络优势、专业技术能力和结算手段,通过办理代收代付款项的业务,为客户提供服务。这项业务是现行结算业务的延伸,主要针对那些收付面广、收付金额小、收付频繁的款项代理收付。这些业务包括代发工资和养老退休金、代收水电煤电话费、代收医疗保险以及个人分期付款、代理清偿债权债务、代理发行有价证券和代办集资等。

(二) 代理保管箱

代理保管箱是指商业银行利用自身安全设施齐全、管理手段先进等有利条件设置保管库,接受单位或个人的委托,代为保管各种贵重物品和单证,并按照代为保管物品的种类、数量和期限收取手续费的一种业务。

代为保管的品种有:各种贵重金属、文物古董、珠宝首饰、各种货币、纪念品;各种重要合同、契约文件、有价证券、证书、名人字画和遗嘱等。

(三) 代理融通

代理融通又称应收账款权益售与或代收应收账款。它是指银行接受客户的委托,以代理人的身份代为收取应收账款,并为委托人提供资金融通的一种中间业务。

代理融通有两种形式:一种是权益转让。它是指委托人将应收账款的全部事宜转让银行办理。如果应收账款无法收回,银行保有对权益出让人的追索权。另一种是权益售与,即买断应收账款,它实际上不是代理业务。

(四) 代理行业务

代理行业务是指银行的部分业务委托其他银行来办理。代理行的产生在于相互之间结算业务方面的需要,以及银行为了减少分支机构的高成本。

(五) 代理会计事务和代客理财

代理会计事务是指商业银行接受委托人的要求,代为办理某些财务会计事项。如受托帮助建账、制定财务会计的有关规章制度和代为编制会计账目,以及受聘担任委托人的会计顾问。代客理财是指客户将一定数量的现金交银行管理,由银行灵活运用于收益性较高的资产,到期按协议支付客户高于同期存款利率的收入。这项业务对银行人员素质及综合能力要求较高。目前,我国商业银行也大力发展此项业务,成为中间业务竞争的焦点和收入的主要来源。

四、咨询业务

咨询业务是指商业银行根据委托人的要求,运用其自身的人才、设备和信息资料,按照公正独立的原则,采取调查、分析预测等科学方法,客观地提出最佳的或几种可供选择的方法或建议,为委托人解决各种问题的智力业务。

商业银行开展咨询业务的优势在于:一是商业银行作为特殊的金融企业,处于社会资金流通的枢纽地位。几乎每一个经济实体和个人都同银行打交道,这种枢纽地位就能使大量的信息资源反馈到银行,银行在此信息资源基础上,加工整理出对社会有价值的信息。二是银行自身拥有一批精通资金融通,了解社会经济生产、销售、财务、法律等方面的专家,通过这些专家对大量信息的分析、研究,从而保证了银行所提供信息的可靠性和权威性。三是银行庞大的服务网络,能够及时了解客户的需求偏好,这为银行的咨询业务提供广阔的市场。正是这些独一无二的优势,使得银行的咨询业务大有发展的潜力。

商业银行咨询业务范围极为广泛,除了为信贷服务外,还从事资信调查、财务分析、验资业务、市场信息调查、金融情报等多种业务。从这些业务来看,商业银行咨询业务是一种跨学科、多领域、超行业的综合性活动,是以转让、出售信息和提供智力为主要内容的服务活动,属于软科学的范畴。

(一)资信调查

资信调查是指对企业的资质和信用度的查询。例如,商业银行接受客户委托对指定企业的资金、技术、管理经验等资质,以及该企业以往履行承诺、讲求信誉的程度等信用度的调查。商业银行开展此类业务必须站在中间人的立场,客观公正地评价与调查所指定企业的资质和信用度。

(二)财务分析

财务分析是指商业银行接受客户委托,对所委托的企业财务状况进行分析研究,并根据委托人的要求提供相应的专题报告。

(三)市场信息调查

市场信息调查是指商业银行接受客户委托,对客户所关注的市场信息进行查询和分析并提供相应的报告和建议。对市场信息调查包括国内外市场动态、商品价格走势和贸易政策等。

第三节　私人银行业务管理

私人银行业务作为商业银行产品创新的重要组成部分,对于银行经营领域的拓展,保持银行"三性"的平衡和发展的活力具有重要意义。目前,私人银行业务已成为与西方商业银行存贷款业务、投资银行业务并驾齐驱的主要银行金融服务体系之一。

一、私人银行的定义及发展

(一) 私人银行的定义

对于什么是私人银行,至今没有一个被广泛接受的说法。多数学者认为:私人银行是为拥有高额净财富的个人提供财富管理、维护的服务,并提供投资服务于商品,以满足个人需求的金融服务。我国银监会于 2005 年 5 月 25 日发布的《商业银行个人理财业务管理暂行办法》中的第九条首次提出了私人银行的概念,即:私人银行服务是指商业银行与特定客户在充分沟通协商基础上,签订有关投资和资产管理合同,客户全权委托商业银行按照合同约定的投资计划、投资范围和投资方式,代理客户进行有关投资的资产管理操作的综合委托投资服务。从这一定义来看,私人银行被视为个人综合委托投资服务,不包括个人理财顾问服务。

从私人银行业务发展历史来看,主要为富有的客户提供多元化、高质量的金融预防性服务,这也意味着私人银行不仅为个人的资产增值和财富进行管理,而且也包括防御经济、政治风险的资产保护。因此,政府充分尊重商业银行隐私,是私人银行业务开展的关键因素之一。

(二) 私人银行的发展历程

私人银行发展至今已有近 600 年的历史,最早产生于瑞士,可以说瑞士银行与私人银行是同义语。在 16 世纪中叶,法国一些经商而富裕的贵族由于宗教信仰的原因被驱逐出境,他们来到了瑞士日内瓦,不仅带来了大量财富,而且也带来了与其他欧洲国家权势阶层密切联系的富裕客户关系。正是这些被驱逐出境的法国富裕贵族,形成了第一代瑞士私人银行家。20 世纪 30 年代,瑞士颁布的《银行法》,把私人银行与其他银行加以区分,从而诞生了专业性的私人银行。瑞士之所以成为私人银行的诞生地,是由于瑞士是一个永久中立的自由国家,其政治稳定,法律与政策具有连续性,以及对私有财产的绝对保护。由于瑞士的私人银行都是非上市的家族企业,多数只做资产管理业务,无需公开披露银行资产负债表的信息,于是吸引了大量的因政治和税收等方面原因而形成的灰色财富。以成立于 1805 年百达私人银行为例,其客户囊括了欧洲上流社会前 1 000 位最为知名的、最富有的家族,经手的资产高达 2 360 亿瑞士法郎。可见,当时瑞士私人银行的服务对象,专注于社会顶尖富裕阶层。

私人银行发展的另一个比较典型的国家是英国。英国私人银行分为两类:一类是传统的私人银行,它源自 17 世纪两个相互独立的行业,即货币摹写业和金匠业。最初是私人独资和合伙公司制的银行,一般以私人命名,属于个人所有,由家族控制。这类银行制定了很高的服务门槛,利用专业理财人员,专注于贵族以及与皇家有密切关系的客户,为他们进行资产保值增值。另一类是商人银行和股票经纪人,这类银行不像传统的私人银行那样,私人银行业务不是它们的业务核心,只是附带做一些高端客户资产组合和财富管理业务。

随着私人银行不断发展,私人银行的经营理念发生了根本性的变化,业务范围不断扩大,而且带有现代的特色,但仍然强调与私人客户建立长期的和稳定的关系。提供高质量的服务始终是私人银行奉行的不二法则,其中,提供高质量的服务是私人银行的核心经营理念。它的内容主要包括:按照客户的要求设计服务,预测客户的需求;通过与客户打交道,建立稳定的、长期的客户关系。

进入 21 世纪,人们大量接受私人银行业务,使其业务量急剧上升,特别是经济发达国家和地区,大量的私人银行业务成为商业银行市场成长的中坚力量,只要银行占有一小部分私人银行业务的市场份额就足以使其具有存在的价值。因为当前有两个主要因素推动着私人银行业务快速发展:一是人口增长;二是经济金融全球化和自由化,使得富裕的人们在投资方面有更大的选择余地,为他们带来巨大的财富,也增加了对来自财富管理的银行服务的需求。

(三) 私人银行发展模式

目前,国际主流私人银行发展模式如下。

1. 花旗银行集团模式

花旗私人银行业务通过遍布在 32 个国家的 470 名私人银行家和 300 名产品专家,向客户提供个性化财富管理服务。他们根据客户独特的需求,量身定制解决方案,帮助客户寻求市场机会和识别投资风险等。花旗集团充分利用遍布全球的经营网络,向客户提供全球投资组合资讯和投资建议服务,推行全面的投资组合管理、投资顾问服务和一系列结构性贷款和银行服务,以及提供独特的自营资产分配系统。该系统能进行深度的投资分析,提出高水平的资产配置策略,并提供客户进入世界各地证券市场的便利和利用投资机会的专门通道。

2. 瑞银集团模式

瑞银集团是目前世界上公认的最大私人银行之一,目前在全球拥有 67 家私人银行机构、29 家代表处。截至 2007 年年底,管理的收费资产达 1.435 万亿美元,私人银行业务收入达 198 亿美元。瑞银集团的私人银行采用"整个企业"模式,即客户无论何时、何地都能及时、高效、快捷地获得其希望得到的服务。同时,把所有银行业务都划归单一的 UBS 品牌下为客户提供一站式服务。具体服务方式是:通过众多精于税收策划、股票风险管理及期权、财富转移和慈善规划的专家相互协作,制定出与每位客户投资相适合的方案。瑞银集团的私人银行业务不单纯是财富管理,而且利用瑞银集团遍布世界网络优势和协作伙伴为客户提供全方位的服务,如客户的旅游住宿、机票订购和医疗服务等。

3. 瑞士信贷银行集团模式

瑞士信贷私人银行业务主要是针对富有的客户精心设计一系列结构清晰的投资咨询流程和一流的全球服务网络为其提供养老金规划、寿险方案、财富增值和遗产继承等产品。只要客户声明是瑞士信贷的客户,客户服务代表就可以在遍布全球的服务网络中处理该客户的需求,改变了过去异地通过电话、电传等保持联系的业务处理方式。近年来,瑞士信贷集团私人银行业务创造的净利润占比一直保持在 35％ 以上。

尽管瑞士的私人银行在经济金融全球化和自由化的影响下,其业务方面和服务理念也出现一些变化,但目前瑞士的两大私人银行仍保持着传统私人银行的服务特色。其共同特色概括为:以欧洲客户为主,充分尊重客户的隐私,银行承担无限责任,拒绝非稳定增长。

4. 汇丰银行集团模式

瑞士汇丰私人银行控股公司是汇丰集团私人银行业务的核心,它拥有众多精通金融产品、珠宝名人字画等方面的专家。服务内容根据客户对金融产品的需求和个人特征提供信贷、信托、保险和投资管理等。经营理念为"全球服务,当地智慧"。强调以客户为中心、以客户经理为纽带、各功能和产品部门协作及为客户设计财富管理方案的战略运作。汇丰私人银行的具体运作体现在两方面:一是开放式产品构建方法,即为客户设计适当的产品组合,达到客户预期的投资目标。二是扮演客户信任的顾问角色,以负责任的态度为客户提供投资和其他金融咨询,不以推销本行产品为重,而是以客户利益为重,建立长期客户信任关系。近几年,汇丰私人银行业务以 20％ 的速度增长。截至 2007 年,汇丰私人银行净利润达 17 亿美元,比上年增长了 25％。

二、私人银行的特征

由于私人银行为那些拥有高净资产、理财欲望强和高参与度、需求多元化和注重保密性的客户服务,因此,私人银行与银行传统个人理财业务存在本质的区别。

（一）全球化的资产配置

私人银行为了规避国内单一市场风险，帮助客户进行全球化的资产配置，采取了一系列的资产配置措施。其中投资离岸基金是其全球化资产配置的重要形式。所谓离岸基金，是指基金资本来源于国外，并投资于国外证券市场的投资基金。离岸基金服务的对象主要是有移民倾向或子女有出国留学的打算，以及由于某种原因打算把资金转移到国外的客户。除了投资离岸基金安排，还向客户提供环球财富保障计划。这一计划就是私人银行在海外免税国家或地区成立私人公司，帮助客户实现避税目的。

（二）财富保障和传承

信托基金是私人银行保障客户财富的有效方式。信托基金是客户（委托人）把其财产所有权转移至银行（受托人），并按照信托契约条文，为受益人的利益持有并管理委托人的财产。基于受益人拥有信托财产的合法权利，并需对受益人负诚信责任。信托基金具有相当的灵活性，且具有高度保密性。其内容包括后代财产继承和子女教育等。由于信托名下的客户财产不会被视为遗产，可以逃避遗产税，很受富有客户的青睐。

（三）具有独特的盈利模式和服务方式

私人银行不是主要靠产品的销售利润作为盈利主渠道，而是采用类似基金的方式，通过资产管理收取手续费和依据规划设计盈利，利润率远高于一般理财业务。目前，欧、美银行的私人银行业务税前利润率高达35％以上。

私人银行具有私人财富管理的优势。目前，国际大型银行集团都把私人银行视为一项增长型业务。它们利用自己在服务网络、投资技巧和人才储备等方面的优势，为客户提供成本较低的股权投资机会，以及采用人对人服务策略，较好地满足客户特有的需求。在为客户服务中注重与客户建立长期的信任关系，增强客户对银行的依赖性。可以说，私人银行服务方式在很大程度上是一项员工的个人游戏，而不是团队行为。

（四）较高的服务门槛和保密性

私人银行服务的对象主要是针对全球各区域内的顶级富豪。例如，汇丰集团私人银行对亚洲客户的下限为300万美元，为亚洲总资产达10亿美元的客户提供一站式服务。由于私人银行的客户多拥有亿万财富，因此采取客户经理一站式服务管理财富模式。客户经理既要为客户设计综合性财富管理方案，又要保证客户财产的安全,保密性是至关重要的。因此,客户经理必须具备崇高的职业道德和丰富的专业知识。

三、我国私人银行的发展现状及意义

(一)我国私人银行发展现状

2005 年 9 月 27 日,瑞士友邦银行成为首家进入我国市场的国际私人银行。2006 年 4 月,美国花旗银行私人银行在上海设立。国际私人银行在我国的设立引起了我国银行业界的高度关注。2007 年 3 月 8 日,中国银行与苏格兰皇家银行集团在北京、上海两地设立首家中外合资本土私人银行,准入门槛为 100 万美元。2007 年 8 月 6 日,招商银行在深圳成立了首家中资私人银行,准入门槛为 1 000 万元人民币,拉开了中国私人银行开展高端客户财富管理的序幕。可以说,2007 年,是中国私人银行业的纪事"元年"。随之而来的,我国境内商业银行相继成立私人银行并推出了各自的私人银行业务计划。详见表 9-1。

表 9-1　目前国内部分私人银行业务开展状况

银　　行	开业时间	地点	准入门槛	服　务　范　围
瑞士友邦银行	2005 年 9 月	上海	100 万美元	综合理财、教育、信托
花旗银行	2006 年 4 月	上海	1 000 万美元	提供全方位财富管理
法国巴黎银行	2006 年 11 月	上海	1 000 万美元	集合理财、投资咨询、财富管理
德意志银行	2006 年 11 月	上海	1 000 万元人民币	提供最佳的投资方案
中国银行与苏格兰皇家银行	2007 年 3 月	上海	100 万美元	量身定制的投资产品、提供专业规划,如教育、税务、房地产等
工商银行	2008 年 3 月	上海	800 万元人民币	资产管理与顾问咨询等
建设银行	2008 年 7 月	北京	1 000 万元人民币	量身定制的资产管理、投资顾问咨询等
招商银行	2007 年 8 月	深圳	1 000 万元人民币	财富管理、教育、税务、房地产投资和收藏等
中信银行	2007 年 8 月	北京	100 万美元	财富管理、国际财产传承规划服务和综合授信等

　　与国外私人银行几百年的历史相比,我国私人银行发展仅 3 年多时间,在产品的研发、客户准入门槛、资产规模以及私人银行在银行利润中占比存在很大的差距。目前大多数国内中外资银行都相继开展了私人银行业务,它们大多将客户目标锁定为企业家及年轻新贵上。如何分散投资、保证财富增值及安全以及公司上市、债券承销、企业资产管理等投资顾问服务往往更受客户的关注。银行服务因需求而生,针对不同的客户需求,量身定制个性化投资服务方案才是我国私人银行业务取胜的关键。

(二) 我国发展私人银行的意义

　　从国外发展私人银行的经验来看,私人银行都给银行带来了高额利润回报,对银行自身经营战略转型以及品牌提升起到了推动作用。中国改革开放 30 多年造就了一个庞大的富裕群体。截至 2009 年 7 月,中国可投资资产 1 000 万元以上的高净值人群达 32 万人,资产规模超过 9 万亿元。这些都为我国私人银行业务发展、经营转型、拓展利润空间和品牌提升提供了市场基础。因此,大力发展私人银行对我国商业银行未来的发展有着重要的现实意义。

　　1. 促进银行经营战略转型

　　随着我国金融改革不断深化和金融市场多层次建设与完善,我国商业银行面临着"脱媒"现象,传统存贷盈利模式越来越受到市场挑战与约束,这就决定了我国商业银行未来发展必然向以个人零售业务为主的财富管理盈利模式转型。私人银行作为银行个人零售业务的核心,国内银行应以私人银行发展为契机,推进经营模式的转型。

　　2. 拓展利润空间

　　私人银行业务是银行利润丰厚的高端中间业务。根据美国私人银行数据表明,美国私人银行利润占银行利润 35%,年均 15% 速度增长,其中资产管理费占收入 45%,经纪费占 20%,净利息收入占 25%。从交易角度看,美国单笔私人银行业务交易高达几十万美元,成本远远低于一般零售业务,极大地提高了业务创利能力。

　　3. 有利于银行品牌提升

　　私人银行是商业银行个人零售业务中最富有挑战性的业务领域,是商业银行体现自身综合经营能力的招牌。面对外资银行对中资银行业务的侵蚀以及市场竞争的加剧,中资银行对外经营需要新的提升,要将原本主要向客户提供以存贷业务为核心的经营形象,通过私人银行服务加以改善和提升。尽管私人银行服务影响的人数不多,但其影响力巨大,服务一旦得到客户认可,有利于提升银行品牌形象。

第四节 案 例 分 析

【案例 9-1】 三口之家的投资组合规划①

一、背景情况

(一)家庭基本情况

居住在上海的李先生是一名某外资公司产品开发工程师,目前夫妻俩月收入为 5 万元,但不善于理财。他们还有一个聪明可爱的儿子,今年 5 岁了,每月花费 1 500 元的教育费用。李先生还有一笔房屋租金收入,目前是 1 500 元。这个家庭每月各种花费共计 6 500 元,另外还有每月 1 500 元的医疗和保健费用。如此一来,他们每月结余 4.2 万元。夫妻俩的年终奖金 12 万元,家庭存款 450 万元,每年利息收入 10 万元左右,扣除每年 4 000 元的车险费用和 3 万元的旅游费用,年度结余 59 万元。

(二)投资规划需求

1. 家庭存款如何盘活

在李先生的家庭资产和负债结构中,他们没有任何债务负担,总资产达 930 万元。其中活期存款 50 万元,各类定期存款 400 万元,股票市值 150 万元,自用房产价值 250 万元,投资用房产价值 50 万元,另有价值 30 万元的自备车 1 辆。

除了因近几年房地产价格上升而拥有 300 万元房产外,家庭资产的存款急需投资规划,现在存放在银行账户上,年均仅有利率 2.2%,使得李先生觉得有些"可惜"。他问道,如何解决自己投资单一性问题?是否请银行介绍一些投资产品?

2. 股票受挫后如何稳中有赚

李先生因无暇顾及他的股票投资,基本上是盲目投资,目前净损失 50 万元。虽然他认为中国股市总有一天会好起来的,但不知如何调整股票投资计划。他希望有专家给他提供好的投资计划,使他在比较安全的基础上能获得稳定的收益。

---

① 李春满:《私人银行》,吉林大学出版社 2008 年版,第 71-73 页。

6 第九章 商业银行其他业务管理 **243**

二、投资规划方案

（一）家庭收支情况分析

李先生夫妇无疑依靠双方的勤劳努力与相互扶持已渐入佳境。随着李先生在公司被重视，年薪不断增加。现在李先生家庭既无贷款又无外债，家庭收支状况十分宽松，每月有 4.2 万元结余。但李先生家庭的一个最大隐患就是对李先生依赖性较大，为此落实家庭保障尤为重要。

（二）家庭资产负债分析

李先生家庭没有负债，净资产达 930 万元。目前拥有两套住房，其中一套住房出租，年租金收益率 3.6%。除此之外，家庭最大的资产就是以存款形式持有，且收益率很低。

（三）家庭理财目标分析

李先生夫妇希望使自己家庭投资品种多元化，从而提高资产回报率；同时希望在股票投资中能稳中有赚，在安全基础上获得较好的收益。另外希望增加家庭的保障，购买必要的保险。

（四）家庭投资建议

1. 巧用货币基金，兼顾收益与流动性

货币基金是现金管理的主要工具之一，其魅力日益凸显，因此建议李先生家庭除了备用少量活期存款之外，家庭日常开支使用贷记卡，合理使用免息期，用闲置资金购买货币基金。根据 2009 年货币基金年收益率测算，其收益率在 3% 左右。一旦家庭急需资金，可以赎回部分货币基金。

2. 进行投资组合，获取稳定收益

李先生将股票换成 50ETF 指数基金以及购买股票型基金和债券股票混合型基金进行专家理财，拿出 60% 存款委托银行进行理财。根据李先生每月有 4.2 万元结余，建议他每月与银行进行定期定额的理财计划，这样一方面降低存款成本，另一方面积少成多，逐步积累财富。

3. 增加保障，家庭安全无隐患

针对李先生家庭主要收入依赖于李先生，以及孩子年龄较小，未来孩子教育和医疗的费用支出较大，因此建议李先生夫妇分别购买教育保险基金、意外保险、重大疾病保险和健康险等。总之，李先生家庭保费支出控制在家庭年收入的 10%

以内。

【案例 9-2】 外汇掉期在借贷市场上的运用

一、背景情况

美国 A 银行急需 3 个月 4 160 万美元以满足客户贷款需求,但银行发现从美元市场上直接借入美元比较困难,而日元市场比较宽松且利率较低。该银行打算采用掉期方式取得美元资金以满足客户贷款需求。

假设:即期汇率:USD/TPY=120.10/20

3 个月掉期率:40/20

3 个月美元年利率为 3%;3 个月日元年利率为 1%

二、分析

美国 A 银行以 1% 的年利率借到 3 个月的 50 亿日元,然后兑换成美元,则可得为 4 160 万美元(500 000÷120.20)。为了防止日元 3 个月后升值,因此 A 银行将以 USD/JPY=119.70(120.10-0.40)的远期汇率向银行购买 3 个月期远期 501 250 万日元(500 000+500 000×1%×3÷12),即 3 个月后归还本息 501 250 万日元,将美元成本锁定为 4 187 万美元(501 250÷119.70)。这样,A 银行就规避了因日元升值多支付美元的风险。

A 银行在 3 个月后只需支付 4 187 万美元就可偿还日元的到期本息,因此 A 银行实际支付的利息为 27 万美元(4 187-4 160),实际承担的利率为 2.6%(27÷4 160×12÷3×100%)。

可见,A 银行通过外汇掉期交易既获得了急需的美元,满足了客户贷款需求,又降低了美元成本,即 2.6% 低于 3%。

本章基本概念

国际业务 国际贷款 外汇交易 中间业务 私人银行 贸易融资 卖方信贷 买方信贷 保理 结算业务 信用证 代理业务 银团贷款 财富管理 离岸基金

本 章 思 考 题

1. 商业银行业务国际化的成因是什么？
2. 贸易融资业务包括哪几种？
3. 简述国际贷款的特点及类型。
4. 简述银行跨国风险管理的方法。
5. 外汇买卖的方式有哪几种？
6. 简述中间业务的特点与意义。
7. 简述私人银行的特点。
8. 简述我国私人银行发展的意义及策略。

第 十 章

商业银行表外业务管理

前面讲到,信用证和承兑业务等传统的表外业务在商业银行发展的初期就已出现,但按《巴塞尔协议》所定义的真正的表外业务兴起于 20 世纪 80 年代。因为20 世纪 80 年代以来,商业银行所处的经营环境发生了巨大的变化,这些变化迫使商业银行转变经营管理战略,由原来的资产增长战略转变为无资产的收入增长战略,即发展表外业务。表外业务的产生与发展,一方面使银行经营国际化和融资证券化,拓宽了其经营空间;另一方面又因表外业务隐含着巨大的经营风险,银行利用表外业务的避险衍生工具进行套期保值,强化了银行的风险管理意识。

第一节 商业银行表外业务概述

一、表外业务的定义

表外业务(of-balance sheet activities,简称 OBS)是指商业银行从事的、按照通行的会计准则,不列入银行资产负债表而出现在财务报表脚注中的交易活动。表外业务不涉及资产负债表内金额的变化,但构成了银行的或有资产或者或有负债的交易活动。或有资产或者或有负债与表内资产项目或负债项目关系密切,在一定条件下会转化为表内业务。因此,表外业务会对银行资产负债表构成潜在的实质影响。表外业务不占用银行资金,但有可能对银行资金构成或有损失。所以,表外业务必须在财务报表脚注中加以记载反映,以便银行和监管部门对其进行必要的核算和管理。

本章所讨论的表外业务与前一章所讨论的中间业务有严格的界定。前面所讲的中间业务是指无风险或风险极低的金融服务类表外业务,无需在财务报表脚注中加以记载反映。而本章要讨论的表外业务是《巴塞尔协议》所规定的风险度较高、真正意义上的表外业务。它主要包括金融保证业务,如备用信用证、贷款承诺、贷款出售和证券化,以及金融衍生产品交易,如金融互换、期货、期权等。对中间业务和表外业务进行科学的界定,有利于银行明确风险管理的重点,对表外业务加大风险防范力度,防止其将隐含的风险,从而转化为现实风险给银行造成巨大的损失。

二、表外业务的特征

与银行的中间业务相比,表外业务具有明显的特征,主要表现在以下几个方面。

(一)充分利用非资金资源增加银行收入

表外业务最明显的特征是:提供资金与服务相分离,银行能最大限度地利用非资金资源增加收入来源。因为银行在从事表外业务时,并不运用自己的资金资源,而是运用自己的信誉、人力、金融技术和经营诀窍等,为客户提供担保、给予承诺等,并收取手续费,从而实现自己的非资金资源的充分利用。当然,为客户提供承诺与担保,也会给银行带来潜在的义务,但这种义务在一定条件下才会有贷款的发放。

(二)金融创新促使银行业务表外化

面对激烈的市场竞争,经营风险的上升,许多商业银行大力发展表外业务,进行衍生产品创新。这些衍生产品的交易,一方面给银行带来巨额的非利息收入,另一方面利用衍生产品调整银行某些资产与负债项目的重新定价以及为现货产品进行定价。这种避险措施和定价方法,降低和分散了金融风险,使银行的现货产品价格更加符合客户的要求,从而使银行业务表外化。例如,2008 年年底,美国商业银行持有的衍生产品名义本金额为 60 多万亿美元,这 60 多万亿美元的名义本金额相当于银行表内资产价值的 5 倍多。

(三)金融杠杆性高,隐含着巨大的经营风险

金融衍生产品基本上属于"以小搏大"、高收益、高风险的杠杆性金融业务。如果衍生产品的市场变化趋势与交易者的预测相符,收益很高,而一旦预测与市场走势不符,则将承担巨额损失。因为衍生产品并不要求对隐含于基础产品价值内的

本金作出支付承诺,但它创造了源于名义本金价值的支付责任,也就意味着部分银行的巨大承诺责任。例如,2008 年 9 月,美国次贷危机迅速蔓延成全球性金融危机,就是美国雷曼兄弟从事了大量金融衍生产品交易造成其巨大损失而引起的,因为当时资本杠杆高达 35 倍。在我国,1995 年 2 月,上海万国证券有限责任公司在 327 国债期货品种交易中,损失额超过其资本金,导致上海万国证券有限责任公司破产倒闭。又如,1995 年,英国巴林银行倒闭案。可见,如果对这类高杠杆性的衍生产品操作不慎,就有可能给银行带来严重的后果。2007 年 1 月 1 日实施的《巴塞尔新资本协议》对衍生产品交易规定了严格的监管措施,强调操作风险对银行业的危害。

(四) 透明度低,监管难度大

商业银行表外业务创新的一个重要动因就是逃避监管。一国金融监管政策既是对银行表外业务创新环境的培育,又是对表外业务创新环境的约束。这种金融监管政策与表外业务创新之间的矛盾关系,导致银行的表外业务创新行为大多是为了逃避现行的金融监管政策而开辟的新的交易行为,实现其收益最大化。这些逃避监管而创新的表外业务透明度低,现行的金融监管政策无法对其进行有效的监管。同时,银行管理者对新的表外品种所固有的风险无法作出正确的认识和分析,从而给银行经营带来了很大的风险隐患。在国际金融市场一体化和自由化的今天,一旦有重大新闻事件发生都会导致大范围的市场动荡,给银行业带来巨大的损失。正是在此背景下,巴塞尔委员会制定了新资本协议,对国际活跃性银行提出了更高的监管要求,目的是加强国际银行业的风险监管。

三、表外业务发展的原因

20 世纪 70 年代以前,表外业务一直是商业银行微不足道的业务,并没有引起银行的足够重视,在银行全部金融业务中所占的比例很低。但是,进入 20 世纪 70 年代,面对激烈竞争的外部环境以及表外业务所具备的流动性、安全性和盈利性这"三性"的统一,促使银行大力发展表外业务。现在,表外业务已成为国际活跃性银行的主导产业。其原因如下。

(一) 金融环境动荡不安

20 世纪 70 年代,浮动汇率制合法化以及石油危机造成全球性的国际收支失衡,各国纷纷把汇率的变动作为调节国际收支的工具。80 年代中期发展中国家的债务危机,使许多发达国家的商业银行损失惨重,后来的金融自由化浪潮席卷西方主要发达国家,各国纷纷放松金融管制,实现了利率和汇率市场化,力图为银行业营造宽松的金融环境。这些客观环境导致了利率和汇率波动不定,使得各种金融资产的价格和投资收益处在难以预料的变化之中。

金融环境的动荡不安使商业银行面临着前所未有的利率风险和汇率风险,这两种风险对银行传统的存贷业务构成很大威胁,融资成本变动频繁,资产收益固定和风险暴露,银行难以通过传统的存贷业务获得预期收益。因此,金融环境的动荡导致银行经营状况极不稳定以及面临巨大的财务风险,这就迫使商业银行创造出新的金融产品以获得资金融通和资产收益的新途径,以期获取新的利润来源。采用新的避险工具可以帮助银行规避金融风险,因此,避险工具的强大需求推动了银行表外业务的产生和发展,如期货、期权、互换等。

(二)融资"脱媒"和证券化

融资"脱媒"和证券化使商业银行的经营战略发生革命性变化。商业银行是调节社会资金余缺的重要信用媒介,通过存贷业务引导社会资金的有效利用,银行从中获取利差额。但随着金融市场不断完善和金融工具的创新日新月异,非银行金融机构利用新颖的金融工具不仅与商业银行争夺资金市场,而且与其争夺信贷市场,银行重要的客户,凭借自己的信誉直接绕过银行这个传统的媒介,通过发行股票和债务工具而直接从金融市场取得比较便宜的资金,使得金融市场结构发生了变化:直接融资地位上升,间接融资地位下降。商业银行作为融资主渠道的地位下降,出现了"脱媒"现象。

融资"脱媒"和证券化使商业银行传统存贷业务相对萎缩,同时也为银行拓展表外业务带来了机遇。直接融资使资金提供者面临着较大的信用风险。而在间接融资下,这种风险是由银行来承担的。一方面,大多数资金提供者不愿意承担这种风险,因而给商业银行为其提供各种形式的信用担保提供了机会,从而将部分信用风险转嫁给商业银行。另一方面,借款人为了能够顺利发行债务工具,也必须获得市场认可的信用地位,而以银行的信用担保作支持则是最便捷的途径。因此,市场的需求推动了商业银行备用信用证、贷款承诺等表外业务的迅速发展,使商业银行的业务在传统的表内业务基础上拓展到了一个更广阔的空间。

(三)金融市场竞争加剧

金融市场竞争加剧使商业银行必须寻找表外融资渠道。一般来说,商业银行满足贷款需求的资金来源于存款,即从货币市场借入资金满足临时性的资金需求。但是,进入20世纪80年代,由于外部环境的变化,加剧了金融市场竞争程度,原来满足银行流动性需求的渠道受到严重侵蚀,因而银行必须寻找其他途径来满足其流动性需要。商业银行为了适应这种变化,寻找新的资金来源,借助于新兴市场,不断开辟新的业务领域,这使得银行资产证券化、贷款出售等表外业务的兴起和发展,满足了银行日益增长的资产对资金的需求。

(四)规避金融监管

进入 20 世纪 90 年代,逃避银行资本充足率的管制成为表外业务发展的重要动力之一。在此之前,由于金融市场的动荡和各国金融监管的放松使商业银行在竞争压力下片面地注重资产增长,希望从资产规模中取得竞争优势,以便获取利润增长,但这种经营行为,导致信贷资产严重恶化,不良贷款大幅度上升,严重影响到银行的安全,银行危机频频发生。为此,巴塞尔委员会对国际银行业的资本要求规定了统一标准,即 1993 年 1 月 1 日实施的《巴塞尔协议》。该协议规定:国际活跃性银行的资本充足率至少为 8%。其中,资本充足率的分子为资本并对核心资本规定了最低比率,应占资本总额的 50%以上;分母为总风险加权资产,其风险系数为权数,进行加权平均得出银行风险资产。

商业银行为提高资本充足率,一般有两种方法,即分子方法和分母方法。其中,分子方法就意味着扩大银行资本金,这一点在实践中有一定困难,容易引起银行股东的强烈反对。因此,银行提高资本充足率最便捷的方法就是分母方法,通过缩减风险性资产来提高资本充足率。缩减风险性资产就意味着银行增加流动性资产,缩减盈利性资产,这势必影响银行的利润来源,长此以往将削弱银行的实力,不利于银行竞争力的提升。而表外业务的最大特点在于:在不增加银行资产的情况下,就可以给银行带来可观的利润,因此银行通过表外业务创新,解脱了银行面临资本充足率不足的困境。例如,银行可以照常积累"贷款"这类高风险、高收益资产,然后通过无追索权的资产证券化或贷款出售等表外业务轻易地将表内高风险资产转移出去,不仅可以保留凭借银行评估信贷风险的优势而获取收益,而且在证券化过程中派生出来的服务也为银行带来可观的手续费收入。更为重要的是,银行表外业务加速了银行资产周转速度,在不增加资本的情况下,既能提高资本收益率,又能满足监管当局对资本充足率的要求。

(五)科技发展加快了表外业务的创新

20 世纪 90 年代以来,科学技术迅猛发展,特别是通讯技术和计算信息处理技术的飞速发展使许多领域发生了革命性的变化,反映在银行业,则是出现了业务与数据处理电脑化、信息传递网络化和资金调拨电子化以及综合管理信息化等。这一切都为银行表外业务发展提供了可靠的技术保证,为表外业务的发展创造了广阔的空间。

近年来,国际活跃性大型商业银行从事表外业务的收入已大大超过表内业务的收入,其目的在于:

(1) 降低成本,增加收入和经营利润。银行充分利用表外业务的优势,将表内业务表外化,降低存款准备金带来的损失以及减少存款保险所交纳的保险费;利用利率互换等衍生产品减少利息支出,以及利用金融杠杆取得投机收入等。

(2) 降低经营风险,增加流动性。银行传统的存贷与投资业务所面临的各种风险,利用表外业务中的避险工具进行套期保值,从而降低了经营风险,通过资产证券化和贷款出售增加了银行的流动性。

然而,表外业务自身隐含着巨大的风险,银行必须高度重视,要采取有效措施加以规避,不能为片面追求表外业务给银行带来的好处而忽视了表外业务的隐含风险转化为现实风险的可能性,如果那样的话,就有可能给银行带来灾难性的后果。例如,当市场环境出现不利变化时,银行客户会纷纷动用信贷便利,银行就将面临流动性风险,若任其发展,就有可能出现挤兑风潮。

第二节　金融保证业务

金融保证业务是商业银行运用其无形资产获取收入的典型的表外业务。在金融保证业务中,贷款承诺和保函是较早的表外业务,而票据发行便利、备用信用证、贷款出售和证券化等创新业务则是进入 20 世纪 80 年代后发展起来的业务。目前,金融保证业务已成为商业银行表外业务的重要组成部分,也是银行利润的重要来源。在美国,商业银行提供的工商业贷款中约 80% 是在贷款承诺下实现的。金融保证业务为商业银行带来的收入占表外业务收入的 70% 以上。

一、保函和备用信用证

(一) 保函

1. 保函的概念

保函(letter guarantee,简称 L/G)是指银行应申请人(通常是债务人)的要求作为担保人,向债权收益人作出的一种有条件的付款保证文件。当申请人不能及时完成其对受益人承诺的责任而又拒不付款或无力付款时,担保银行要无条件地向受益人作出偿付。这里的"有条件"是指满足保函所规定的付款条件。

在国际保函下,担保银行负第一性的偿付责任,与申请人一样为第一债务人。

不管申请人是否同意付款,只要保函所规定的付款条件已经具备,即受益人提出合理索偿要求,担保银行应偿付受益人的索偿,除非银行确认受益人的索偿要求存在明显的欺诈行为。国际保函的性质与信用证相似,所以有时将国际保函称为担保信用证。但是,在我国担保银行仅承担第二性的付款责任,申请人为第一债务人。当保函受益人面临债务人违约时,才向担保银行提出索偿,银行确认申请人无法偿付或不足偿付债务时,才偿付受益人的索偿。

保函一旦开立,就构成了商业银行的一项或有负债,故它是一项表外业务。保函实际上是以银行信用补充或代替商业信用,使交易双方解除顾虑,增加信任感,促进交易的顺利进行。在国际交易中,由于交易双方征信较为困难以及难以了解对方所在国的相关政策法规,所以倾向于银行信用的介入,这也是保函这一担保方式运用较为普遍的原因。

2. 保函的种类

银行保函品种较多。我国一般按保函的作用将保函分为信用保函和融资保函两大类。

(1)信用保函。它是指银行以银行信用代替商业信用促使商业交易顺利进行的保函。它占保函业务的绝大多数。信用保函包括投标保函、履约保函、预付保函、借款保函、租赁保函和付款保函等,其中前三种保函,即投标保函、履约保函、预付保函占保函业务量的多数,是国际商会第 325 号出版物《合约保证书统一规则》推举的三种基本类型的保函。

(2)融资保函。它是指银行利用其资信为申请人取得某种资金融通的便利,避免其垫付一笔资金,向受益人保证申请人将在收到有关发货单据达到合同一定比例时,逐步开始偿付款项的本息。融资保函包括延期付款保函、透支保函和海关保函等。

3. 保函的风险管理

银行开立保函时,首先要评估银行可能面临的各种风险,然后建立控制风险的机制,在确保风险降至可接受的程度时才能出具保函。保函所面临的风险主要包括违约风险和操作风险。其中,违约风险是由于保函申请人自身的财务和资信问题造成的,也可能是因市场因素造成的,如汇率变化,申请人所在国的政策变化导致保函申请人发生支付困难。而操作风险则是因保函形式多样、缺乏固定的格式,以及银行在开立保函时文字使用不当而导致纠纷造成的。因此,银行在开立保函时必须采取相应的措施来减少保函的风险。

(1)违约风险的控制。首先,要对保函当事人资信情况进行评估。保函的当事人包括申请人、受益人和反担保人。其中,反担保人即为申请人向担保银行开出书面反担保的人,通常为申请人的上级单位或其他金融机构。银行要对上述当事人的资信情况进行评估,同时还应对保函协议书的内容进行预测、判断和评估。其次,落实反担保措施。银行开立保函后,增加了自身的或有债务,为防止申请人无力偿付,银行要求申请人交存充足的保证金,提交银行认可的企业或其他金融机构出具的反担保。

(2) 操作风险的控制。严格操作程序,确保开立的保函协议书的内容与保函一致,措辞务求严谨,同时对各项内容都应予明确规定。一般来说,在银行开立保函前,要与申请人签订开立保函协议书,其中受益人名称、保函金额、有效期、保证方式等的约定要与银行开立的保函内容一致,否则可能发生纠纷。

(二) 备用信用证

1. 备用信用证的概念

备用信用证(stand-by letter of credit,简称 SLC)又称商业票据信用证。它是指开证行根据申请人的请求,对申请人开立的承诺承担某种义务的凭证。即开证行在申请人未能履行其应履行的义务时,受益人只要凭备用信用证的规定向开证行开具汇票并提交申请人未履行义务的证明书,即可获得开证行的偿付。事实上,备用信用证是一种银行信用担保,保证了持有人对第三方依据合同所作的承诺。银行以自身的信用为客户进行担保,从中获取手续费收入,而申请人购买备用信用证作为一种信用增级措施,来提高自己的信用级别,便于融资。例如,当发行人信用等级不高时但又想通过发行债券进行融资,这时,它向银行申请备用信用证作为债券发行的担保,既提高了债券可销性,又能减少发行债券的利率成本。在美国,备用信用证是银行常用的保证方式。这是因为美国法律不允许银行开立保函为其客户作出正式的担保,为了避免这一限制,故银行采用备用信用证代替保函。

备用信用证分为可撤销的备用信用证与不可撤销的备用信用证。前者是指附有申请人财务状况出现某种变化时可撤销和修改条款的备用信用证,目的是保护开证行的利益;后者是指开证行不能单方面撤销和修改的备用信用证。

2. 备用信用证的定价

备用信用证的定价是指开证行对备用信用证佣金的确定,其佣金可以看作银行卖出看跌期权的期权费。开证行收取佣金的理由在于:一是开证行要承担申请人发生意外而向受益人支付本息的经济责任,银行据此而获得风险补偿。二是银行开立备用信用证会涉及对申请人的信用评估,银行可以据此获得部分技术服务收入。因此,备用信用证的佣金收取包括违约风险补偿和评估费用。

3. 备用信用证的风险管理

备用信用证既可用于一般的非融资性担保,又可用于融资性担保。因此,在国际上备用信用证常用于代替保函,也用于贷款担保,甚至用于发行债券、商业票据和资产销售等方面的担保。许多银行家认为,备用信用证比贷款本身的风险低得多,并且作为表外业务的备用信用证可以提高银行资产整体的分散化程度。因此,备用信用证使用恰当,能够降低银行风险。但是,银行开展备用信用证业务将面临违约风险、利率风险和流动性风险。如果银行很不慎重地开具备用信用证,一旦申请人出现违约,且备用信用证金额很大,银行就不得不以较高的利率融资来偿付。这样,银行就要承担流动性风险和利率风险以及违约所带来的损失。银行在开具备用信用证前,必须采取有效措施减少备用信用证业务的风险敞口。

(1) 充分调查申请人的资信情况。尽管备用信用证通常是为满足那些信用等级很高、享受优惠贷款利率的客户的要求而开立的,但仍需关注它们的资信变动情况。此外,如果备用信用证受益人是银行,还必须了解开证行的资信情况。同时,开证行应根据不同风险级别的备用信用证业务,收取不同的佣金。

(2) 银行尽量开具可撤销的备用信用证,以便根据申请人财务状况的变化随时撤销或修改有关条款。

(3) 开证行应按地区和行业将备用信用证业务分散化,避免风险过于集中。

二、贷款承诺与票据发行便利

(一)贷款承诺

1. 贷款承诺的概念

贷款承诺(loan commitment)是指银行与客户之间达成的一种具有法律效力的正式贷款合同。银行将在有效承诺期内,按照双方约定的金额、利率等条件,随时应客户的要求向其提供贷款业务,并收取一定的承诺佣金。贷款承诺是西方发达国家银行向企业发放贷款的主要形式,它的创新品种是票据发行便利。

贷款承诺分为可撤销的贷款承诺和不可撤销的贷款承诺。前者是指附有客户在取得贷款前必须履行的特定条款,一旦在银行承诺期及实际贷款期发生客户信用等级下降的情况,或客户没有履行特定条款,则银行可以撤销该项承诺;后者是指银行不经客户同意不得私自撤销的承诺,是具有法律约束力的。

在贷款承诺下,银行为客户提供了一种保证,使其在承诺期保证获得所需贷款,银行则收取佣金作为提供这种保证的补偿。银行收取的佣金又表现为不同形式:一种称为承诺费,其数额等于贷款承诺总额的一定比率,在贷款承诺达成时收取;另一种称为使用费,以未使用的贷款承诺数额为基础来收取。在多数情况下,银行同时收取承诺费和使用费。此外,银行还可能提出要客户提供服务费和余额补偿性条款的要求。前者以实际使用贷款数额为基础收取,用来弥补银行为此承担的交易成本;后者要求客户保留一定比例的贷款资金作为存款。

2. 贷款承诺的种类

(1) 信用额度。它是指银行与客户签订一项非正式承诺协议,银行同意在承诺期以规定利率及其条件向客户提供承诺的贷款金额。这种贷款承诺是最常见的、可撤销的贷款承诺,银行没有提供贷款的法定义务,一般也不向客户收取佣金。尽管如此,银行为了维护其信誉和客户的关系,一般都会满足客户的贷款要求。

(2) 备用信用额度。它是指银行与客户之间达成的不可撤销的正式承诺协议。协议详细规定了银行提供贷款便利的额度、时间、利率及贷款的清算等。在备用信用额度内,客户可以多次使用贷款,或一次性完全使用贷款额度。然而,借款人一旦偿还贷款,已偿还的贷款不能再次使用。备用信用额度的有效承诺期一般为 1 年以内。

(3) 循环信用额度。它是指银行与客户之间达成的不可撤销的正式承诺协议。协议详细规定了银行提供最高贷款便利的额度、时间、利率等条款。循环信用额度与备用信用额度的区别在于:客户可以多次使用承诺贷款额,即便客户已偿还的贷款仍可以使用,并且承诺期限较长,一般为 3~5 年。

(4) 票据发行便利。这部分内容将在下面阐述,故此处不再赘述。

3. 贷款承诺发展的原因

从银行角度来看,贷款承诺的好处在于:一是银行无需动用额外的资金来支持贷款承诺便可获取可观的佣金收入。二是银行可以获得贷款市场未来贷款需求变化的有关信息,以便据此安排资金及其他相关计划。三是与直接贷款相比,贷款承诺可以在一定程度上避免道德风险的出现。因为贷款承诺的利率比直接贷款利率低,可以减轻借款人的利息负担,减少借款人使用贷款冒险的机会。

从借款人角度来看,贷款承诺的好处在于:一是减轻了借款人利率风险。因为在贷款承诺期内,银行分担了部分利率风险。银行承担利率风险大小取决于承诺的条件。例如固定利率贷款承诺承担的利率风险高于浮动利率贷款承诺;又如多次使用贷款要比一次性使用贷款所承担的利率风险大。二是贷款承诺赋予了客户使用贷款的灵活性,客户可根据自己的经营状况灵活地使用承诺期间的贷款,减少了不必要的资金沉淀。三是贷款承诺具有客观上的信用增级支持,便于借款人通过直接融资。四是贷款承诺可以使借款人避免未来的信贷限制。例如,借款人自身信用等级下降、贷款市场紧缩以及特定因素等导致借款人无法获得所需贷款,而贷款承诺就可避免这方面因素对借款人贷款需要的限制。

至于贷款承诺的风险控制与直接贷款的风险控制相同,这里就不再赘述,可借鉴企业贷款的风险管理方法。

（二）票据发行便利

1. 票据发行便利的概念

票据发行便利（not issuance facilities，简称 NIFs）又称票据发行工具或票据发行融资。它是一种 20 世纪 80 年代发展起来的融资方法。票据发行便利是指银行与票据发行人之间签订的具有法律效力的循环融资承诺。根据这种承诺，如果票据发行人未能在协议期限内出售应发行的票据，银行有义务将其未能出售的票据全部买下。这相当于票据发行人不能通过出售票据在市场上取得资金时，由担保银行向其提供贷款来解决。如果票据发行人全部在市场上出售发行的票据，则担保银行所提供的便利就不会被使用。实际上，票据发行便利是一种直接融资方式，是发行人与市场投资者之间的直接信用关系，银行充当的是承销商的角色。

在票据发行便利下，发行人可以通过循环发行短期票据达到中期融资的效果。票据发行人与银行签订一个具有法律约束力的协议，银行承诺提供票据发行便利后，发行人可以在 5～7 年内，用自己名义发行一系列的短期票据，并以此进行周期性融资；而提供便利的银行需按协议包销未能发行的票据提供贷款。

票据发行便利主要运用于欧洲货币市场，发行票据的期限通常为 3～6 个月。对发行人来说，一般采用本票形式，通常称为欧洲票据。大多数欧洲票据采用美元标值，单张票据面值很大，一般在 50 万美元以上，有些甚至高达 1 亿美元。票据发行人通常是银行等金融机构、大型企业和政府部门。票据投资者一般是专业投资者和机构投资者。持票人将票据作为表内的一项流动资产列示，而提供便利的银行通常不在表内反映，故是银行表外业务的一种。

目前，在票据发行便利市场上占主要份额的则是非包销的票据发行便利。它的最大特点是：票据的发行与包销相分离，银行采用承诺的方式，通过安排银行为发行人出售票据，而不是实际可能获取的便利。非包销的票据发行便利只适用于信用等级较高的借款人，如国际金融公司、欧洲复兴开发银行等。

2. 票据发行便利的种类

（1）循环包销便利（revolving underwriting facility，简称 RUF）。它是最早形式的票据发行便利。在这种方式下，包销的银行有义务包销当期发行的票据。如果发行人未能按计划发行票据，包销银行要提供信贷便利。

（2）可转让的循环包销便利（transferable revolving underwriting facility，简称 TRUF）。它是指包销银行在协议内，随时可以将其包销承诺的所有权和义务转让给另一家金融机构。这种转让有的需要经发行人同意，有的无需经发行人同意。

（3）多元票据发行便利（multiple component facility，简称 MCF）。在这种方式下，借款人以更多、更灵活的方式提取资金。它集银行承兑票据、短期贷款和摆动信贷等提款方式于一身，使借款人无论在选择提取资金的期限上，还是在选择提取何种币种方面，都获得更大的灵活性。

3. 票据发行便利发展的原因

（1）对于银行来说，利用票据发行便利可以实现责任和风险分摊，增加收入来源和规避监管。票据发行便利由辛迪加贷款下的全额信贷风险改为只承担差额信贷风险，只有发行人未能出售的票据银行才提供信贷便利，这样就减少了银行单一信贷风险。银行为发行人提供便利而获取手续费收入。同时，票据发行便利作为表外业务可以帮助银行绕过资本充足率的管制。

（2）对于发行人来说，利用票据发行便利筹资成本低于一般性商业贷款，而且融资具有一定的灵活性。

（3）对于持有人来说，票据发行便利仅承担短期信用风险，而且存在流动性较好的二级市场，持有人可以随时出售这种流动性较高的本票。

4. 票据发行便利的定价

票据发行便利的定价包括两部分，即票据本身的利率和发行安排的费用。票据发行的利率通常采用伦敦同业拆借利率加减一定基点的方式确定，具体加减基点的幅度取决于发行人的资信情况及当时的市场条件。只有信誉卓著的发行人才可获得低于伦敦同业拆借利率的利率。而发行安排费用包括管理费、包销费和便利费。

5. 票据发行便利的风险管理

票据发行便利的风险包括差额信用风险、流动性风险和国家风险。因此，银行为了确保参与或安排票据发行便利的盈利能力，需对这三种风险进行有效的控制与管理。

（1）对借款人的资信状况、经营水平、在行业中的地位等进行详细的评估，选择信誉卓著、经济实力雄厚、发展前景好的借款人安排票据发行便利，并随时关注借款人的财务状况变化。

（2）及时了解票据发行便利的时间、金额和发行状况，并通过流动性需求管理方法，满足必要的票据发行便利的差额信贷。

（3）参与跨国票据发行便利，必须了解借款人所在国家的政治经济发展形势以及相关政策法规的变化，防范国家风险。如果无法确认借款人所在国的基本情况，要求借款人提供第三方的担保或通过与借款人所在国的财政部或中央银行签订特别协议，从法律上降低票据发行便利的国家风险。

三、资产证券化和贷款出售

(一) 资产证券化

1. 资产证券化的概念

资产证券化(asset-backed securitization,简称 ABS)是指银行将其发放的缺乏流动性但可产生预期稳定现金流量的信贷资产进行分解组合,以该组合的信贷资产为基础发行证券获取融资的过程。其核心在于对信贷资产进行重组,使信贷资产更具有效率。具体来说,在资产证券化过程中,有关参与者包括原始贷款发放银行、信托投资公司、信用评级公司、保险公司和证券承销商。其主要内容是将银行某一类或多类贷款组合在一起,形成一个贷款池,然后由有关方面的专家对贷款池进行评估后,发行以贷款资产为基础的证券,供投资者购买。

信贷资产证券化源于 20 世纪 70 年代末,由于西方银行业"脱媒"现象的加剧,储户大量从银行抽离资金,优质客户从资本市场上筹集资金,银行可能出现没钱的尴尬局面,为了避免这种情况的发生,银行家创造了资产担保证券。通过对流动性不足的抵押贷款、汽车贷款、设备租赁贷款和垃圾债券等资产实施证券化,提高了银行资金的周转速度,增强了信贷资产的流动性。

2. 银行开展资产证券化的原因

(1) 建立灵活的风险转移机制。资产证券化是以未来收益权的转移为代价将未来的不确定性,即市场风险转移到银行体系之外,从而达到转移风险的目的。通过风险的流动和转移,改善银行资产的质量。例如,当银行贷款证券化后,消除了因贷款未能偿还而带来的风险,以及证券化能够缩短资产的期限,减少其对利率变动的敏感性。

(2) 防止不良贷款的过度积累。银行通过信贷资产的证券化将无法收回的贷款及时转移出去,就避免了银行在金融资源配置上陷入"贷款→沉淀→不良贷款→解救→贷款增加→再沉淀→不良贷款再增加→再解救→……"这样一个恶性循环的怪圈中,从而缓解了经营风险的积累与扩张。

(3) 提高了银行经营管理水平。因为资产证券化属于表外业务,这样将高风险的信贷资产转移出资产负债表外,从而使银行资本充足率得到提高。与此同时,通过证券化银行可以随时调整资产负债结构,随时变现不良贷款,给银行带来新的资金和额外的手续费收入,进一步支持银行资产增长。

(4) 增强银行的市场竞争能力。资产证券化使原来贷款的程序由一家机构完成分解为许多机构完成,每一家机构都以自身的优势来完成某一项任务,而每一项任务存在许多竞争者,充分的市场竞争使原来较少为社会公众所知的贷款风险显性化。同时,对被证券化的贷款资产进行严格评估以及信用增级,使银行对信贷风险管理得到社会的好评,并暴露在投资者面前。贷款风险透明度增加后,信贷风险管理水平较高的银行可以大规模地扩大信贷量,然后将这些贷款证券化,极大地提高了自己在信贷市场的份额。

3. 银行对证券化资产的选择

银行通过证券化出售贷款资产是有条件的,并非所有的贷款资产都可以证券化,因此,银行对证券化贷款必须作出选择。选择贷款证券化所考虑的因素为:

(1) 收益和成本。银行在众多的贷款中选择哪些贷款进行证券化呢?一个基本原则是:银行应综合考虑证券化的收益和成本,将抵押贷款证券化与持有贷款到期进行定量的比较,若收益大于成本,则选择贷款证券化;反之,则选择持有贷款到期。

(2) 贷款组合的可行性。如果投资者对贷款所支持的证券风险没有把握,会影响证券的可销性。一般来说,住宅抵押贷款最容易组合和证券化,而商业贷款则相对较难。因为住宅抵押贷款是根据合同的安排分期偿还的,具有预定还款计划的贷款,其敞口风险很小。同时,银行监控借款人偿还贷款的成本较低,也比较容易。

(3) 要考虑贷款证券化后的追索权问题。贷款证券化基本上都是有追索权的卖出,银行并未完全卖断这些贷款资产,一旦证券化后的贷款无法收回,证券投资者有权向卖方追回损失。

4. 信贷资产证券化的定价

银行在资产证券化时,首先需将信贷资产组合打包,构成一个有未来现金流的资产池,然后出售这一资产池。对资产池的定价远比单笔贷款资产定价复杂,但作为复合的资产,资产池的总价值应等于或大于构成资产池的单笔信贷资产的价值的总和,而且资产池的定价同样遵循高风险、高收益的定价原则。

信贷资产定价的关键在于确定其信用等级,评价其质量。衡量资产质量的通用指标是现金流,根据该笔资产未来的现金流量是否稳定,能否按期归还,每期归还的金额等因素,按照一定的权数和模型评估和判断资产的质量。

银行评定某一信贷资产的质量等级后,可参照市场上现行的与之相同等级的金融资产的价格,确定一个基准卖出价,然后,银行将根据预期的未来的市场利率的走势,确定证券化资产在到期之前各期现金流的贴现率,将其全部贴现为现值,加总这些现值后得到欲出售的这一信贷资产的现值。如果不考虑其他因素,当基准卖出价与信贷资产的现值之差大于零,即资产的市价大于银行测算的资产的现值,银行应按基准卖出价来确定资产的出售价格;反之,当基准卖出价与信贷资产的现值之差小于零,即资产的市价小于银行测算的资产的现值,则银行的报价不会被市场接受,这时银行应考虑证券化综合比较收益的大小来最终确定资产的出售价格。

5. 信贷资产证券化的风险管理

信贷资产证券化业务中银行面临的主要风险包括信用风险、利率风险、定价风险、法律风险和经营风险。

对于信用风险,尽管银行将证券化后的资产从表内移出,但是,银行仍未摆脱全部的信用风险。因为贷款证券化基本上都是有追索权的卖出,银行一般要开立一个专门账户,把部分资产证券化的收益存放在此账户作为贷款违约的准备金。这一账户被称为利差账户(spread account)。存放在利差账户中的准备金视该种贷款过去的呆账率决定。因此,银行要采取有效措施对借款人进行严格的评审和监督,防范借款人违约问题。对于利率风险,银行可以通过套期保值消除利率风险暴露。对于法律风险,主要是因为资产证券化是银行的新兴业务,适用的法律尚在建立和完善阶段,如果操作不慎就可能带来不必要纠纷,甚至要到法院裁决。对于经营风险,由于信贷资产证券化往往涉及多方当事人,处理程序也比较复杂,这就要求银行必须提高证券化业务经营和管理水平,否则易因中间环节安排不当而置身于风险之中。

(二)贷款出售

1. 贷款出售的概念

贷款出售(loan sales)是指银行将已发放的贷款出售给其他金融机构或投资者,重新获得资金来源并获取手续费收入的一种业务方式。贷款出售是银行调整资产负债结构,增加流动性的重要手段。在贷款证券化兴起之前,由于大多数国家的法律严格禁止银行发行、参与证券交易,银行不能通过发行债券的方式融资,而采用贷款出售的方式融资。贷款出售通常的做法是:出售银行保留贷款的服务权,代表贷款购买者向借款人收取利息,监督借款人对贷款的使用和偿还,由此获取一定比例的手续费收入。

贷款出售与贷款证券化最根本的区别在于:贷款出售只是将贷款全部或部分所有权从原始贷款银行转移出去,贷款本身并不发生实质变化,即原始贷款银行出售的是对贷款的预期现金流的要求权,如果贷款不能如期支付的话,这种权利的买方对银行及其借款人都没有追索权;而贷款证券化则将贷款组合转变为可在证券市场上买卖的证券,创造了新的投资工具,资产性质发生了变化。

贷款出售分为有追索权贷款出售和无追索权贷款出售。有追索权贷款出售是指贷款出售后,该笔贷款从银行资产负债表中移出而成为或有负债,即当出售的贷款出现支付困难时,买方有权向出售银行追索全部或部分贷款。事实上,买方相当于买入一种看跌期权,允许他将有问题的贷款卖回给出售银行。无追索权贷款出售是指银行简单地出售原来的贷款并从资产负债表中转出,从而收回贷款资金。目前,大多数贷款出售都是无追索权贷款出售。

2. 银行出售贷款的原因

(1)从银行来看,一是贷款出售给银行带来了更多的盈利机会。银行贷款出售可以去掉收益率较低的资产,以便在市场利率上升时为较高收益率资产腾出空间,从而获取较高的利润。二是降低银行风险,增加其流动性。贷款出售获取新的资金可满足存款提取和新贷款需求,有助于贷款组合多元化,调整资产负债结构,从而降低银行的风险敞口,也降低了贷款成本。同时,贷款出售把信贷风险和利率风险从银行表内转移至表外,并获取手续费收入,而不一定非等到贷款产生利息。三是贷款出售便于银行回避监管。银行通过贷款出售去掉高风险资产,从而提高了资本充足率,缓解监管当局对资本金要求的压力。

(2)从借款人来看,贷款出售促进了融资的便利。由于贷款出售,银行容易满足借款人对贷款的要求,节约了借款人融资之前的费用。同时,银行间竞相贷款出售也会促成贷款利率被压低而进一步降低借款成本。

发展贷款出售市场对银行的未来发展具有深远影响。这一市场的发展意味着银行无需通过存款增长来满足客户提存和贷款需求,只需出售贷款即可应付客户提存和贷款需求。贷款出售市场的发展在一定程度上减弱了银行对货币市场的依赖性,弱化了中央银行货币政策实施的效果,也进一步模糊了银行与非银行金融机构的界限,加速了银行职能的多元化。

3. 贷款出售的定价

贷款出售的定价是指如何确定出售贷款的本金与利率。对于出售优质贷款,通常在参与形式下进行。贷款的本金保持不变,而只是如何确定贷款利率。出售银行以低于自己所收取利率的利率将贷款出售给投资者,两者利率之差构成了贷款出售的手续费收入,利差的大小取决于银行的信誉和贷款本身的质量。

对于出售劣质贷款,通常采用转让方式。出售的利率一般保持不变,出售银行采用打折扣方式出售贷款本金,从而收回贷款的部分资金。出售的折扣多少取决于贷款质量、期限和借款人的财务状况。

4. 贷款出售的风险管理

贷款出售所面临的风险包括资本风险、违约风险和经济周期风险。就资本风险而言,银行贷款出售被市场认可取决于银行信誉和贷款质量,只有最佳的贷款才能被市场所认可,有较高的可销性。如果银行在出售贷款操作中不慎,就有可能把最稳健的贷款出售,将问题贷款或高风险贷款保留下来,这在一定程度上影响银行资本充足度,使银行面临监管当局要求增加资本的压力,这样银行被迫通过资产负债结构调整以及追加资本满足资本充足度的要求,给银行带来损失。

就违约风险而言,贷款出售并不意味着银行完全摆脱了违约风险,银行有义务监督借款人的财务状况。一旦借款人无法按期偿还贷款本金与利息,银行的信誉就受到很大的影响,并有可能面临投资者索偿的要求。特别是有追索权的贷款出售,银行直接面临借款人的违约风险。

就经济周期风险而言,银行必须认识到,靠贷款出售可能受到经济周期波动的影响。在经济繁荣时期,可出售贷款数量将十分充足;而在经济萧条时期,贷款出售很少发生。

总之,银行必须谨慎对待贷款出售所面临的风险,通过建立一套行之有效的防范风险机制,防止贷款出售可能遇到的风险,将风险控制在最低水平。

(三) 贷款出售与证券化的好处

贷款出售与证券化最大的好处就是避免支付"规章税",包括为吸收存款所交纳的法定存款准备金和存款保险费,以及权益发行所要求的资本和其收益要交纳的公司收入所得税。所有这些"规章税",都迫使银行更愿意将贷款转移至资产负债表外。

贷款的"规章税"所引起的银行融资成本可表示为:

$$k_l = \frac{c \times k_e}{(1-t) + (1-c) \times (k_d + IP)} \tag{10.1}$$

式中:k_l 表示发放贷款所需的存款与权益成本;c 表示银行资本比率;k_e 表示权益的税后成本;t 表示收入所得税税率;k_d 表示存款利率;IP 表示存款保险费。

如果扣除法定存款准备金,那么,单位资金仅有 $c + (1-c) \times (1-R)$ 用于贷款,银行贷款筹集成本为:

$$K_l = \frac{c \times k_e}{(1-t)} + \frac{(1-c) \times (k_d + IP)}{[c + (1-c) \times (1-r)]} \tag{10.2}$$

式中:K_l 表示贷款筹集成本;r 表示法定存款准备金率。

例如,假设一家银行存款利率为 5%,向股东支付税后收益为 15%,资本比率为 10%,所得税税率为 34%,存款保险费为 0.25%,法定存款准备金率为 3%,那么,贷款筹集成本为:

$$K_l = \frac{0.1 \times 0.15}{1 - 0.34} + \frac{(1 - 0.1) \times (0.05 + 0.0025)}{[0.1 + (1 - 0.1) \times (1 - 0.03)]} \times 100\% = 7.13\%$$

如果投资者购买贷款的预期收益率为 5%,于是,银行就愿意出售贷款,所获得的预期收益率为 2.13%。

第三节　金融衍生产品交易

自 20 世纪 70 年代以来,金融衍生产品迅速发展、扩散并得到极其广泛的应用,这给银行业带来了深刻的变革。由于金融衍生产品的定价都源于基础资产,没有本金流动的任何交易,而且衍生产品本身的价格变动要受基础资产价格的影响。例如,外汇期权一般将即期汇率或远期汇率视为其基础资产。正是因为这一特点,金融衍生产品提供了市场参与者更多投资、避险与承担风险的工具,其交易量在金融市场中的比重大幅度上升。因为金融衍生产品,更能有效满足规避金融风险的要求和提供投资者更佳的交易工具。下面我们简要介绍金融期货、期权、互换以及银行从事这些产品的相关情况。

一、金融期货

金融期货(financial futures)是指买卖双方在交易所以公开竞价的方式,承诺在将来一特定时间及价格下来交割一个标准数量的金融产品买卖合约。主要有三种形式:外汇期货、利率期货和股票指数期货。

(一)金融期货的基本原则

1. 公开叫价制度

金融期货交易是通过公开叫价来表示客户买进或卖出某种金融期货合约的要求。在竞争的期货市场上,通过公开叫价竞争达成的买卖期货合约,有利于维护期货市场的公平、公开与公正的竞争原则,保护参与者利益。

2. 订单(指令)制度

订单是指客户决定在金融期货交易时向期货经纪商下达的买进或卖出某种金融期货合约的指示。其主要内容包括买进或卖出、合约数量、交割日期、货币类别、交易地点、交易价格及委托书有效期等。

3. 保证金制度

金融期货交易采取保证金制度(买卖双方都需交纳保证金),目的在于保障买卖双方的权利,作为买卖双方都能履行其权利和义务的保证。因此,期货市场采用保证金制度来防止买卖双方违约行为的发生,使期货市场正常、有序地进行下去。保证金制度是期货市场的核心机制。

4. 逐日清算制度

逐日清算制度又称逐日盯市制。它是指清算所对会员经纪商的保证金账户根据每日的收益与损失进行调整,以便实际反映当日价格的变化给其带来的损益情况,目的是控制期市风险。当保证金出现不足时,就立即通知客户补足;如果出现盈余,则客户可以提走盈余部分或继续增仓。

5. 现金交割

大多数金融期货交易者,并非以实际买卖期货为目的,而在于投机。因此,大多数期货合约都在交割日以前以反方向交易方式冲销掉,即买进再卖出或卖出再买进。据估计,只有 5%左右的金融期货合约等到交割日到期时才进行实际交割。因此,当合约进行现金结算时,就按冲销的价格进行清算,计算出头寸了结的损益情况。

(二)金融期货的功能

对于一个健全的金融期货市场来说,其经济功能大致是:避险、投机和价格发现功能。其中,避险功能是指交易者利用期货合约在期货市场上买进或卖出,以达到规避现货价格变动风险的目的。通过这样一个公开的期货市场,不论生产者、使用者都可将现货市场中的价格风险经由交易过程而顺利转移给风险承担者,如投机者和套利者。因此,避险功能是期货市场最原始的功能。投机功能是指利用期货价格差异从中赚取投机利润。通常投机者为了能在期货市场中赚取投机性利润,必须要能够准确预测未来期货价格的走势,以决定要承担多少期货头寸。对于一个健全的金融期货市场,必须同时提供期货交易者避险和投机功能,否则避险交易便无法顺利进行。金融期货之所以有价格发现功能,这是因为,金融期货交易是以公开叫价方式进行的,当交易完成后立即将成交价格透过电信传媒公布,这个价格由于是在期货集中交易市场公开交易而达成的,所以同一月份的期货合约只有一个价格,任何人都能无成本地取得这一价格信息,使得社会上的经济资源得以更有效利用。

(三)金融期货在银行管理中的应用

由于期货风险较大,各国监管当局不允许商业银行从事期货投机活动,商业银行利用期货的避险和价格发现功能为客户提供服务以及规避经营风险。

1. 以期货合约规避利率风险

银行通常在抵押贷款生效之前,采用利率期货合约来规避贷款利率风险。具体做法是:如果银行预测市场利率下跌,就可以买入与贷款金额相同的利率期货合约,以防止因利率下跌造成贷款收益潜在的损失。

2. 以期货合约规避信用风险

对于近期不利经济状况出现的可能性以及由此可能对贷款资产组合带来的系统性损失给予关注的银行管理者,可以采用股票指数期货合约规避其贷款资产组合的系统性信用风险。假设经济处于衰退时期,银行管理者采取卖空股票指数期货合约就可以规避因系统性风险所带来的损失。

3. 运用利率期货给固定利率贷款定价

由于利率期货反映了远期利率的确切信息,期货市场将远期利率和未来即期利率联系起来,因此,银行管理者可以运用一组远期利率来为固定利率贷款定价。

(四) 金融期货的风险管理

期货市场本身是一个风险市场,银行主要利用期货市场规避其所面临的风险。但是,在避险的过程中,基差风险是银行无法回避的。因为基差风险的存在使银行套期保值未能完全达到预期的效果。基差风险是指现货价格与用来对其进行保值的期货价格之间的差距。用公式表示为:

$$V = S - F \tag{10.3}$$

式中:V 表示基差风险敞口;S 表示现货价格;F 表示期货价格。

随着期货合约交割月份的临近,期货价格收敛于其现货价格。如果现货与期货两者在各方面的条件都一样,则当期货合约到期时,其基差风险敞口等于零。但在到期日之前,基差风险敞口有可能为正或为负。

银行管理者在以期货合约规避风险时,必须选择一个适当的期货合约,因为它关系到未来基差风险敞口的变化。

1. 期货合约的选择

如何选择一个适当的期货合约,关系到未来基差风险敞口的变化。一是期货与现货的相关性。如果期货与现货为同一种资产,则其避险效果是最好的。在无法取得完全相同的期货资产的情况下,避险者只有谨慎选择一个与现货资产具有高度的价格相关的期货资产来取代,方能降低基差风险,达到良好的避险效果。二是交割月份的选择。从理论上讲,近期的期货合约与现货市场的相关性较高,因此其避险效果也较好。然而在实务上,由于期货合约在交割月份的那一个月,其价格变动特别剧烈,因此避险者通常会选择一个较长期限的期货合约来避险。

2. 估算避险比例

当存在基差风险敞口时,银行在决策过程中应决定以多少期货合约来搭配现货头寸,从而得出最适当的避险比例。因此,我们需要知道现货价格相对于期货价格要更敏感多少。我们设 h 为 s 与 f 的比值:

$$h=\frac{s}{f} \tag{10.4}$$

式中：h 表示避险比例；s 与 f 分别表示现货价格与期货价格的变动率。

下面我们举例说明基差风险敞口存在导致避险不安全。

例如，假设美国某商业银行持有期限为 2 个月的 12.5 万欧元外汇资产。银行为了防止欧元汇率下跌，就会卖出 1 张 3 月份欧元期货合约以轧平头寸。即期汇率为 EUR1＝UDS 1.1545，银行卖出期货价格为 EUR1＝UDS 1.1620，2 个月后即期汇率为 EUR1＝UDS 1.1350，期货价格为 EUR1＝UDS 1.1460。因为现货价格下降的幅度大于期货价格，这样基差风险敞口扩大了，因此银行做空头避险会增进避险效果。

初始价时的基差风险敞口：1.1545－1.1620＝－0.0075

2 个月后的基差风险敞口：1.1350－1.1460＝－0.0110

2 个月后现货欧元资产损失：

$$125\,000\times(1.1350-1.1545)=-2\,437.5(美元)$$

来自期货合约的收益：

$$125\,000\times(1.1620-1.1460)=2\,000(美元)$$

实际净损失是：

$$2\,000-2\,437.5=-437.5(美元)$$

基差的变动是：

$$v=(1.1350-1.1545)-(1.1460-1.1620)=-0.0035$$

可见，基差风险敞口的存在以及现货价格变动与期货价格变动不一致，导致避险不完全，因此必须计算避险比例。避险比例：$h=0.0195\div0.0160=1.22$，即现货价格比期货价格要敏感 22%，期货价格变动为 1% 时，现货价格变动为 1.22%。银行需要多出售 0.22 张欧元期货合约就可以完全避险，即 $125\,000\times1.22=152\,500$ 欧元。

二、金融期权

（一）金融期权的概念

金融期权（financial options）授予买方以某种权利但不是一种义务，在未来某一特定日期或某一特定日期之前，以协定的价格买入或卖出合约所规定的特定数量的某种金融资产。购买期权时，期权的买方或持有者必须支付一定的期权费作为卖方或出售者转让权利的条件，此期权费即为期权价格。

期权的买方(客户)一旦发现价格变动不利于自己时,就不必按协定价格进行交易。期权工具允许期权的持有者选择按协定价格成交的权利而不是义务,即不一定要成交;期权的出售者(一般是银行)一旦发现持有者需要按协定价格成交时就必须满足此要求。由于期权所提供的是一种选择的权利而非强制的担保,所以购买者在购买期权时必须支付期权费。不论购买者是否行使此权利,期权费不得收回。外汇期权费一般在 2 个银行营业日内以期权所涉及的两种货币中的任何一种货币来支付,但也可以选择第三种货币,这完全由出售方自行决定。

期权在到期时可以以现金结算,也可以在期权有效期内的任何时间以残值或期权价格再出售,或者可以直接将货币交割或支付给出售银行,然后客户将按协定价格收取相应的货币。应注意的是,期权并不总是给持有者带来收益,有些期权到期时毫无价值,客户只有损失期权费。

期权之所以比传统的远期交易和期货交易更具有灵活的避险和投资工具,这是因为期权的买方或持有者有四种选择:何时行使期权、是否行使期权、在多少价位时行使期权以及协定价格。投资者或投机者一旦签订远期合约或购买期货合约就必须在到期时以合约所规定的价格进行交割,这是买卖双方到期时必须要交割的义务。如远期合约必须进行实际交割,否则就要承担违约责任;期货逐日清算未交割合约的盈亏,一旦保证金不足而不能及时补齐,就会遭受强制平仓的命运。

鉴于上述远期合约与期货合约的缺陷,期权在银行管理中被广泛应用。银行通过期权交易来规避经营中的各种风险。

(二) 期权的特征与术语

1. 期权的特征

(1) 交易方式为集中交易和场外交易两种。期权交易方式以交易所的集中交易为主,交易所内采用公开叫价的方式进行交易,其交易过程与期货交易相同。

(2) 担保性。期权的买方或持有者必须支付期权的卖方或出售方一定数量的期权费;期权的卖方则保证期权的买方获得所需的协定价格。

(3) 盈利能力与风险不对称性。当利用期权进行保值时,货币亏损的任何可能性都不复存在,唯一相关的现金流出便是期权费的支付。如果基础资产的市场价格变动有利于期权买方的利益,则潜在的盈利能力就会增加;如果买方放弃期权,其就有机会进行现货交易。如果基础资产的市场价格变动不利于期权买方的利益,买方将会以事先在合约中协定的价格行使期权。因此,期权具有"风险不对称性"的性质,即期权的买方最大的损失是期权费,盈利潜力取决于市场价格变动的程度;期权的卖方最大收益是期权费,潜在的损失很大。

（4）回售。期权的买方可以将期权按期权价格全部或部分回售给期权的卖方,期权的卖方则不会要求期权的买方说明回售的理由。因此,期权合约不是一种可流通的票据,它只能被回售给原期权的卖方,不能被出售给第三方或进行转让。

（5）期权费。期权的买方支付期权费的大小取决于该期权的内在价值和时间价值,其数值大小是以构成期权合约定价模型的一系列变量为基础的。

2. 期权的术语

第一个期权定价模型是由美国学者费雪·布莱克(Fisher Black)和梅隆·斯科尔斯(Myron Scholes)在20世纪70年代初提出,并于1973年发表在《政治经济学杂志》上。此篇论文提出了许多新的说明性的术语。这些术语主要有:

（1）期权的买方或持有者。它是指有权利买入或卖出某种资产,即期权交易的权利方。

（2）期权的卖方或出售者。它是指有义务卖出或买入某种资产,即期权交易的义务或责任方。

（3）行使期权。它是指利用期权,而不是让该期权到期时作废。在期权中,只有买方才有行使期权的权利;而卖方无此权利,只有义务。

（4）看涨期权又称买权。它是指期权的买方可依据合约所约定的价格向期权的卖方要求购买某种特定数量的资产。

（5）看跌期权又称卖权。它是指期权的买方可依据合约所约定的价格向期权的卖方要求卖出某种特定数量的资产。

（6）美式期权。它是指期权的买方可在合约期限内任何一天行使期权。

（7）欧式期权。它是指期权的买方只能在合约期限到期时才能行使期权。

（8）协定价格。它是指期权合约中商定的价格。期权的买方有权利选择适合自己的协定价格。

（9）期权费又称公平价值或期权价格。它是指期权的买方获得选择权而支付给卖方的代价。

（10）价内期权。当买方要求履约时可以获利的期权称为价内或增值期权。

（11）价外期权。当买方要求履约时反而会损失的期权称为价外或减值期权。

（12）平价期权。当买方要求履约时基础资产的市场价格等于协定价格的期权称为平价或平值期权。

（13）内在价值。它是指协定价格与现行市场价格之差,也是期权的买方行使期权所能获得利润。价内期权的内在价值是正值,价外期权的内在价值为零而不是负值。对于欧式期权来说,投资者可以利用一个远期交易来抛补,锁定行使期权的利润。

（14）时间价值。它是指为期权所支付的高于内在价值的剩余期权费,或期权价值高于内在价值的部分。期权的时间价值是很难估算的,因时间价值产生于期权风险分担的不对称性,它表现为市场价格与内在价值之差,而市场价格是随时发生变化的。

不论是买权或卖权,按照期权定价模型计算出来的期权费包括内在价值与时间价值两部分。内在价值是期权交易的最低期权费,它只能是大于零或等于零;时间价值是期权风险溢价,它的大小主要受协定价格与市场价格之间的关系、期权的到期日和货币利率波动等因素的影响。

(15)到期日。它是指期权合约到期最后一天,也是交割货币的日期。

(16)波动率。它是指金融资产未来价格波动的可能范围。将波动率变量纳入期权定价模型中就可以预测某一特定价格在未来将如何发生变化。

(三)期权定价模型

应用最广泛的第一个期权定价模型是费雪·布莱克和梅隆·斯科尔斯在1973年提出。一个欧式的看涨期权的价格与看跌期权的价格计算公式分别为:

$$C = S \times N(d_1) - X \times N(d_2) \times e^{-rt} \tag{10.5}$$

$$P = -S \times N(-d_1) + X \times N(-d_2) \times e^{-rt} \tag{10.6}$$

式中:C 表示看涨期权的价格;P 表示看跌期权的价格;S 表示资产的即期价格;X 表示期权协定价格;r 与 t 分别表示报价货币连续计复利的利率与距离到期时间;

$$d_1 = \frac{\ln\left(\frac{S}{X}\right) + \left(r + \frac{\sigma^2}{2}\right) \times t}{\sigma\sqrt{t}}; d_2 = d_1 - \sigma\sqrt{t}$$ 。其中,$N(d)$ 为标准正态累积分布,σ 为价格的波动率,由标准正态分布随机给出的概率都将小于或等于 d。

可见,期权价格或期权费是由协定价格、即期价格、利率、到期日以及价格的波动率共同决定的。此计算公式同样也适用于美式期权,因为在多数情况下,美式期权很少提前行使。

(四)金融期权在银行管理中的应用

1. 以期权规避利率风险

银行一般采用看跌期权来规避所面临的利率。假设银行资产负债表存在正的持续期缺口,银行避免因利率波动而带来额外的银行净价值损失,这时买入看跌期权的数量与正的持续期缺口的数量相同。一旦利率下跌,看跌期权头寸产生的利润将抵消因利率下跌而造成净价值损失。

2. 以期权规避外汇风险

银行采用有抛补的看涨期权或看跌期权来规避自己拥有的外汇资产的头寸风

险。具体做法是：如果银行实际拥有现货外汇头寸为多头时可以以看涨期权来出售，或实际拥有现货外汇头寸为空头时可以以看跌期权来出售。这样做的好处是：不仅抛补了自己实际拥有的外汇头寸，消除了外汇风险，而且获得了可观的期权费。但采用这一交易策略时，只有当价格的变动足以使期权被行使时才有效。

3. 以期权规避信用风险

我们前面讲到，卖出股指期货可以规避贷款资产组合的系统性信用风险，但由于股指期权支付的不对称性，与股指期货相比期权提供了更好的信用规避手段。我们假设银行买入股指看跌期权来规避其分散程度良好的贷款资产组合的信用风险。这种看跌期权降低了贷款资产组合的信用风险损失，而且在不利的经济状态下可以产生净利润；在良好的经济状态下，贷款资产组合有利的支付被看跌期权费的成本所部分抵消。

4. 运用期权给贷款承诺、备用信用证定价

贷款承诺相当于银行向客户售出一个看跌期权，因为它赋予了客户在未来向银行"卖出"债务的权利，贷款承诺费就是看跌期权的价格。同样的道理，备用信用证是一个真正的看跌期权，期权费即为银行开证费用。因此，银行运用期权定价原理来确定银行到底向申请人收取多少开证费。开证费是银行向申请人售出的看跌期权而收取的期权费，它赋予了申请人在未履行支付义务时把支付责任转给银行的权利。

（五）期权的风险管理

期权风险的特点是风险不对称性，卖方或出售方风险很大，而买方或持有方风险相对很小。就银行来说，一般是作为卖方，但有时也作为买方，故银行作为不同的交易方所面临的风险是不同的，其风险管理措施也不同。

1. 银行作为买方的风险管理

银行作为期权的买方时，它所面临的风险主要是卖方的违约风险。银行控制违约风险的主要措施是客户的选择，尽量避免同非银行机构买入期权，应从银行同业市场购买期权。在实际操作中，银行都偏好从银行同业市场或交易所内购买期权以消除信用风险。因为银行从其他客户处购买期权，一旦客户违约，银行将承担很高的风险敞口。

2. 银行作为卖方的风险管理

银行出售期权所承担的风险主要是价格风险，因此，银行应采取合成远期交易来规避价格风险，即风险对冲。所谓风险对冲，是指一个看涨期权的多头或空头可以通过进行远期卖出或买入来进行对冲；反之，一个看跌期权的多头或空头，可以通过远期买入或卖出交易来进行对冲。

三、互换

互换(swap)是指交易双方依据事先约定的规则,在未来的一段时间内,互相交换一系列现金流量(如本金、利息、价差等)的交易。互换是 1979 年从伦敦市场开始发展起来的一种金融产品,它的发展速度非常快,每年几乎以 100% 的增长率增长。由于互换能够满足多种金融需求,它广泛地用于降低融资成本、管理风险等。互换的种类非常多,新的互换交易也变得越来越复杂。但在实际互换中,最常见的互换是货币互换和利率互换。

(一) 货币互换

1. 货币互换的含义

货币互换(currency swap)是指互换双方按固定汇率在初期交换两种不同货币的本金,然后在事先约定的日期进行利息和本金的分别互换。最著名的首次货币互换发生在 1981 年所罗门兄弟公司促成了世界银行与 IBM 公司的一项货币互换。这一货币互换可被视为互换市场发展的里程碑。当时美元兑换德国马克和瑞士法郎的汇率急剧上升,德国马克从 1980 年 3 月的 USD/DEM=1.9300 下降到 1981 年 3 月的 USD/DEM=2.5200,IBM 公司急需将以德国马克和瑞士法郎支付的债务转化为以美元支付的债务。与此同时,世界银行需要筹集大笔的德国马克和瑞士法郎,因此,双方在所罗门兄弟公司的安排下进行了一笔货币互换。具体操作是:世界银行从市场上筹集两笔美元,期限与 IBM 公司的德国马克和瑞士法郎债务期限相同。由于世界银行信誉高,从市场上筹集的美元为最低优惠利率。于是,IBM 公司支付世界银行两笔美元债务的未来本息,而世界银行支付 IBM 公司的德国马克与瑞士法郎债务的未来本息。通过互换,IBM 把 10.13% 利率的德国马克债务转化为 8.15% 利率的美元债务,当时美国财政部筹资成本为 15%,可见 IBM 受益较大,比直接在德国马克债券市场筹资要便宜得多。因此,对交换双方来说,都享受了降低成本的优惠,而且还避免运用货币与筹集货币不同而产生的汇率风险。

货币互换与货币掉期不同。货币掉期是银行货币头寸管理中应用的金融工具。其目的是使不同货币净头寸为零,避免因汇率变动导致不同货币头寸敞口所带来的损失。它所使用的汇率前后不一致,并且期限较短。而货币互换是风险管理及融资管理的金融工具。它不仅涉及初期和期末的本金,而且还涉及互换期间一系列的利息互换,所使用的汇率多为互换初期的即期汇率,并且期限较长,有的长达 10 年以上。

2. 货币互换的基本结构

（1）首先以约定汇率进行本金的互换；每半年以约定的利率和本金为基础进行利息支付的互换。

（2）协议到期时，以事先约定的汇率将原来的本金换回。

（3）互换并不与一定的资产与负债相联系，可以进行表外业务处理。

3. 货币互换在银行管理中的应用

银行在货币互换中可以实现以下目的：

（1）降低融资成本。银行凭借自己的信誉从市场上借入利率较低的货币，通过互换调换成所需的货币，由此降低了融资成本。

（2）规避利率与汇率风险。银行采用互换交易规避利率与汇率风险是互换市场快速发展的重要原因。当银行预期其债务或筹资的货币将要升值时，可将该种货币的债务经货币互换调换成将要贬值的货币，由此规避汇率风险。通过固定利率与浮动利率货币互换即可规避利率与汇率风险。例如，一家美国银行持有的主要是短期浮动利率美元资产，其资产组合中部分资金是通过固定利率英镑票据发行所筹集的。与此同时，一家英国银行持有长期固定利率英镑资产，其资产组合中部分资金是通过发行短期浮动利率美元记账单位欧洲 CD 所筹集的。如果美元短期利率下降且美元对英镑贬值，美国银行就会面临利率与汇率风险，即它可能在补偿其英镑票据所承诺的固定利息和本金支付方面面临的问题。因此，美国银行与英国银行通过货币互换，就可以将其固定利率的英镑债务转换为浮动利率的美元债务，消除了利率与汇率风险。

（3）套取信用风险价差。除了规避利率与汇率风险外，银行进行大量互换交易，是为了在短期浮动利率和长期固定利率债务市场中套取信用风险价差。这种互换称为信用质量互换。信用质量互换的动机在于：通过在"错误"的市场借入债务然后从事一项互换，互换双方可以以更加便宜的价格获得相同的风险规避效果。例如，一家银行持有浮动利率美元短期资产，由于其良好的业绩和资本管理，资信评级公司给予它 AAA 级。与此同时，一家人寿保险公司主要持有固定利率的长期资产，资信评级公司给予它 BBB 级。因为银行的资产为短期资产而人寿保险公司的资产为长期资产，直接的风险规避预示着，银行在浮动利率市场中借入短期债务而人寿保险公司则在固定利率市场中借入长期债务。于是，银行将借入长期固定利率债务，而人寿保险公司借入短期浮动利率债务，然后通过互换，银行将固定利率的债务转换为浮动利率的债务，以使之与其资产的有效期结构匹配。与此相似，人寿保险公司将浮动利率的债务转换为固定利率的债务，以使之与其资产的相对较长的有效期结构匹配。套取的信用风险价差是各自给予对方的利率差，即人寿保险公司作出固定利率支付以补偿银行债务的固定利率成本，而银行作出浮动利率支付以补偿人寿保险公司债务的浮动利率成本。

（二）利率互换

1. 利率互换的概念

利率互换（interest rate swap）是指互换双方根据事先约定，在象征性本金的基础上交换不同特征的利息款项支付，或在特定名目的同一货币本金和利率的基础上，彼此交换支付利息。利率互换多采用净额利息支付的方法来结算，没有实际的本金交换。本金只是象征性地起计息作用，互换双方只有定期的利息支付流。

利率互换是互换市场上交易量最大的部分。从机理上讲，利率互换是互换双方安排的一系列利率远期合约。它允许银行可以从事长达 15 年之久的长期风险规避。如果银行依赖于远期合约来获得类似这种长期风险规避，则需要采用合约滚动操作，而利率互换无需对合约滚动。这就是为什么利率互换市场快速发展的原因。

在利率互换中，利率互换买方同意，在定期结算日向利率互换卖方作出一系列固定利率支付。然后，利率互换卖方同意，在同样的定期结算日向利率互换买方作出浮动利率支付。按照市场惯例，支付固定利率的一方，即利率互换买方，通常在作出固定利率支付方面具有比较优势；而支付浮动利率的一方，即利率互换卖方，通常在作出浮动利率支付方面具有比较优势。因此，作为固定利率支付方的银行通过利率互换，将其浮动利率的债务转化为固定利率的债务，以使之与其资产的固定收益率更好地匹配。同样，作为浮动利率支付方的银行通过利率互换，将其固定利率的债务转化为浮动利率的债务，以使之与其资产的浮动收益率更好地匹配。

为了说明银行利率风险规避中互换交易的作用，兹举一个简单的例子。假设有两家银行：第一家银行，通过发行 10% 年利率的固定息票 10 年期的长期票据，筹集 1 亿美元资金用于浮动利率短期商业贷款，则该银行具有负的持续期缺口。第二家银行，发行 1 年期的 CD 筹集 1 亿美元资金用于发放长期固定利率住宅抵押贷款，则该银行具有正的持续期缺口。这样，这两家银行都面临利率波动所带来的损失。因此这两家银行达成利率互换协议，进行互换交易。通过互换后，作为浮动利率支付方的卖方，即第一家银行，将其固定利率的债务转换成为与其资产组合持续期匹配更好的短期浮动利率债务，从而缩短债务持续期并与资产持续期匹配，规避了利率的风险敞口。而作为固定利率支付方的买方，即第二家银行，将其浮动利率的债务转换成为与其资产组合持续期匹配更好的固定利率债务，从而延长了债务持续期并与资产组合持续期匹配，规避了利率的风险敞口。

2. 利率互换的类型

（1）息票利率互换。它是固定利率对浮动利率的互换。上述的例子就是息票互换的例子。

（2）基础利率互换。它是以一种参考利率为基础浮动利率对以另一种参考利率为基础浮动利率的互换，且属同一种货币。参考利率一般是伦敦同业拆借利率、新加坡银行同业拆借利率、美国商业票据利率、银行存款利率以及银行承兑票据利率等。

（3）交叉货币利率互换。它是利率互换和货币互换的混合体，是以不同货币、并且按不同利率基础进行支付的互换。它包括定息对浮息互换和双浮动利率互换。

3. 银行从事利率互换的目的

（1）规避整体利率风险。在进行互换之前，银行要估算出资产负债表的持续期缺口，根据持续期缺口情况选择利率互换的买方和卖方，这样规避银行整体利率风险敞口。

（2）提高贷款能力和改善资产与负债的匹配。由于浮动利率为主的负债可以减轻银行流动性的筹集风险，所以银行倾向于浮动利率融资。但是，企业为了避免利率风险，确定融资成本，倾向于固定利率贷款。这样，银行就会面临资产与负债的利率结构不对称问题。利率互换就可以很好地解决这一问题。因此，通过利率互换将银行固定利率债权转化为浮动利率债权与浮动利率为主的负债相匹配，同时又满足了企业贷款要求。

（3）减少利息负担。当银行预期利率下跌时，它可以将固定利率负债转换为浮动利率的负债，减少了银行利息负担。

（三）互换的风险管理

在互换业务中，银行作为互换方面临着违约风险和市场风险，以及银行作为互换中介方面临着违约风险。违约风险产生于互换合约一方的违约。违约风险源于市场风险，即利率、汇率不利于互换方变动导致其丧失支付能力或宁愿负违约责任而终止互换协议的进行。如果互换一方违约，银行自身或作为中介方承担向对方支付的责任。市场风险源于互换期间利率和汇率的不利变动。在安排一笔与原来互换合约抵消的互换之前，银行存在着一笔敞口的互换头寸，利率或汇率的不利变动，可能会引致互换价格的不利变化导致银行额外的损失。因此，银行在互换交易中，必须关注这两种风险，采用有效措施控制互换交易中的风险。

1. 市场风险管理

银行防范互换市场风险的最佳方法是对敞口的互换头寸进行套期保值。类似掉期交易做法，银行签订对冲互换合约以防止互换交易中的价格风险。如果对冲互换的流入与流出的现金流相等，银行则达到保值目的，还可以获得利差收入。如果银行作为浮动利率支付方,可以采用出售证券期货合约防范利率风险。因为证券价格与利率变动相反。如果利率上升,证券价格下跌,从期货头寸赚取的收益来抵补因利率上升多支付利息的损失。

2. 违约风险管理

对互换中的违约风险管理银行通常采用的做法是:

(1)实施严格的资信标准。在签订互换合约前必须对对方进行严格的资信调查和评估,一旦怀疑对方资信不佳,要求对方提供有价证券之类的抵押品,或者要求对方提供第三方担保。

(2)加强对对方的监督。在达成互换协议后,银行随时跟踪对方的资信状况的变化,一旦出现不良的资信情况,银行应及时采取补救措施,防止损失扩大。

(3)进行科学的互换定价。银行作为中介人所获取的手续费必须足以抵补互换中产生的风险。如果银行不进行科学的互换定价,就会产生定价过低或过高的现象。如果互换定价过低,就会承担实际收益比预期收益低的风险;反之,过高则影响其在互换市场上的竞争力。银行作为中介人,其收取手续费要视客户的资信状况和本身业务量而定。一般来说,资信状况越好,且业务量越大,银行收取费用越低。

(4)作为互换交易中的中介人,银行可以以咨询者的身份撮合互换双方达成协议,从中收取服务费而不承担任何风险。

第四节　案　例　分　析

【案例 10-1】　金融期货的套期保值

一、背景情况

假设 3 月 1 日,英国进口商同日本出口商签订了价值为 5 亿日元的进口货物,5 个月后以日元进行结算。3 月 1 日,英镑对美元汇率为 USD 1.6000/GBP,美元对日元汇率为 JPY100.00/USD,则英镑对日元汇率为 JPY160.00/GBP;英镑期货价格为 USD 1.5800/GBP,日元期货价格为 USD 0.01/JPY。由于在期货市场(IMM)上不存在英镑对日元的期货合约,英国进口商为防止英镑对日元贬值,则该进口商在 IMM 市场上同时买入 40 张 9 份日元期货合约(5÷0.125=40,日元交易单位为 1 250 万日元)和卖出 50 张 9 份英镑期货合约(50 000 万日元÷160÷6.25 万英镑=50,英镑交易单位为 6.25 万英镑)。8 月 1 日,即期汇率为 USD 1.5100/GBP

和 JPY98.00/USD，则英镑对日元汇率为 JPY147.98/GBP；英镑期货价格为 USD 1.5300/GBP，日元期货价格为 USD 0.0105/JPY。

二、分析

因为在外汇期货市场上没有交叉盘期货交易品种，所以英国进口商在 IMM 市场上必须进行英镑期货合约和日元期货合约之间套做才能规避日元汇率风险。

在现货市场上：

3 月 1 日，按 JPY160.00/GBP 将英镑兑换成日元，所需英镑为 312.5 万英镑（5 亿日元÷160）；8 月 1 日，按 JPY147.98/GBP 将英镑兑换成日元，所需英镑为 337.9 万英镑（5 亿日元÷147.98）。结果损失为 25.4 万英镑（337.9－312.5）。

在期货市场上：

在日元期货合约方面：

3 月 1 日，按 USD 0.01/JPY 买入 40 张 9 月份日元期货合约，总价值为 500 万美元；8 月 1 日，按 USD 0.0105/JPY 卖出平仓 40 张 9 月份日元期货合约，总价值为 525 万美元。结果盈利 25 万美元（525－500）。

在英镑期货合约方面：

3 月 1 日，按 USD 1.5800/GBP 卖出 50 张 9 月份英镑期货合约，总价值为 493.75 万美元；8 月 1 日，按 USD 1.5300/GBP 买入平仓 50 张 9 月份英镑期货合约，总价值为 478.13 万美元。结果盈利为 15.62 万美元（493.75－478.13）。

因此，该进口商在现货市场上按 8 月 1 日英镑对美元汇率 USD 1.5100/GBP，折算后的结果为 26.9 万英镑［（25 万美元＋15.62 万美元）÷1.5100］。这样，该进口商通过交叉套期保值实际净盈利为 1.5 万英镑（26.9－25.4）。

英国进口商因日元对英镑升值在现货市场上多支付 25.4 万英镑才能到时支付 5 亿日元的货款，但他在期货市场上通过套期保值，在期货市场上盈利了 26.9 万英镑，这样该进口商不仅锁定了支付货款的成本，而且净赚 1.5 万英镑额外收益。

【案例 10-2】 利率互换

一、背景情况

假设有两家银行：A 银行，通过发行 10％年利率的固定息票 15 年期的长期票据,筹集 1 亿美元资金用于浮动利率短期商业贷款;B 银行,发行 1 年期的 CD 筹集 1 亿美元资金用于发放 15 年期的固定利率住宅抵押贷款。这样,这两家银行都面临利率波动所带来的损失。

二、分析

在两家银行进行互换之前,A 银行面临持续期风险负敞口,B 银行面临持续期风险正敞口。因此,这两家银行要达到利率风险免疫管理,就必须达成利率互换协议,进行互换交易。在通过互换后,作为浮动利率支付方的卖方,即 A 银行,将其固定利率的债务转换成为与其资产组合持续期匹配更好的短期浮动利率债务,从而缩短债务持续期并与资产持续期匹配,规避了利率风险敞口。而作为固定利率支付方的买方,即 B 银行,将其浮动利率的债务转换成与其资产组合持续期匹配更好的固定利率债务,从而延长了债务持续期并与资产组合持续期匹配,规避了利率风险敞口。

本章基本概念

表外业务　保函　备用信用证　贷款承诺　票据发行便利　资产证券化　贷款出售　贷款池　金融期货　金融期权　金融互换　货币互换　利率互换

本 章 思 考 题

1. 简述表外业务的特征及其发展的原因。
2. 如何防范金融保证业务中的风险?
3. 简述金融衍生产品交易在银行管理中的应用。
4. 如何防范金融衍生产品交易中的风险?
5. 分析我国银行如何发展表外业务以及发展表外业务的意义。

参 考 文 献

[1] 潘英丽. 商业银行管理[M]. 北京:清华大学出版社,2006.

[2] 黄亚钧,吴富佳. 商业银行经营管理[M]. 北京:高等教育出版社,2002.

[3] 李春满. 私人银行业务[M]. 长春:吉林大学出版社,2008.

[4] 张峻. 商业银行新兴业务[M]. 北京:中国金融出版社,2009.

[5] 张金水. 应用货币银行学[M]. 北京:清华大学出版社,2003.

[6] 刘园. 商业银行表外业务及风险管理[M]. 北京:对外贸易经济大学出版社,2000.

[7] 徐成贤,袁晓玲,薛洪刚. 优化金融学[M]. 北京:科学出版社,2002.

[8] 伍海华. 西方货币金融理论[M]. 北京:中国金融出版社,2002.

[9] 李志辉. 商业银行业务经营与管理[M]. 北京:中国金融出版社,2004.

[10] 彭建刚. 商业银行管理学[M]. 北京:中国金融出版社,2004.

[11] 吴念鲁. 商业银行经营管理[M]. 北京:高等教育出版社. 2004.

[12] 戴国强. 商业银行经营管理学[M]. 上海:上海财经大学出版社,1999.

[13] 买建国. 外汇理论与实务[M]. 2 版. 上海:立信会计出版社,2008.

[14] 格拉迪,斯宾塞尔. 商业银行经营管理[M]. 北京:中国金融出版社,1991.

[15] 彼得·S·罗斯. 商业银行管理[M]. 5 版. 北京:机械工业出版社,2004.

[16] 维尔伯特·O·帕斯康. 发展中金融市场的银行管理与监管[M]. 北京:中国财政经济出版社,2000.

[17] 林捷瑞恩. 银行稳健经营与宏观经济政策[M]. 北京:中国金融出版社,1998.

[18] 大卫·H·弗里德曼. 存款经营[M]. 北京:中国计划出版社,2001.

[19] 乔治·E·鲁斯. 贷款管理[M]. 北京:中国计划出版社,2001.

[20] 彼得·K·奥本海曼. 跨国银行业务[M]. 北京:中国计划出版社,2001.

[21] 玛丽·安娜·佩苏略. 银行家市场营销[M]. 北京:中国计划出版社,2001.

[22] 乔治·H·汉普尔,多纳德·G·辛曼森. 银行管理教程与案例[M]. 北京:中国人民大学出版社,2002.

[23] 约翰·马歇尔. 金融工程[M]. 北京:清华大学出版社,2003.

[24] 安德瑞·史莱佛. 并非有效的市场——行为金融学导论[M]. 北京:中国人民大学出版社,2003.

[25] 安东尼·桑德斯. 现代金融机构管理[M]. 大连:东北财经大学出版社,2002.

[26] 富兰克林·艾伦. 比较金融系统[M]. 北京:中国人民大学出版社,2003.

[27] 格哈德·施罗克. 金融机构风险管理与价值创造[M]. 北京:中国人民大学出版社,2006.

[28] KOCH T. Bank management[M]. New York:The Dryden Press,1995.

[29] HEFFERNAN S. Modern banking in theory and practice[M]. New York:John Wiley & Sons Ltd.,1996.

[30] MATTEN C. Managing bank capital[M]. [S.l.]:John Wiley & Sons Ltd.,2000.

[31] SINKEY J F. Commercial bank financial management[M]. New Jersy:Prentice Hall,1998.